U0001697

|交易聖經|

六大
交易致勝通則
建立持續獲利
的贏家模式

THE
UNIVERSAL PRINCIPLES
of
SUCCESSFUL TRADING

Essential Knowledge for All Traders in All Markets

Brent Penfold

布倫特·潘富——著　羅耀宗——譯

Contents

放諸四海皆準的
交易成功法則

投入交易的每個人都賠了錢。

沒錯,我是說每個人。

不管交易的是外匯、股票、商品、選擇權、認購權證,或者差價合約(contracts for difference;CFD),每個人都賠錢。即使確實獲有利潤的頂尖交易人,也有許多筆交易賠錢。這個世界上沒有百分之百的準確率。

關於積極型的交易,有個冷峻的事實:在長期內持續不斷獲利的積極型交易人,不到10%(可能低得多)。聽過那麼多關於交易的行銷炒作,再看這個數字,你可能會嚇一跳。

儘管光環閃亮,但能在較長的期間內持續賺錢的交易人極少,則是個令人失望的不爭事實。而且,所有的積極型交易人都是如此,不管他們選擇的交易市場、時間架構或工具如何。能在較長期間內持續獲利的交易人有如鳳毛麟角。

你在和別人吃晚餐時,若聽到有人侃侃而談,細數他們曾經

在市場上大撈一票的往事，不但不必豔羨，更應該當做耳邊風。你可以在他們重述自己的交易勝利故事時，忽視他們得意洋洋的聲音。這些市場戰士比較有可能是交易笨蛋，不是交易冠軍。他們只編織一半的事實。他們長於顧左右而言他。他們是空心菜，只會講述自己的勝利戰果，不談過去的災難。他們不會分享自己的不幸。他們不會記得自己愚蠢的過去。他們不會談曾經承擔的巨大虧損。而且，請相信我，他們大部分確實曾經蒙受巨大虧損，因為每個人都有過這樣的經歷。這些人，你大可不必理會。

這是壞消息。

輸家不知道的贏家秘密

好消息是，確實獲利的頂尖交易人，不見得知道任何交易秘密。當然，有些人會有很有趣的交易格局和進場、停損和出場技術。但是，也有些頂尖交易人使用簡單到令人不敢相信的觀念。真的非常簡單。然而，不管頂尖交易人使用的個別交易技術是什麼，他們整體的成功都可以追溯到一套「成功交易通則」（the universal principles of successful trading）。這些通則可見於所有持續獲利的交易人——獲有利潤的極少數 10% 交易人。這些通則常見於贏家之中。它們是少數贏家和多數輸家的差異所在。

他們的獲利不是取決於魔法般的單一指標或者交易秘技。他們的獲利不是取決於他們選擇交易的一個市場或多個市場，也不是取決於他們選擇監控的一個時間架構或多個時間架構。他們的獲利也不是取決於他們選擇交易的金融工具。不，他們的成功可以直接回溯到一套成功交易通則。這些通則，大部分交易輸家都不知道。

如果你真的想成為持續獲利的交易人，就需要學習、了解、

接納和執行每位持續獲利的交易人了解和遵循的成功交易通則。忽視它們，你的交易註定會失敗。

　　不管交易標的或交易方法如何，要持續獲利，就要遵循某些首要的基本交易原則。記住，市場就是市場，走勢圖就是走勢圖。所以，不管選擇哪些個別市場交易，或是選擇遵循哪個時間架構，或者選擇交易哪種證券，獲利的交易首先需要的是採用和接納良好的交易程序。選擇監控哪些市場以及交易哪些工具，和採用及執行良好的交易程序比起來，只屬次要，而良好的交易程序，正是成功交易通則所談的一切。

　　想要交易獲利，就要了解、接受一個簡單的事實：成功的交易人和賠錢的絕大多數人，兩者的關鍵差異不在於個別的進場和出場技術，而在於遵守成功交易通則與否。

　　輸家交易人不知道這一點。他們不曉得有成功交易通則。他們繼續交易，在懵懂無知中賠錢。他們繼續專注於尋找完美、無風險、百分之百準確的進場技術。他們不了解交易必須遵循一些關鍵原則。

獲利，再自然不過

　　在我看來，不管是交易貨幣、股票、利率、能源、金屬、穀物或肉類市場，成功交易通則都是獲利不可或缺。通則適用於每個人，不管是當日沖銷交易人，或者短線、中線或較長線的部位交易人，成功交易通則都是獲利不可或缺。不管是交易選擇權、差價合約、期貨、股票、保證金外匯或認購權證，成功交易通則都是獲利不可或缺。這些話，說再多都不嫌多。不管交易是根據傳統的技術面分析、基本面分析、艾略特波浪、甘恩、蠟燭圖、費波納奇、指標、機械型系統、季節性、幾何、型態辨識或占星

術，成功交易通則仍是獲利不可或缺。

總而言之，如果你要做交易，不管在何處、如何或為何交易，成功交易通則都是獲利不可或缺。忽視它們，就等於忽視真理。忽視它們，等同於忽視交易帳戶的虧損。

依我之見，交易只有一個放之四海皆準的真理。而它就是如上面所說。如果你能選對首要的交易基本原則，那麼利潤就會滾滾而來。它們非來不可。就是這樣。絕對如此。但是，如果忽視交易的基本原則，就會繼續賠錢。就是這樣。沒有商量的餘地。不必爭論。沒有「如果」或「但是」。你會繼續賠錢。就是如此。

你難道不想停止持續慘賠嗎？你難道不想了解是什麼原因真正使交易人持續獲利？你難道不想以持續且可靠的方式開始獲利？你難道不想停止在失敗的交易方法之間跳來跳去，用心了解穩健和可靠的交易法背後是什麼原因？

如果你想，那麼本書適合你。如果你想要交易獲利，我會教你了解成功交易通則，告訴你如何回歸基本面。

你，適合交易嗎？

但是，警告放在前頭。如果你是要尋找新的進場、停損或出場技術，那麼本書不適合你。如果你是要尋找分析市場結構的新技術，那麼本書不適合你。如果你是要尋找簡單的解決方案以求獲利，那麼本書不適合你，我也幫不了你。因為只要你一旦了解，就會明白，交易和成功交易通則相當簡單，卻也不容易。要做到持續不斷的長期獲利交易，沒有簡單的捷徑。

如果你要找的是交易中的確定性，那麼本書不適合你，我也幫不了你。市場中沒有確定性，而且交易當然沒有確定性。有的只是百分之百的機率。如果你這個人只能身處高度確定和有保障

的環境，例如維持一段穩固的男女關係或保有穩定的工作，那麼交易不適合你。

如果你是個知識份子，極少承認犯錯，那麼交易不適合你，因為市場會經常不斷藐視你，讓你出錯。知識份子難以忍受不知道正確答案、無法掌控大局，而且經常被證明錯誤。

但是，如果你準備好好用功，交易可以提供你無限的可能。今天，交易再公平不過。每個人平等競爭。進場沒有任何障礙。今天，機構不再比私人交易人擁有競爭優勢。機構交易人可能像私人交易人般無知，對市場如何運作毫無頭緒。愚蠢沒有上限。私人交易人的獲利與某些最優秀的機構交易人相比毫不遜色，甚至略勝一籌。成功也沒有上限。今天，交易是無處不在的公平競技場。

如果你有耐心，如果你準備好好下一番工夫，如果你敞開心胸，那麼我相信成功交易通則會改造你的交易。但一切取決於你，完完全全操之在你，不必問其他任何人。為自己的行動負責，而行動將使你的交易帳戶面目一新。

用功學習，明智交易。祝你好運。

布倫特・潘富
於澳大利亞雪梨

借鏡經驗、發揮熱情、
邁向交易成功

我花了三十多年才存夠錢，得以涉足市場。過去三十年，我有過許多的樂趣和冒險，包括在地底下採礦、在澳大利亞的北領地（Northern Territory）鋪路時操作重機械、在托雷斯海峽群島（Torres Strait Islands）工作，以及在沙漠中的原住民社區執行行政工作。我父母覺得這些大多只是浪費我在一所好大學接受的人文教育。遺憾的是，金錢從我的指間流逝，就像沙漠中的暴風雨過後，雨水滲入沙地。我博覽新書的癮頭，對我沒有幫助。

在澳大利亞，傳統的致富之路是買房子——接著再買一棟。我身上只有微薄的2,000澳元和雜七雜八的工作經歷，沒有一家銀行經理認為值得冒險給我房屋貸款。我需要金錢為我效力，而不是我為金錢效力。大約這個時候，華倫·巴菲特（Warren Buffett）的名聲更為響亮，我天真地想像，如果我買進某家我有點了解的企業股票，就能在合理的時間內，將2,000澳元化為可觀的金額。

因此，住在澳大利亞沙漠的我，買進一家績優礦業公司的股票。我看著它的股價漲漲跌跌，報酬率有時達到30%，有時又化為烏有。我將其中一次30%的報酬落袋，再拿一些錢買進另一家績優礦業公司的股票，而且是買在它空前的高價。但是，那家公司的股價此後十二年不但不曾再見到那樣的價格，最後甚至以下市收場。那筆投資金額很小，所以我留著它的股票，提醒自己為何我不是投資人。

　　沙漠的生活環境十分艱苦，你只能學習別人的經驗，才能生存下去。我發現，市場環境同樣惡劣，要生存下去，有賴於學習那些肯花時間寫作的其他人筆下的各種經驗。

　　在澳大利亞廣袤的沙漠中，交易書很難到手，而且沒有其他的交易人可以交談和學習。我以郵購的方式，購買其他交易人寫的新書，以滿足我長久以來熱愛閱讀新書的癮頭。這些交易人作家主要來自美國。（遺憾的是，1998年的洪災破壞了我的辦公室，大部分交易書籍毀於一旦。看來，不是只有市場會先給予然後剝奪。）

　　我在一路走來之間發現、學習到成功交易通則。我但願當時就看到這本書，因為它會加速我的市場教育。這些原則是每位成功交易人的核心，只是它們的組合和比重，就像市場中的機會那麼多樣。然而，它們的結合可能只有一個共同因素。但是，這本談論成功交易通則擲地有聲的書，並沒有提到這個共同因素。可能因為它如此顯而易見，潘富和他訪問的其他交易人，認為這是理所當然，不值一提。也或者因為它不是交易成功所獨具的因素，所以遭到忽視。

　　這個共同因素就是對交易懷抱熱情。根據一般的估算，要在你選擇的領域成為專家，至少需要投入一萬個小時。潘富和本書

中的交易人，都花了數萬個小時，而這些時間因為對他們所做事情抱持的熱情而放大。成功的交易人天生懷抱對交易的熱情。我的熱情生於澳大利亞偏遠的沙漠，起初是因為需要而燃起。布倫特是在交易室中發現他的熱情。其他人則是在不同的地方和情況中發現他們的熱情。本書是布倫特熱愛交易、市場，以及協助他人在市場中找到一條成功之路的成果之一。不管你的背景如何，只要你懷有相同的熱情，本書就能助你找到成功交易通則。

戴若・顧比（Daryl Guppy）

《順勢交易：給金融交易人的中國三十六計》作者

（Trend Trading: The 36 Strategies of The Chinese

for Financial Traders）

2010 年於上海

導讀
下第一張交易單前的必修課

這本書會出版，有許多原因。

第一，我寫的第一本書《澳大利亞股價指數期貨合約交易指南》（*Trading the SPI*）大獲成功，令我驚訝。該書談的是交易澳大利亞的股價指數（Share Price Index；SPI）期貨合約。我知道一個事實，那就是私人SPI指數期貨交易人不夠多，沒辦法保證書的銷量。雖然這個當地的指數期貨合約是澳大利亞最大的單一股票工具，但為機構所霸占，小額私人交易人不多。所以這本書暢銷，起初我覺得是個謎，後來才發現原因。那個原因成為考慮寫作本書的第一個動機。我的第一本書分成三部分，而我相信討論成為成功交易人必要準備工作的第二部分，是那本書暢銷的原因。即使交易人對於SPI指數期貨合約不感興趣，但他們看到書訊，買了我的書。那是因為他們想要學習更多有關於如何做好準備，以成為成功交易人的知識。因為交易就是交易，而第二部分討論的原則適用於所有市場和所有交易人。我一直認為第二部分

是那本書的精華，而且我相信它是那本書成功的原因。所以寫作本書的第一個原因，是要將交易人通用的養成準備，也就是我所謂的「成功交易通則」，傳達給更廣大的讀者群。

　　順帶一提，已經讀過我寫的第一本書《澳大利亞股價指數期貨合約交易指南》的讀者，請在此接受我的歉意，因為你即將重溫不少曾經看過的內容。但是，我希望你能理解我渴望與更廣大讀者群分享想法的渴望。為了內容而製造內容並非我的個性。我只能寫我相信、我所做，以及我知道行得通的事情。而這就是我正在做的事。所以我希望本書雖然有部分內容似乎重複，但也是我強化你認識成功交易通則的好機會。

　　寫作本書的第二個原因，出現在我參加亞洲交易投資大會（Asian Traders and Investors Conference；ATIC）發表演說期間。那一次，我曾和澳大利亞股票交易人、教育者和作家史都華・麥克菲（Stuart McPhee）閒聊，他告訴我說要鼓勵人們買他的書《交易一本通》（*Trading in a Nutshell*）有多難。我聽了覺得很驚訝，因為我對史都華寫的書評價很高，也在《你的交易人優勢》（*Your Trader's Edge*）雜誌發表本書第二版書評時表達我的讚賞。史都華告訴我，新加坡人不願買封面有「澳大利亞股票」字樣的書。他們告訴史都華，他們住在新加坡，看不出買「澳大利亞」的書有什麼價值。雖然史都華和我都知道，交易的學習和採用哪一種證券無關，因為一張走勢圖就是一張走勢圖，而且良好的交易習慣優先於挑選市場。可是對交易新手來說，在書封上提到外國市場會構成絆腳石。這是我想寫這本書的第二個理由。我希望不管我在哪個國家發表演說，聽我演說的人都能買到一本書，藉以更了解我如何看待交易。

　　這些年來，我有幸受邀在中國、印度、新加坡、馬來西亞、

越南、泰國、紐西蘭，當然了，還有澳大利亞，向交易人發表演說。而在我巡迴亞太地區發表多場演說和出席講習班期間，我十分清楚了解到，市場並不會對交易人或因他們持有的護照而給予差別待遇。在全球各國，所有交易人都同樣受苦於喧囂動盪的積極型交易世界。所以我希望寫一本書，適用於任何地點的任何交易人，都能學習我認為要成為持續獲利交易人的重要條件。我想寫一本超越國界的書，任何人讀了都覺得對自己有用。這是寫作本書背後的第二個動機。

寫作本書的第三個原因是接受挑戰，寫一本談如何成為成功的交易人、「一站購足」的好書。我想給人們一本關於交易的寶貴資源指南，不管他們偏好交易的市場、時間架構、工具或技術是什麼。

我的交易路

讀完本書，你將有一張藍圖在手，曉得如何成為持續不斷獲利的交易人，而這是我二十七年前起步時但願擁有的，因為這樣我就能避開許多失望的年頭。1983年，我進入美國銀行（Bank America）擔任實習自營員，對於交易和市場一無所知。後來即使有了幾年的機構交易經驗，對於市場實際上如何運作，我還是一無所知，直到更多年後才了解。

自我1983年開始交易以來，我可能嘗試過幾乎每一種交易技術。如果發現有一本書、一場研討會、一個講習班，或者一套軟體程式可能對我的交易有幫助，我就會去買、去參加，或者安裝。1990年代，在我尋找優勢的期間，我覺得自己就像在走研討會的旋轉門。我參加過許多知名的研討會。我出席過羅素‧桑德

斯（Russell Sands）的海龜（Turtles）研討會、跟著柯提斯・阿諾德（Curtis Arnold）學PPS、跟著布萊斯・吉爾摩（Bryce Gilmore）研究幾何，也參加拉里・威廉斯（Larry Williams）的百萬美元挑戰（Million Dollar Challenge；MDC）研討會。我到處拾人牙慧，拼拼湊湊。但是拉里・威廉斯的MDC研討會強化了我研創短線機械型價格型態的工作。

身為交易人，我使用簡單的機械型模式，在多重時間架構中，交易全球指數和貨幣期貨。我交易的可能是地球上流動性最高和波動性最大的兩個市場區塊：指數和貨幣。我的交易組合有十四個市場。在指數期貨方面，我交易SPI、日經、臺指、恆生、Dax、Stoxx50、FTSE、Mini-Nasdaq和E-Mini S&P500指數期貨合約。至於貨幣期貨，我交易美元的五個主要貨幣對，包括歐元、英鎊、日圓、瑞士法郎和澳元。我幾乎一個星期七天、每天二十四個小時交易我的組合。我沒有一天不在世界上某個地方下單，交易指數或貨幣期貨。

我主要是型態交易人。除了用200日移動平均線確定主趨勢，我單純專注於價格。但是請不要對我使用200日移動平均線想得太多。我使用200日並沒有什麼神奇之處。這只是我一貫使用的長度。我甚至不知道它是否是確定主趨勢的最適長度，但我不在意。我在交易上最不想做的事，是開始使用「優化」變數，因為那是進入貧民收容所的捷徑之一。

此外，請了解我並沒有使用200日移動平均線尋找交易格局。我沒有用它尋找進場、停損或出場水準。我只是用它決定主趨勢，因為我不喜歡與趨勢背道而馳下單交易。

從一開始，我就想要清楚指出，我不認為自己是交易專家或市場專家。我也不相信有這樣的人存在（世界知名的交易人兼

教育者拉里‧威廉斯可能除外。他曾在教學時，在學員面前現場交易）。但是，有個領域，我願意將自己和大多數人拿來對照，而那就是我的賠錢經驗。如果你想要學習人們在交易上常犯的錯誤，找我就是。我比其他任何交易人受過更多大大小小的傷，也歷經更多的顛簸，所以我敢大言不慚地聲稱是這方面的專家。不過，雖然我遇過許多減速丘，卻還是生存了下來，並且一路走過技術面分析的混淆世界。我可望幫助你也生存下去。

從犯錯專家到交易贏家

現在，雖然我以幾乎一個星期七天，每天二十四個小時的方式，交易十四種全球指數和貨幣期貨，我其實並沒有投入很多時間真正在「交易」這些市場。我不是電腦的奴隸，在螢幕盯著市場的每一檔跳動。我用日長條圖交易，而且一天只花一個小時蒐集所有資料、跑模式，並將委託單送交經紀公司。請記住，我是機械型交易人，交易簡單的機械型解決方案。我的交易模式設計程式為Excel使用的Visual Basic for Applications（VBA），以自動產生委託單。我將委託單用電子郵件寄給經紀公司。一旦經紀公司確認收到我所有的委託單（透過電子郵件回函），接下來二十四個小時，我便能放鬆心情。我的經紀公司有二十四小時的交易臺，所以我的委託單能得到妥善處理。

身為機械型交易人，我是用正期望值在交易。我的交易策略會給我明確的買進和賣出訊號，我始終遵循。我相信我所用的方法儘管可能發生短期虧損，卻會給我長期的報酬。除了經營網站和交易，我的大部分時間用在研究和將新觀念寫成程式。

正如我所說，我不是專家；但是這些年來，我發現了交易成

功真正重要的事情，以及是什麼因素真正讓我成功。但願看完本書，你會知道我所知道的事情。而且你會真正了解，贏家與輸家的差別就在於成功交易通則。

我提過，我的目標是把這本書寫成一站購足的交易書，成為你的交易寶典。如果你真正想從市場賺到錢，我不認為本書會讓你失望。

根據我的經驗，那麼多人交易賠錢的原因之一，是他們相信在交易書籍和雜誌上讀到的，以及在畫圖程式上看到的。一個令人遺憾的事實是，有關交易的著述，或者納入交易程式的東西，大多都行不通。它們只會為作家、出版商和軟體開發商賺錢。

我想說的是，如果你還沒準備好，那麼在你閱讀交易書籍（包括本書）時，要保持懷疑之心。我或其他作者寫的東西，不見得就是正確的。我深信所有的交易人都應該敞開心胸，涉獵他們聽到、看到或讀到有關交易的所有意見和觀念。每位交易人都應該接納關於交易的各種選擇。但是，我相信所有的交易人，包括你，也應該有所保留，判斷你聽到、看到或讀到的觀念對你是否有價值。對我或其他作者管用的東西，對你不見得管用。在接觸所有交易觀念後，你需要自己獨立驗證觀念，之後做出判斷。請不要依賴另一個人針對交易提出的意見，包括我的意見在內。在閱讀像這樣一本交易書時，請時時保持質疑精神，而且請學會先驗證、再判定觀念是否有價值。在交易這一行，保持質疑精神是有報償的。

自從差價合約和保證金外滙推出以來，所有的小額私人交易人便一窩蜂地積極交易。人們現在可以舒舒服服地在家用個人電腦前面，根據自己的選擇，交易幾乎任何一種國內或國際股票、指數、貨幣或商品。由於差價合約、傳統期貨，以及金融市場自

由化，你現在能夠進出任何市場。而且在你學習了本書所說的成功交易通則而具備更多交易知識之後，我相信你交易起來會更胸有成竹。

請記住，本書內容純屬個人意見，你不應該奉為絕對的真理。如果你喜歡你讀到的，那麼請先自己獨立驗證這些觀念。我希望這本書對你有益，能幫助你發現是什麼因素讓交易人真正能在較長期間內成功。如有任何問題，非常歡迎隨時透過我的網站和我聯絡：www.IndexTrader.com.au。

下單前的必修課

你將在這本書中學習交易成功的基礎。你會慢慢發現這些原則適用於所有交易人和所有市場。不管在什麼市場交易，不管交易的是股票、指數、貨幣、債券或商品，不管監控什麼樣的時間架構，不管是當日沖銷交易、短線、中線或長線交易，不管以何種證券進入偏好的市場（例如股票、差價合約、期貨、外匯、選擇權、認購權證）中操作，交易都只是交易。就是如此。相較於良好的交易程序，你選擇的市場、時間架構或工具，都屬次要。本書就是透過成功交易通則，深入探討這套良好的交易程序。

這套通則概括我相信所有的成功交易人在下第一張委託單之前，必須走過的各個必要步驟。這套通則總結了在交易上以程序為取向的重要性，不管一個人偏愛自由裁量型或機械型交易〔自由裁量型交易（discretionary trading）是指交易人會做是否交易的最後決定；機械型交易（mechanical trading）是指交易人必須遵循交易計畫確切的進場、停損和出場準則，不害怕，不偏私，不遲疑，也不自行裁量〕。這套通則涵蓋實務交易的基本組成部

分，如破產風險、（我的）聖杯、期望值、機會、驗證、TEST、資金管理、方法論和心理面的關鍵概念。

單單是談資金管理的第八章，本書就值回票價。一旦你知道我對資金管理的看重，就會了解為什麼它是篇幅最長的章節之一。我不相信你會找到另一本寫給一般讀者（不具數學博士學位）的書，對於各種資金管理策略的檢視如此之廣，對實務的調查如此之深。

不管你的交易經驗如何，我相信所有交易人都能受益於這些成功交易通則。它們探討的是你需要做什麼準備、如何站好定位，邁向成功。

遵循成功交易通則的腳步，你會遇見一群成功的交易人。我稱他們為「市場大師」。這些成功的交易人會根據他們多年的經驗和成功，給你一段忠告。其中有些人你可能已經認識，有一些人可能聽都沒聽過。有些是最近和當前的交易冠軍、交易世界年輕的新起之秀。有些是市場上的傳奇人物、聰明人，對技術面分析曾經影響重大，而且自1960年代以來就在市場上交易。有位市場大師可能是世界上操作金額最大的E-Mini S&P500個人交易人之一。有些是多產的作家，也是交易人教育方面的知名人物。有些交易投資基金。有些是私人交易人。他們代表世界各地形形色色的交易人，分別來自新加坡、香港、義大利、英國、美國和澳大利亞。他們的操作都成績斐然。他們都是全球金融危機的倖存者。他們都樂意慷慨給你一段鏗鏘有力的忠告，幫助你邁向交易成功。

看完本書，我希望你會得到必要的知識和信心，考慮自己是否準備好涉足積極交易。許多人不會自欺欺人，因而決定不走入交易。你會十分清楚自己無心投入必要的苦工，做好交易的準

備。如果你是這樣的人，恭喜你，因為你能把錢留在手上，也能免於許多次心痛。

那些認為自己可以跳過成功交易通則的人，我幫不了忙。如果你真的不準備聽我說些什麼，後果請自負。我只能建議你記住有這本書，並在行事曆上註明，譬如在十二個月後回頭再看。也許到了那個時候，你才比較能夠開始聽進一些東西。

至於那些曉得交易成功之路沒有免費午餐可吃、也沒有捷徑可走的人，我衷心祝福你一帆風順。你曉得前頭有許多辛苦活等著你。切記，不要急著踏入積極交易的世界。搶第一名沒有金牌可領。慢慢來。小心翼翼走過所有步驟。務必徹底周延到癡迷的地步，去驗證你的觀念，並且時常休息，因為這個過程叫人身心俱疲。真的，不騙你。攻頂的那一刻，你會記得你是從哪裡開始的，而且會很高興走了這麼長的路。投入那麼多心力的獎賞，就是躋身贏家圈。這個圈子，大部分人永遠打不進去。

我們開始吧！

第1章
交易的現實世界

　　根據《幽靈的禮物》(*Phantom of the Pits*)所述，交易唯一真正的秘密是……

　　最優秀的輸家就是長期的贏家。

　　信不信由你，這可能是交易成功背後唯一真正的秘密。雖然你可能覺得好像陳腔濫調，但我希望看完本書，你會了解為何它是可長可久的交易生涯背後的核心真理。

　　依我之見，《幽靈的禮物》一針見血指出成功的要素。大部分交易人都是糟糕的輸家。他們討厭認賠出場、移動停損點，而且尋找各式各樣的理由，合理化他們的行動，繼續在市場交易。雖然帳戶還有錢，這些可憐的交易人卻忽視賠錢的部位，直到虧損大到不能再置之不理，只好被迫認賠出場，吞下災難性的損失。他們推遲不可避免、勢必發生的事，仍然抱著部位會起死回

生的希望。只要交易還沒軋平，就還有機會證明他們是對的。交易尚未軋平，他們就不必承認自己錯了，因為損失還沒發生。人們討厭承認自己錯了。大部分人只是因為他們是糟糕的輸家，所以是糟糕的交易人。學習盡速認賠，是交易不可或缺的一部分，而且你會因此踏出堅實的第一步，邁向成功。繼續當個糟糕的輸家，你會流落到貧民收容所。要做到成功的長期交易，你必須當個優秀的輸家。

就我自己的交易來說，大部分時間似乎都在賠錢。我的短線交易獲利筆數平均只有約50%，而我的中線趨勢交易獲利筆數約為30%。因此，由於我不是經常獲利，所以必須是個優秀的輸家，才能在交易上存活下去，否則我的帳戶會空空如也，再也不能交易。但願你能成為優秀的輸家。

雖然可以只做為練習，但絕對值得回頭去檢討你所有的交易，看看如果你依循簡單的停損準則，交易成果會是如何。對長線交易而言，一個簡單的停損準則（對短線交易來說則相反）可能是在價格跌破過去三根長條的最低點時出場，或者你可以在價格跌破上個星期的低點時停損出場。只要吻合你交易的時間架構，用哪一種停損都可以。現在，你可能發現並沒有轉虧為盈，但我敢說，它會讓你的帳戶看起來比不這麼做要好。相信我，當個優秀的輸家是值得的。

如果你現在的交易獲有利潤，那麼可以跳過這一小段的討論。要是不然，請抬起頭來，放下筆，不要再眼盯市場。這裡的討論對你有立即的好處。請停止所有的交易。

如果你目前的交易沒有獲利，如果你想放手一搏，擺脫賠損（回補交易資本的損失），你現在所能做最好的事情，就是起身離開你的交易帳戶。我知道這麼做很難，尤其你會感覺像是承

認失敗而離去。不必在意。這不是失敗。你只是暫時停止交易，直到你能帶進正期望值再說。不必沮喪。反而要為此舉大有幫助而興奮不已。賠錢並不是什麼丟臉的事——每個人都賠過。我賠過許多次，甚至以擅長此道而自豪（記住：最優秀的輸家，才是長期的贏家！）

如果你是輸家，我希望你仔細聆聽接下來我要講的話。你會賠錢的一大理由，是你的交易方法行不通。並不是因為你腦袋裡有什麼東西阻礙你賺錢。儘管許多交易教育者要你相信不計其數的訊息，但與你為敵的並不是心理面。心理面的挑戰當然很大，但它不是你的剋星。

問題出在你使用的方法。那套方法不管用。雖然你的交易帳戶告訴你它不好，你卻忽視它傳達給你的訊息。我可以了解為什麼。毫無疑問的，你看過不少書，參加過許多交易研討會，都說你的方法和觀念可用於交易。但很遺憾，它們就是不行。從你的交易帳戶來看，你的方法令你大失所望。究其原因，可能不是它完全沒有價值；但是整體而言，你的方法之所以行不通，在於它不具優勢，以及它的期望值還沒有獲得驗證。

你需要驗證你所用方法的期望值。我敢說，你的發現會與你的交易帳戶狀況相呼應。你會發現那是負值。要是你在下單交易之前就驗證過期望值，你就絕對不會採用那個方法。你會將它扔掉，重新搜尋一種擁有優勢、能夠正確驗證、確定可以提供正期望值的交易方法。

所以，請深吸一口氣，暫時離開交易。本書將帶你著手探尋真正的交易知識，包括如何正確驗證交易觀念。

我要說，如果你現在賠錢，不用擔心，因為你並不孤單。告訴你一個不幸的事實：超過90%的交易人都賠錢。且讓我根據自

己的了解，告訴你何以如此。

為什麼交易人十有九虧？

90%的交易人賠錢，答案很簡單，就是無知。

儘管許多分析師表示，心理面是主要原因，我卻認為更深層的答案，在於人容易受騙和懶惰。由於懶惰，交易人才會尋找阻力最小之路。在你能以更聰明的方式工作時，為什麼要更賣力工作，對吧？不幸的是，這會使交易人受騙，於是他們開始相信他們所讀的、所聽的，以及在電腦上所安裝的。這是因為交易人迫不及待想要相信，世界上有簡單的交易致富途徑存在。這條阻力最小之路，反而阻礙了他們，無法正確驗證他們覺得在市場上可能行得通的方法。

雖然交易人可能飽覽群書，參加過無數的研討會，他們仍然無知。這聽起來可能令人難以置信，但是揭露交易實際運作方式的書或研討會並不多。這是因為許多作者和教育者本身對於實際運作方式一無所知；他們通常是失敗的交易人。如果你翻閱大量的金融文獻和各種產品，你會發現大部分都依賴「更笨的傻瓜」理論。也就是說，顧客或購買者是更笨的傻瓜，但他們本身並不知情！務必記住：交易觀念不會因為寫成白紙黑字，或者用PowerPoint報告，就變成真理。

但是，如果你擁有正確的知識以及足夠的耐性，去驗證交易觀念，你就不會無知——我就是要給你這方面的知識。雖然初期階段你可能賺不到錢，至少足以讓你理解，交易虧損是因為你懂得還不夠多，所以還未能成功。

交易三柱

心理面經常被人拿來做為交易人未能成功的藉口。但是雖然心理面可能是助因，卻不像許多評論者所說的那樣，是唯一的理由。交易要成功，你需要注意三個重要的領域：

· 交易方法
· 資金管理
· 交易心理

它們（幾乎）同樣重要，稍後我會更深入探討每一個領域。目前你只需要知道它們是成功交易的三項要件。

每當我上台講演，我通常會問聽眾，他們相信交易的哪個部分最重要：

· 交易方法：買進和賣出背後原因的分析與交易計畫
· 資金管理：投入交易的資金金額
· 交易心理：嚴守紀律，遵循交易計畫

有趣的是，大多數人舉手說是心理面。對於這樣的反應，我並不驚訝，因為市面上大多數的交易教材，絕大部分的訊息都說心理面是交易最困難的部分和成功之鑰。

一般經常聽到的訊息不外乎：「區分贏家和輸家的唯一關鍵是心理面，別無其他」；「贏家在市場上賺錢，沒有特殊的交易技巧、沒有特殊的交易秘訣、沒有秘密公式」；「贏家與輸家的區別取決於心理」；「贏家的想法和輸家不一樣」……諸如此類。

我不同意這些說法。妨礙輸家的是他們的無知，不知道也沒有去驗證他們手中什麼行得通。雖然心理面很重要，我相信資金管理和方法的排名更高。

前面提到無知、容易受騙和懶惰是90％的交易人賠錢的主要原因。為了讓你知道這三害如何展現在交易行為，我會深入探討許多交易人在頭三年的交易中常犯的錯誤。我會根據交易成功的三個層面（即交易方法、資金管理和交易心理），分述這些常見錯誤。

順帶一提，我沒有宣稱自己是交易專家，但我絕對有資格討論這些常見錯誤，因為這些錯誤我都犯過！

第一年的常見錯誤

歡迎來到交易的第一年。如果你曾經懷疑自己無知到什麼程度，別懷疑：在交易的第一年，你是「無知之王」！

交易方法

聽別人怎麼說，然後照小道消息去做　大部分人開始交易的時候，總是會聽別人怎麼說，然後照聽到的小道消息去做。結果肯定叫人失望。小道消息有時可能讓你賺錢，但是拉長時間來看，卻只能說是輸家的遊戲。你只應該出於自己的想法去交易，不應該聽信別人在走廊和餐桌邊說的話。

看了晚間新聞之後有所反應　缺乏經驗的交易人會一聽到某些消息，例如大部分公司報告盈餘不錯、單季國內生產毛額（GDP）成長數字高於預測，於是隔天作多，想不到下場是停損出場。他們花了很長的時間才了解，晚上傳到居家客廳的新

聞，其實已經是老舊的市場資訊。市場對這些新聞早就預期並有所反應。新手交易人卻不知情。

請別人提供意見　新手交易人經常尋求別人的意見。如果他們對市場會往哪裡走沒有概念，他們會請營業員、朋友和家人提供意見。可惜，除非是全時交易人，否則他們對市場的看法，可能不比新手交易人好多少。

攤平進價水準　新手交易人通常是世界上最糟糕的輸家。他們討厭賠錢，總是不計任何代價避免虧損，而通常的反應就是「攤平」進價水準。舉例來說，假設你以6.60美元的價格買進一支股票，之後它立刻掉到6.00美元。新手交易人經常說服自己，相信這支股票有很好的理由跌到6.00美元。他們也說服自己相信有更好的理由，它應該會反彈。他們接著在6.00美元買進更多股票，將進價水準壓低到6.30美元，並且希望從預期中的反彈獲利。但是在這種情況中，股票不可能反彈，而且所有這麼做的交易人，都讓損失雪上加霜。雖然在6.30美元作多，聽起來比在6.60美元作多要好，但是兩次投下同樣多的錢則不妙。「攤平」進價水準有違當個「最優秀的輸家」原則，新手交易人因此成為最糟糕的輸家。

沒有使用停損點　除非新手交易人受益於一些交易經驗，否則他們很少在交易時確實執行停損點，或者執行預先計劃好的出場點。直到為時已晚和代價太過沉重，他們才恍然大悟，曉得自己可能賠錢。

沒有交易計畫　所有這些，可以總結為這個最常犯的錯誤。聽信小道消息、對夜間新聞有所反應、請別人提供意見、攤平進價水準，以及不使用停損點，是交易人在交易時沒有交易計畫的明顯跡象。切記：交易時沒有交易計畫，遲早會栽大跟頭。

資金管理

缺乏資金管理觀念 一般情況下，第一次交易的人唯一關切的事，是有沒有足夠的錢展開交易。幾乎沒人想到資金管理觀念。新手交易人通常缺乏「破產風險」（risk of ruin）的概念（稍後我會解釋）。這種風險來自把過多的帳戶餘額投注於單一筆交易去冒險。

之前曾提及我對資金管理的重視程度，因此你應該可以想像，犯下這項錯誤對新手交易人經常是致命一擊。

交易心理

因為刺激而交易 許多人交易的理由之一，是它能帶來刺激，脫離他們覺得秩序井然、保守無趣的生活。交易能讓心臟狂跳，腎上腺素流竄。即使正在賠錢，交易人也經常樂此不疲，因為下一筆交易總是個刺激的謎：會賺，還是會賠？

為了報一箭之仇和打平而交易 交易人賠錢的時候，他們往往感到生氣，想要「報復」市場。賠錢就像遭到兩次打擊：一次是打擊你的自尊，另一次是打擊你的口袋。新手交易人挨了市場一記棍，就想要立刻還手。激勵他們交易的因素，是報復，不是邏輯。情緒化是新手交易人常見的行為；這也是淪落到貧民收容所的捷徑。

第二年的常見錯誤

如果交易人沒有賠掉所有的錢，安然度過第一年的交易，大部分人會帶著無知的決心和無端的樂觀，踏進第二年。第一年，

大部分交易人不過是依賴偶然的機運在交易；但是第二年，他們真正危害到自己。第二年的交易人開始得到一點知識，或者他們如此認為，於是下定決心著手毀滅自己。

交易方法

相信讀到的和聽到的　交易人常犯的一個錯誤，是相信他們讀到或聽到交易方面的事。如果有人把那些事情寫下來，或者有人講出來，大部分交易人就會信以為真，直到後來賠錢才知道不是那麼一回事。交易人想要相信那是真的，因為這是輕鬆賺錢阻力最小之路。請記住：任何交易觀念要行得通，必須由你自己去驗證，不是靠別人。

相信技術面分析是唯一答案　技術面分析泛指藉由研究過去的價格，以洞悉未來的價格走向。但是在第二年的交易中，許多人常犯的錯誤，是相信他們只需要靠技術面分析就能賺錢，而忽視資金管理和心理面。

相信多即是好　還算相當新的交易人奉行技術面分析時，經常犯下的一個錯誤就是相信越複雜，答案越好。他們不但不明白技術面分析本身並不足夠，還相信加進更多的技術指標可以提供更好的答案。

交易人在購買繪圖軟體時，總是掉進一個陷阱，想在螢幕上盡可能標註最多的指標。但是試圖解釋市場的每一步，一定以災難收場。這樣的故事，我們耳熟能詳：如果指標的預測沒有出現強烈的跳空向上，交易人會主動搜尋一個如此預測的指標。這是「曲線配適」（curve fitting）的第一階段，即交易初學者嘗試建立模式，拿一堆指標和過去的資料配適。

相信「紙上模擬操作」有幫助　許多缺乏經驗的交易人，

誤信「紙上模擬操作」有幫助。紙上模擬操作是指根據你自己的交易準則，（在紙上）記錄交易的過程。一旦對「紙上」的結果感到滿意，就可以開始拿真正的錢去交易。雖然這麼做的立意良善，我卻相信它是愚不可及的練習。

紙上模擬操作的問題，在於它並沒有反應真實的交易世界。它並沒有提供對等、中立但公平的「糾察」元素，以觀察和獨立檢核你的紙上模擬操作。它很容易動手腳。執行紙上模擬操作時，只要出現不曾見過的過濾器（filter），你隨時都可以消除虧損的交易，修改過去的行動。人們為了保護自己敏感的自尊所做的事，令人嘆為觀止。我也可以告訴你，在我二十七年的交易經驗中，從來沒有見過一個賠錢的「紙上模擬」交易人！

掉進預測陷阱 首先是艾略特波浪（Elliott wave），然後是幾何（geometry），影響我的交易。這種情形維持了十五年之久，直到我改用簡單的型態交易（pattern trading）。但是在我沉迷於艾略特波浪和幾何的十五年內，我想我是犯這種錯誤的高手。「預測陷阱」是什麼？簡單說，是指交易人試圖判斷市場朝哪裡走，或者對於它往哪裡走、走多遠，以及什麼時候會走，持有某種看法。任何探討市場行為的理論，只要提到市場會形成預定的型態，都是預測理論。艾略特波浪和甘恩（W.D. Gann）是預測理論中最知名的兩個人。

預測理論認為交易人能夠預先確定市場的走向和反轉點。交易新手難免受到誘惑，相信自己有可能持續掌握市場會往哪裡去。這個想法很吸引人，因為這表示你可以知道何時買低、何時賣高，交易結果就有可能相當確定。它再次提供交易成功輕鬆可得，阻力最小之路，而這當然十分吸引新手交易人。

遺憾的是，許多交易人直到為時已晚，才曉得這些預測理論

可能不是最有效的交易方法。直到他們的經驗使他們更窮，才開始質疑這些理論提出的觀念。一旦他們開始質疑，並根據自己的解讀去驗證理論，很快會發現手中的理論為負期望報酬。

抓取頭部和底部　大部分交易人會犯下想要賣到頭部和買到底部的常見錯誤。當市場創下新高，缺乏經驗的交易人通常想要賣出。賣出價值高估的東西（抓取頭部）是相當合理和聰明的做法，很難想像有人想反其道而行。遺憾的是，交易人總是不由自主犯下常見錯誤，買進價格極為疲軟的股票，卻賣出價格極為強勢的股票。

沒有認清趨勢　沒有看清趨勢，通常會因為前一個常見錯誤而雪上加霜。交易人試著和根本的市場趨勢反向操作，最後的結果就像想要逆流而上。但是定義趨勢沒有那麼容易，因為它會隨著你用於確認格局（setup；例如月、週、日）的時間架構和交易計畫（例如週、日、時）而變。

沒有遵守停損點　如果交易人夠幸運，在第二年使用停損點進行交易，許多人常犯的一個錯誤，是偶爾會移動停損點，以免軋平交易。這個傾向源自害怕被證明錯誤。結果是：交易人最後賠掉的錢，多於讓停損點留在原始的位置。移動停損點使你成為糟糕的輸家，因此會是長期的輸家！

太快獲利了結　一方面，交易人可能沒有遵守停損點，而將它們移得更遠。另一方面，交易人也可能害怕利潤被搶走，因為焦慮而太快獲利了結。這種交易人不只是糟糕的輸家，也是糟糕的贏家！大部分人在與市場接觸的兩個關鍵點，也就是停損和出場，執行上表現如此之差，交易失敗有什麼好奇怪的？

太慢認賠和太快獲利會招來災難。交易人需要失敗許多年之後才會了解，成功的獲利交易有賴於交易人能夠盡快認賠，和盡

慢收割獲利落袋。

沒有使用交易計畫　許多交易人常犯的一個錯誤，是在沒有定義明確的交易計畫之下交易。他們極少用定義明確和毫不含糊的準則交易，以決定他們的進場水準、停損水準和出場水準。

「尾隨」其他交易人　即使大多數交易人擁有強烈的決心，想要繼續交易到第二年，但是到了某個時候，不斷賠錢令他們備感挫折。信心一直遭到侵蝕，使得他們犯下「尾隨」其他交易人這個常見錯誤，也就是盲目跟從別人操作。

更換交易方法　我不太願意說這是常見錯誤，因為這是偶爾該做的正確行動——如果你不去搜尋，如何得知怎麼交易才行得通？但是我在此收錄它，是因為許多人在充分調查一種方法之前，就過早換方法。交易人在搜尋時可能太沒耐性，沒花足夠的時間深入探討，以正確決定某種方法是否有價值。

更換精神導師　我所說的精神導師，是指一般新聞媒體、各個機構，或者網際網路聊天網站吹捧為交易智慧大師的那些人。一般來說，如果交易人因為追隨某名精神導師而失敗，他們會把他或她換掉，另找一個，而不是自行摸索什麼事情行得通。

更換市場　如果交易人更換方法和精神導師之後，還是賺不到錢，許多人會做成結論說，是市場妨礙他們，而不是他們接觸市場的方式出問題。

更換時間架構　許多交易人相信更換時間架構會改善他們的成果。他們覺得，短期的時間架構會減低風險，因而降低損失。這通常導致他們嘗試當日沖銷交易。但是，縮短時間架構並沒有減低風險。交易人換採當日沖銷交易等較短的時間架構時，通常是在市場收盤時軋平虧損部位，因而無意間改善他們承受的風險和資金管理成果。同樣的，妨礙他們的不是時間架構，而是資金

管理和使用的方法。

更換顧問 許多交易人一向將不良的交易成果，怪罪於顧問的委託撮合成交價格差，即使這是市場造成的。我所謂的委託撮合成交（fills），是指執行進出市場的委託單。如果他們正在賠錢，再遇上委託撮合成交價格差，他們就會更換顧問。他們相信顧問應該為交易成果欠佳負責，而不是他們自己的交易有問題。

資金管理

過度交易 到了交易的第二年，大部分交易人會無意間接觸到資金管理的概念。雖然許多人可能自以為了解資金管理，事實上他們並不是真的懂。相對於帳戶金額，新手交易人還是會過度交易。也就是交易帳戶有過高的比例押在單一交易上冒險。

交易心理

沉迷於市場 交易的刺激會使交易人自然而然亢奮起來。腎上腺素翻湧，產生想要交易的不健康癮頭。渴望執行下一筆交易，會導致交易人執行不存在的邊際交易，因此為常見的不良成果所苦。

缺乏耐性 大多數交易人會對市場失去耐性。在需要耐性的時候，反而忽視以前的信念，只在經過驗證的格局中交易。交易人於是一窩蜂搶著開始執行任何邊際機會，並且繼續賠錢。

抱著不切實際的期望 新手交易人常誤信市場交易狂熱，從而產生不切實際的期望。期望賺得100%或更高的報酬率，使得交易人承受很大的壓力，進而促使他們在財務上（和情緒上）急轉直下，自我毀滅。

當理論派 交易人經常會找理由，解釋為何虧損。他們的

理由總是市場搶了他們的錢——「要是道瓊指數昨天晚上沒跌，我今天早上就能獲利了結！」，或者「哦，不對，我把波浪數算錯了。我怎麼會做那種事？」，或者「20根長條的週期一定反轉了！」

在新手交易人心中，他們永遠沒錯。

第三年的常見錯誤

跌跌撞撞走過第一年的交易，並且活過第二年，我們應該為踏進第三年繼續奮鬥的人鼓掌喝采！這些交易人通常抱著堅定的決心和身經百戰後疲憊的審慎態度在交易。

雖然第三年的交易人在姿態上擺出像是久經沙場的老將，但他們還是有可能遇上危險。他們擁有更多的知識（或者他們是怎麼想的），而且相信市場欠他們很多——財務上是指它「借走」的錢，此外還有他們「投資」於解謎的時間，目的是為了掀開它的神秘面紗。最慘的是，他們的自尊嚴重受創，就像隨身帶著一顆汽油彈。

歡迎來到第三年的交易。

交易方法

不能歸零學習 不能放掉所學，歸零學習，是幾乎每一位交易人都會犯的重大錯誤，而且幾乎沒辦法避免。這是源於成功的重要因素——決心。一方面，這是成功的唯一方式，因為交易會把許多障礙丟到你的路上，少了決心，就不會往前走。可是決心又會讓你固執己見，不願拋棄賠錢的方法，即使你的交易帳戶、你的夥伴、你的會計師要你這麼做。相信我，我是過來人，因為

我花了十五年的時間，才捨棄艾略特波浪。

忘記最重要的是簡單的支撐和阻力 許多交易人在追求終極交易策略時，會受到誘惑，相信複雜是贏過市場的祕密。他們相信如果市場上每個人都在賠錢，那麼交易就不簡單——如果簡單，不是每個人都會賺錢嗎？於是他們開始學習複雜和深奧的方法、觀察星象和在金字塔底下偷窺，尋找打開市場的「秘密鑰匙」。他們忽略了一個簡單的事實：交易只不過是找到潛在的支撐和阻力水準。

除非交易人相信市場可能已經找到支撐，否則為什麼要買進？除非交易人相信市場可能遇到阻力，否則為什麼要賣出？遺憾的是，交易人在追求「聰明」交易時，忽視了交易只是在尋找簡單的支撐和阻力水準這個事實。

技術面分析和交易混為一談，未能區分交易計畫和格局 許多交易人在交易生涯之初，把技術面分析和交易混為一談。他們常犯的錯誤，是沒有把格局和交易計畫分離開來。他們也十分專注於尋找市場會往哪裡走，而一旦他們相信已經找到，就會立即進場。

比如說，你的格局可能採用40日移動平均線確認趨勢。它可能採用某個人氣指標，告訴你市場何時超賣、確認上升趨勢拉回的安全買點。它甚至可能使用關鍵的反轉型態，以確認價格反轉和趨勢恢復。你會看到三個綠燈（趨勢向上、在人氣超賣的情況下向下折返、反轉型態顯示趨勢持續向上），並因此感到興奮。於是你立即在當天的收盤或者隔天的開盤就進場買進，因為你的分析或方法已經確認上升趨勢可能恢復。

這時，你會犯下一個常見錯誤，就是沒有在格局之外另行發展交易計畫。單單根據格局而自動進入市場是錯的。成功的交易

人知道，這應該是兩步驟的程序。

第一步是完成分析和確認格局。第二步是依循獨立的交易計畫，研判如何正確掌握利用格局。

沒有發展交易計畫以支持格局　如果你已經分別發展格局和交易計畫，那麼你會在前一夜完成分析和尋找你的格局，以建立隔天買進或賣出的偏好。隔天的唯一關注焦點，將是你的交易計畫，不是你的格局。你會根據交易計畫交易，而不是格局。許多交易人沒有做好一件事，那就是設計交易計畫，以支持和確認格局。相反的，他們的交易計畫只納入進場、停損和出場技術。

良好的交易計畫會要求格局交出正面的市場行動，交易人才會投入資金建立部位。對於賣出格局來說，良好的交易計畫會要求較低的價格，才投入市場展開交易。至於買進格局，良好的交易計畫會要求較高的價格，才投入資金展開交易。遺憾的是，大部分人沒有將這個「支持」角色納入交易計畫。

不了解正期望值　另一個常見錯誤，是對「正期望值」無知。雖然人們交易是為了賺錢，而且潛意識中想要賺很多錢，但他們對於實際上的「期望值」，欠缺實務上的知識。他們對於拿去交易冒險的每一塊錢，長期而言可能賺多少毫無所悉。關於期望值，稍後我會談得更多。

沒有驗證方法　不管是新手，還是經驗豐富的老手，大多數交易人都會犯下沒有正確驗證他們所用方法的錯誤。有些人相信，經過模擬的淨值曲線（equity curve）和經過計算的期望值，加上紙上模擬操作，就能驗證系統。遺憾的是，事實並非如此。

大部分交易人只有在市場上交易真正的金錢，才能驗證他們使用的方法好不好。如果賺錢，他們的方法就是經驗證可行；如果賠錢。他們的系統就是不好。但是，不必拿錢去冒險，正確

驗證方法好壞的唯一方式，是將自尊放一邊，依循我的TEST程序，根據你的準則進場交易。稍後會更詳細討論TEST。

資金管理

繼續過度交易　這個領域，大部分人在交易生涯之初，都為它所苦。雖然許多交易人相信他們了解資金管理，卻仍然在每一筆交易上拿太多錢去冒險。他們的耐性不夠，不想下金額比較小的賭注，以降低自己的破產風險，並以理性的方式，讓他們的帳戶餘額與時俱增。在這些交易人看來，以保守的方式交易，一點都不刺激。

交易心理

只重利潤，不顧程序　只重利潤並不會賺錢。交易人應該專注於交易程序，而不是利潤——也就是，專注於資金管理、確認格局，並且執行交易計畫。如果你學會專注於交易程序，利潤就會隨之而來。

缺乏紀律　缺乏紀律是另一個常見錯誤。交易人在用自己的格局和交易計畫交易時，很容易分心，以幾乎隨機的方式進場、下停損點。

相信市場不可能交易　如果你有幸到了第三年還在交易，而且仍在賠錢，你就會接近山窮水盡的地步。如此一來，你可能犯下相信市場不可能交易的常見錯誤。

相信有交易祕密存在　一旦你開始認為市場不可能交易，卻又想起有一小群交易人確實獲得成功。交易人因此相信，這一小群賺錢的交易人一定知道「交易祕密」。只有這樣，他們才會賺錢。這是缺乏經驗的交易人唯一的合理結論。

相信最大的風險是賠錢　交易人另一個常犯的錯誤，是相信最大的交易風險是賠錢。但是，交易最大的風險是東修西補行得通的方法！在市場交易，感到無聊時，你要抗拒誘惑，不要修改系統，企圖擠出更多利潤。

相信心理面最難處理　到了第三年年底，苦苦掙扎的交易人常犯的錯誤，是相信心理面是交易最困難的部分。在買了那麼多書和軟體程式，以及上過那麼多研討會和講習班之後，他們相信自己一定擁有交易成功的知識。他們知道自己不笨，所以他們相信，一定不是交易「知識」讓他們失望，而是「應用」出了問題。他們相信自己的心理面是他們最大的障礙。而這種信念，因為大部分交易書籍表示心理面是交易成功單一最大挑戰而強化。

雖然心理面很重要，但我個人相信，它並不是交易成功的最大挑戰。

如何打入10%的贏家圈

簡單說，就是避免私人交易人常犯的錯誤，並且向贏家學習，也就是透過積極的交易、管理數百十億美元的金錢專業商品交易顧問（professional commodity trading advisers；CTAs）。他們能夠教你在自己的交易上以程序為取向。

在交易上像CTAs那樣採取程序取向，能界定出探索和體驗的交易邊界。如果做得正確，你可能永遠不會進場交易，而不交易，就不會賠錢，你就會勝過90%的交易人。雖然你可能不會躋身10%的贏家圈，至少不會向贏家的口袋進貢。

來看看新手交易人典型的旅程，如圖1.1所示。

一如你從前述交易人常見錯誤所看到的，你開始交易也很可

能遇到不愉快的經驗。當你尋求什麼行得通，你會被追殺得走投無路，對於如何能夠賺到錢毫無頭緒。

那些有幸能從地上爬起來再站好的交易人，通常有個清楚的行為模式。

至於那些能夠獲利的極少數交易人，他們不只學習資金管理，也了解正確應用資金管理，是在財務上存活的必備能力，如圖1.2所示。

大多數長期的贏家交易人已經學會：

‧「最大逆境」（maximum adversity）是市場的第一準則

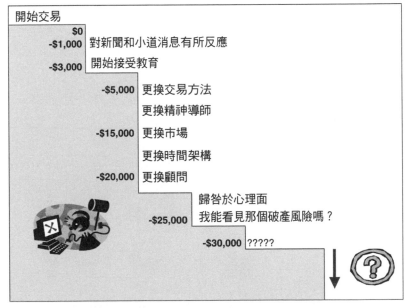

圖1.1　**交易人典型的旅程**

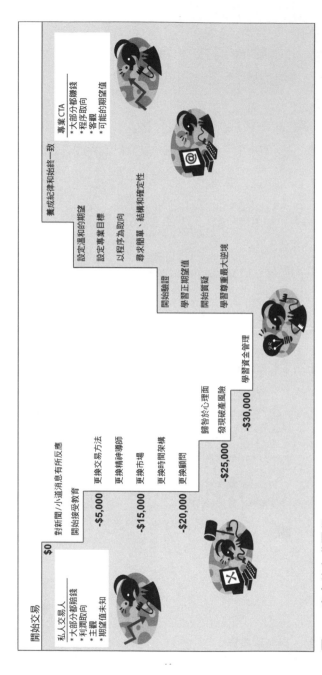

圖 1.2　贏家的爬升歷程

- ·對市場不敢掉以輕心
- ·質疑讀到和聽到的每一件事
- ·書或演說所發表的內容，不見得正確
- ·正期望值
- ·驗證所有的觀念
- ·尋求簡單、結構和確定性
- ·在做研究、設計和驗證時，以程序為取向
- ·建立專業目標和溫和的期望
- ·在交易上嚴守紀律和前後一致

市場裡如鳳毛鱗角的贏家，大多是專業CTAs。大部分的輸家，則是你我這些小散戶。

小結

當人們開始體驗交易，他們通常幾乎沒有什麼結構和確定性可言。在這個過程中，他們同時傷害到自己的口袋和心靈。如果他們運氣不錯，他們會開始走向簡單、結構和確定性。他們會開始聚焦於程序取向。建立起這個結構的黏合劑，是發現正期望值和正確驗證的重要性。如果你能做到這一點，你的想法和行為就會開始像專業CTA。

等到本書進入尾聲，在你學會成功交易通則後，不管你偏好自由裁量型交易，還是機械型交易，但願你不管在想法和行為上，都像個專業交易人。

第2章

交易程序

我會在這一章介紹成功交易通則。接下來幾章,我會進一步探討各項通則。

圖2.1指出一般交易人面臨的一大堆艱難選擇。

有人對從何處開始交易感到困惑嗎?交易人必須做的決定似乎很多。我認為,與其描述所有技術,不如引導你思考成為成功交易人的有關程序。這套程序依循成功交易通則。

交易程序

成功交易通則會勾勒出交易程序的輪廓。成功交易有六項不可或缺的通則,我們很快地談一下各項通則。

· **觀念的準備** 了解交易人可以從市場和交易期待什麼。交易人也要知道,在他們開始交易之前,能夠做些什麼事,

以確保他們不會太過頭。準備工作做得好，是交易的堅實基礎。

・**思考的啟蒙**　了解成功的要件。交易人應該明白要將心力投入何處。啟蒙階段會引導你走上正確的路，成為交易市場的生存者。

・**發展交易風格**　你在選擇交易方法時需要知道的事。

・**選擇交易市場**　了解該如何選擇最佳的交易市場，十分重要。交易已經夠難了，不要涉足容易受操縱的小型市場。

・**鞏固三大支柱**　三大支柱是交易成功的三個有形要素，即資金管理、交易方法和交易心理。

・**交易的實踐**　將以上各項融會貫通。

你可以看到，進場交易是六大通則的最後一項。但願你能了

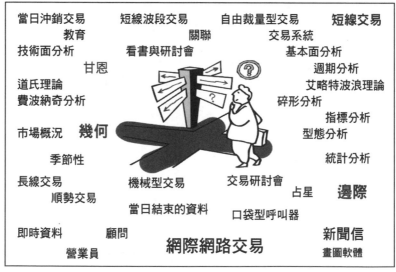

圖2.1　技術面分析的混淆世界

1. 觀念的準備	2. 思考的啟蒙	3. 發展交易風格	4. 選擇交易市場
接受最大逆境 掌握情緒定向 承認賠錢遊戲 認清隨機市場 最優秀的輸家，贏！ 注重風險管理 尋找交易夥伴 設定財務邊界	避免破產風險 ・最優秀的輸家，贏！ ・資金管理 交易聖杯＝E×O 力求簡單 ・支撐／阻力 涉足大多數人害怕的地方 以TEST驗證期望值	交易模態 ・順勢交易 ・短線波段交易 時間架構 ・當日 ・短線 ・中線 ・長線	市場特質 單一市場 多個市場

5. 鞏固三大支柱			6. 交易的實踐
資金管理	**交易方法**	**交易心理**	融會貫通 監控績效 正面強化 淨值動量
固定風險 固定資本 固定比率 固定單位 威廉斯固定風險 固定百分率 固定波動性	交易方式 ・自由裁量型 ・機械型 **交易方法＝** **交易格局+交易計畫+驗證** **交易格局** 分析 - 哪個市場理論？ 交易的潘朵拉盒子 ・占星・週期・道式理論 ・艾略特波浪・費波納奇 ・碎形・幾何・指標 ・市場概況・型態・季節性 ・統計・甘恩 **交易計畫** 進場＋停損＋出場 **驗證** - E(R) TEST（30筆電子郵件交寄的 摸擬交易）	管理「希望」 管理「貪婪」 管理「恐懼」 管理「痛苦」	

圖2.2 六大成功交易通則

解，為何會有那麼多交易人賠錢——他們幾乎是從交易的實踐開始著手，而這應該是最後一件事。

圖2.2概述每項通則的內涵。正如你所見，要成為成功的交易人，待辦事項繁多。對許多人來說，這項工程太過困難，但是對願意投入努力的人而言，它代表一條定義清楚的成功之路。

下一章我會先談第一項成功交易通則，並以此展開交易程序。

第3章

第一通則：觀念的準備

我們要先談成功交易的第一通則：觀念的準備。這個階段能幫助你衡量自己的交易決心。如果你還沒準備好接受本章介紹的觀念，你就不應該交易。如果你不認為自己準備要聽這些觀念，那麼在你還領先的時候，應該斷了交易的念頭；這樣代價低得多，也遠遠不會那麼叫人失望。

準備這個原則，要求在你考慮交易之前，必須先思索下列各個觀念，以及接受每一觀念的後果：

- ·接受最大逆境
- ·掌握情緒定向
- ·承認賠錢遊戲
- ·認清隨機市場
- ·最優秀的輸家，贏！
- ·注重風險管理

- 尋找交易夥伴
- 設定財務邊界

現在來談每一個觀念。

接受最大逆境

最大逆境是市場的首要準則，意思是：市場會做它必須做的事，讓大多數交易人失望。這一點，你永遠都不應該忘記。

且讓我再說一次：市場會做它必須做的事，讓大多數交易人失望。它會把每一個可能的障礙，丟到你要走的路上。雖然交易相當簡單，卻也不容易。最大逆境會盡其所能，讓交易盡可能變得困難，使你懷疑自己的每一項行動、每一筆交易是否正確。

最大逆境是市場施加於所有參與者的紀律。市場透過最大逆境，確保金錢總是從大多數人，也就是弱者手中，轉移到少數強者手中。拜託，如果交易真有那麼容易，每個人都會來賺一筆！

遺憾的是，大多數交易人總是等到為時已晚，才學會這個準則。但是，要成為存活的交易者，你必須承認它、理解它、順服它。否則，你的交易將自取其敗。

不要忘了那句老話──如果某件事聽起來好得不像真的，它可能就……？（答：不是真的。）交易也是如此。如果某個特別的交易觀念聽起來好得不像真的，或者某個模擬淨值曲線看起來太過平滑，不像真的，或者某個繪圖程式讓交易看起來太過容易，不像真的，那麼它可能就不是真的。但是，不知道有最大逆境的大多數交易人，會相信他們聽到、讀到、看到的。只有透過經驗和養成健康的懷疑態度，人們才會開始客觀探討這些好得不

像真的交易觀念；這些好得難以置信、格外平滑的淨值曲線；以及這些好得不像真的繪圖程式。只有透過經驗和實際去做，他們才會發現最大逆境的作用，最後終於了解，這些觀念、格外平滑的淨值曲線，以及出色的繪圖程式，確實好得不像是真的。

最大逆境也在市場中運作。如果走勢圖出現看來顯然應該進場交易的訊號，最後的下場卻是賠錢，請不必驚訝。

最大逆境明白告訴新手交易人：市場不會讓他們輕易得逞。閱讀和研究新的交易觀念時，務必時時銘記這點。考慮購買新繪圖程式、新交易系統，或者參加交易研討會或研習班時，務必牢牢記住這一點。研究、回溯測試（back testing）以及正確驗證某種交易方法時，你應該銘記最大逆境。研究走勢圖，以尋找下一個交易機會時，你都應該牢牢記住。

因為有最大逆境，對於交易成功很簡單、龐大的利潤等著每個人去拿等所有觀念和說法，你都要保持警覺之心。因為有最大逆境，你在看走勢圖，尋找下一個交易機會時，必須保持警覺。因為有最大逆境，你在看新交易市場，或者開立交易帳戶以利用新交易平臺的廣告時，要保持警覺。因為有最大逆境，你在閱讀分析師強烈的看法和強烈的意見時，務必保持警覺。要小心那些似乎擁有所有答案的分析師。

因為有最大逆境，你的交易人生活絕對不致像廣告上說的那樣。交易人的生活不會像你看到的那些陽光燦爛的畫面，如舒服恢意地在棕櫚樹下曬太陽，拿著筆記本型電腦做交易。最大逆境會盡其所能，使你在交易世界盡可能坐立難安，感到洩氣而想放棄當交易人。最大逆境會確保你的交易世界痛苦不斷。它會使你的交易變得很難、更難，還要再難。最大逆境讓交易十足像個新兵訓練營。它會讓人感到絕望。最大逆境會使你的交易陷入許多

級百分之百的傷害。最大逆境會確保你深陷痛苦中。當你賠錢，你覺得受到傷害。

當你賺錢，你會想如果在市場待久一點，可以多賺多少錢。當你想到放任它溜走的金錢數量，你會心痛。當你花了很多時間和精力，研讀一個似乎很有道理的交易理論，卻行不通，最大逆境會確保你痛苦萬分。當你花了很多錢在你認為信譽卓著的研討會和講習班，卻因為利用學到的觀念執行交易而賠錢，你會感到痛苦。當你花了很多時間和精力，研究、發展、設計程式、測試和驗證一個新觀念，它卻不可行，你會覺得痛苦。儘管你在許多年內花了無數的時間和精力，改善你擁有的優勢，卻沒辦法改善，你會因此感到失望和痛苦。當你退出市場，尋找和等候下一個交易機會，最大逆境會確保你覺得自己可能會錯失下一個大波動，因此感到焦慮和痛苦。如同我所說，最大逆境會確保你的交易世界充滿痛苦和傷害。

面對最大逆境，你必須對自己所有的行為負起百分之百的責任；你應該預期，在每一個轉彎之處，你會遭到市場的伏擊；你應該學會預期始料未及的事！面對最大逆境，你應該現在就決定自己是否有毅力和耐力，接受交易人的悲慘生活，儘管可能在財務上有所收穫。

掌握情緒定向

要成功交易，情緒定向（emotional orientation）格外重要。它與交易的兩個基礎領域相關：目標和期望。

如果你的交易目標是賺錢，或者交易時總是做對事，那麼十之八九會失敗。如果你的期望是從交易賺很多錢，那麼十之八九

不會成功。

雖然有些交易人可能會偶爾達成那些目標，但是長期而言，他們很難在不提高風險到危險地步的情況下維持。請記住，你永遠逃不掉風險／報酬取捨這個古老法則——你想要越多的報酬，就必須承受更多的風險。除非你能做到我所說的「情緒定向」，否則你會發現成功很難。

當你開始夢想成為完美的交易人，對不切實際的報酬懷抱期待，你的情緒就會迷失方向。如此一來，你不只讓自己暴露在不可能實現的目標和不可承受的風險中，也對自己的交易寄以太多期望和壓力。

以管理風險資本為目標

信不信由你，賺錢或者做得正確，沒那麼重要。這是大部分交易人直到為時太晚才學會的事情！要成功，交易人需要調整他們的想法。如果你進場交易時，一心只想著贏，投入無數的資源和精力，思考如何擊敗市場，這會蒙蔽你的雙眼，除了戰勝市場，看不到其他任何交易目標。

大多數人，尤其是交易人，喜歡競爭，尤有甚者，他們喜歡贏。但是，要贏，就要做對。人們本能上想要買到正確的車子、正確的房子、正確的保單。他們想為孩子選到正確的學校、正確的股票投資、正確的樂透彩券號碼，以及勝出的馬匹。

遺憾的是，渴望贏、正確，正好和從交易中賺錢背道而馳。稍後在我討論正期望值時，你會知道，贏只占公式的一半而已。想贏是錯的。單單聚焦於贏，交易人就已看錯方向——他們在情緒上迷失了方向。

贏顯然是好事，但將贏當成主要目標，既不適當，也迷失方

向。如果你希望成功，你的交易目標應該是管理風險資本（risk capital）。管理風險資本會擴大目標和責任，讓目標從短視的一心想贏，提升到保守且專業的水準。管理風險資本，能讓你遠離靠贏賺一大筆錢的目標，轉向一致、明智且持久的交易。一旦你能訂下這個目標，你在建立情緒定向方面，就完成一半的功課。公式的另一半和你的期望有關。

建立溫和的期望

不切實際的期望和沉迷於獲勝是雙重之害。兩者合力嚴重破壞你的情緒定向。舉例來說，如果你的期望是賺一大筆錢，那麼你的交易十之八九會失敗。想要永續成功，最重要的是抱持溫和的期望。期待賺到20%到30%的報酬率，和50%或更高的報酬率比起來，達成的可能性高得多，挑戰性則低得多。大部分人會賠錢，是因為他們想要更多。這就是人們一直以來所說的貪婪，或者不切實際的期望。

人們通常把交易和賺錢聯想在一起——交易越多，賺進的錢也越多。我以為，這就是「更多的交易等於更多的金錢」現象，是善於畫餅的商人和編織財富夢想的交易推銷員所創造（或至少強化）的概念。所以許多交易人投入市場交易時，都帶著「活動偏見」——以為更多的交易和更多的活動，代表更多的金錢。我稱這是「由上而下」方法。這種活動偏見會制約交易人想要更多，而想要更多，會製造不切實際的期望。

這種「越多最好」的哲學，不斷提升標準，並且製造自行持續的貪婪效應。這種貪婪，使得交易人有如脫韁野馬，即使你有穩健的交易計畫，能讓你即時賺到不少錢，但「越多最好」的先入為主之見，卻使得交易人很快就對他們擁有的感到厭倦，或者

認為他們可以做得更多。在這個階段，交易人對於他們的交易和贏的方法寄以更高的期望，因而調弄他們原來贏的方法，最後導致自取其敗。

我花了很長的時間，才發展出溫和的期望，但我還是三不五時在掙扎。利用我的模式，可以發現，只要將承受的風險提高一點點，就能輕而易舉使我的報酬率增為兩倍或三倍。令人驚訝的是，當我控制期望，交易實際上反而變得更容易。我對自己所用方法的表現感到滿意，而且不論時間好壞，都繼續採用。

要達到情感定向，對交易要有溫和的期望。要做到這一點，就需要接受我所說的「由下而上」法，摒棄「由上而下」的幻想。

「由下而上」法是指觀察分配於交易的風險資本，然後自問：「未來十二個月，風險資本達成多少報酬率，我會很高興？」或者「回頭檢討過去一年，什麼樣的報酬率會令我感到滿意？」

數十年來，全球股市每年的平均報酬率似乎在8-12%之間。所以若想用風險資本賺到高於這個數字的報酬率，還算合理。現在想想，十二個月後你回頭檢視報酬率時，會對怎麼樣的風險資本報酬率感到高興？是20%或30%的報酬率？我個人只希望風險資本的年報酬率在20%到30%之間。對我來說，這個報酬率合理可行──最困難的是如何持續達成這個數字。

如果你真的想要在交易上成功，就應該發展一套穩健的交易方法，可以在多年內，年復一年，持續不斷賺到平實的報酬率。如果你所用方法的績效顯示目標可以實現，那麼你應該感到滿意，不要操弄它。你不應該認為必須靠每天交易，風險資本才會有不錯的報酬。如果你採行「由下而上」的交易方法，你會發展出溫和的期望，達成你的情緒定向。

如果你能藉著設定溫和期望的專業目標，在情緒上自我定

向，你會發現，發展一套穩健的方法容易得多。此外，一旦你做到這一點，你會滿意它的績效，並且不管市場狀況好壞，繼續用它去交易。如果你能達成這個目標，成為成功交易人的任務就會容易許多！

承認賠錢遊戲

接受交易是輸家遊戲的這個事實，是準備工作的一環。不要試著說服朋友相信你會是成功的交易人，因為機率對你嚴重不利。你也應該把我的「90 × 90」法則放在心上：90% 的交易人會在 90 天之內失去風險資本。

你不只可以讓朋友和同事知道，你追求的目標很困難，還可以加進時間因素。準備階段的你要清楚了解，選擇積極交易，等於踏進輸家遊戲。

認清隨機市場

在準備階段，交易人也要接受市場基本上是隨機的事實。生意人的行銷炒作如果有不一樣的說法，你應該置之不理。

由於針對市場行為有許多預測理論，例如週期、艾略特波浪、市場概況、季節性和甘恩等等。你認為有可能預測市場，這個想法可以理解。但事實是，就持續一致的統計基礎來說，我們不可能預測市場的走向。請注意，成功的交易人懂得這一點，而且他們是因為知曉如何因應市場的走向而賺錢；他們沒有嘗試去預測它。

總之，你應該接受市場雖然不是處於完全隨機，但基本上是

隨機的。在交易時，千萬不要自認你會找到一把鑰匙，打開交易成功的秘密。

最優秀的輸家，贏！

明白成功唯一真正的祕密是管理損失，你的準備工作又邁進了一步。如果你能將損失壓低至容易管理的水準，獲利又大於損失，就可以在這場輸家遊戲脫穎而出。你手上的賺錢貨，幾乎可以置之不理，因為它們一般而言會自己照顧自己——它們起飛之後，就很少回頭。但是，想要成功，你需要將所有精力和決心集中於管理損失。

我在閱讀亞瑟·辛普森（Arthur L. Simpson）寫的《幽靈的禮物》一書時，讀到書中匿名人物幽靈所說一句很棒的話：最優秀的輸家就是長期的贏家。我認為這句話最能描述將心力集中在管理風險的重要性。

這本書基本上是訪問來自美國芝加哥一位三十年的資深交易人而寫成的。這位交易人希望提供他的交易洞見，但不願身分曝光，因此化名為「幽靈」。

如果你像我是個機械型交易人，你永遠都不應該移動停損點。你必須遵守嚴格的交易計畫。此外，在設計交易計畫時，你應該執行雙重停損點啟動器（dual-stop trigger），一個是根據價格，另一個是根據時間。

所有這些，都回歸管理風險。如果你下了一筆自由裁量型交易，而它沒有動，你應該傾聽市場的聲音，跳出來。你應該當個最優秀的輸家。不要讓賠錢的交易流連不去，一點一滴腐蝕你的信心，在一檔又一檔中磨損，最後跌到你原先設定的停損水準。

當個最優秀的輸家，表示你應該盡快軋平賠錢的部位。

交易成功唯一真正的祕密，是當個最優秀的輸家。所以這應該是你的目標。最優秀的輸家總是尋求縮減虧損。你應該問自己：是否有更好的方式賠得更快，而不是去操弄你的格局。

注重風險管理

到現在為止，你應該知道交易是風險很高的事業。這表示，成功的交易其實都是在談成功的風險管理。交易人要生存，就需要將交易事業視為風險管理事業。

如果你有機會和成功的交易人一談，你可能發現對方念茲在茲的，是如何改善風險管理。良好風險管理的核心是資金管理（稍後會談更多）：但是，在你能夠誠實應用合適的資金管理原則之前，首先最重要的是正視風險。

優良的交易人是優良的風險管理人。這是贏家和輸家的差別。他們正視市場對他們的處置、他們了解這是一場輸家的遊戲，他們必須活著當最優秀的輸家，他們的目標則是抱持溫和的期望，管理風險資本。他們一心想的只有生存，而這有賴於他們成功地當個優秀的風險管理人。

如果你想交易，你需要從風險管理人的觀點來執行你的任務；把將交易視為賺取利潤的偏見留給賭客。

尋找交易夥伴

了解擁有交易夥伴的重要和價值，也是準備工作的一部分。這是準備工作的終點。在進一步往前走之前，你需要審視自己的

交易決心——如果你接受前面我所說的各點，現在是往前邁步的時候；如果不接受，你可能不應該從事交易。

在準備階段，你要找個交易夥伴。這是準備展開交易很重要的一部分。你的交易夥伴不見得必須是交易人，但必須是你敬重的人。交易夥伴必須和你保持適當的距離，也就是不能和你住在同一個屋簷底下。他對你所做的事情感興趣，而且同意幫忙。

找個交易夥伴的目的，是防止交易人欺騙自己。市場裡的交易人故事，令人大開眼界。大部分人展開交易之前，都很理性、客觀和誠實。可是在什麼都不懂的情況下開始交易，他們就搖身一變，落入不理性和妄想。他們搞不清楚自己的能力，並且開始對自己撒些善意的小謊言。

交易夥伴會幫助你保持理性和誠實。交易夥伴扮演兩個重要的角色：一是在交易之前，一是在實際交易期間。

首先，交易夥伴會使用TEST程序（稍後會談更多），協助你正確驗證交易方法。在證明方法可能有正期望值之前，他不會鼓勵你投入市場、展開交易。其次，當你開始交易，交易夥伴會充當你的良心，要你保持誠實。

交易夥伴知道你的財務標竿，至少應該包括財務邊界、溫和期望，以及資金管理準則。

你應該每個月向交易夥伴報告，請他就你的財務標竿，衡量你的績效。他將充當你的交易告解人。這將有助於你嚴守紀律和保持一致。當你知道有交易夥伴盯著，就比較難偏離你的交易計畫。這也有助於你保持理性。

問題在於你能不能找到交易夥伴，如果你不能在朋友群中找到合適且願意擔任的候選人，你應該考慮加入志同道合的人組成的協會，例如許多國家都有技術面分析協會。

設定財務邊界

這是完成準備工作的最後一步。就像交易時要使用停損點，你也應該對自己的交易生涯設定財務邊界。你應該建立個人的財務承諾，以學習如何交易成功。這個財務承諾是指你準備投資於教育的風險資本——或者你準備賠掉的總金額。讓你的交易夥伴知道你的極限，並且做出個人的承諾，表示如果你賠掉這個總額，你會接受交易並不適合你的事實，然後死心轉頭離開。

就像交易時應該設定應變停損點，你應該在著手交易之前，就知道自己準備賠掉多少錢。我敢說，一定有許多交易人曾經想過：要是自己曾對某個尊敬的人作出類似的承諾，並在到達極限時掉頭而去，那有多好。如此一來，他們會比今天的處境快樂許多，口袋也飽滿許多！

小結

但願第一項成功交易通則已讓你做好準備，接受交易是辛苦活。你要正視市場，承認交易成功可能是你嘗試過最困難的挑戰之一。基本上，交易就像新兵訓練營。

如果你決定走上交易這條路，你必須接受市場會時時與你作對。市場會在每個轉彎處設置路障。由於人性，你會發現很難建立專業目標和溫和的期望。和你同樣進場交易的人，大多將是輸家，所以很難找到正面的角色模範。市場的隨機性根深柢固，關於走向，不會留下太多線索。關於獲利，恰好和一般人的直覺相反：抱走獎金的並不是贏家，而是最優秀的輸家。賺錢背後的主要動因，和交易績效的關係不是那麼大，反而和當個優秀的風險

管理人較有關係。交易夥伴會幫助你走在正確的軌道上，而建立
財務邊界（可望）會限制你的潛在總損失。

　　如果以上這些你都能接受，你已經貫通第一項成功交易通
則──觀念的準備。你已做好準備，能夠接受意料未及的事發
生，而且你能在良好的狀態下繼續前行。

　　做好準備之後，下一項成功交易通則要談的是「思考的啟
蒙」。

第4章

第二通則：思考的啟蒙

本章探討第二項成功交易通則——思考的啟蒙。

第二通則將協助你避免陷入技術面分析的混淆世界，並且有助於你專注於交易生存的必要事務。你會注意到，現在的重點放在「生存」。從這裡開始，你的觀點應該從想要交易成功，轉為想在交易上「生存」。

正如我說過的，交易有風險。為了成功，必須成為優秀的風險管理人。因此，你現在的交易重點應該是求生存。如果你能在交易上生存下去，你就會成功。

本章會引導你到應該集中你的精力和資源的地方去。當你明白下列各項在交易上生存的條件，你就算開竅了：

- 避免破產風險
- 擁抱交易的聖杯
- 追求簡單

- 涉足大多數人害怕的地方
- 以TEST驗證期望值。

　　如果你想生存下去，就必須學會待在這些準則所圍築的邊界之內，如圖4.1所示。

避免破產風險

　　我個人認為，避免破產風險可能是最重要的交易概念。可是大部分交易人卻無視於它。很少作者寫文章談它。很少研討會提到它。很少講習班教它。有那麼多交易人根本不知道自己的個人破產風險，所以賠錢有什麼好奇怪的？

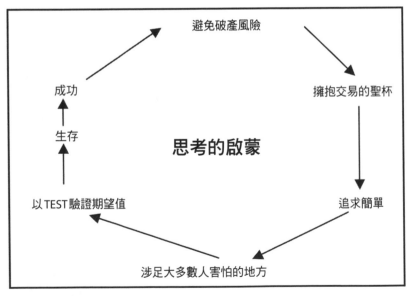

圖4.1　啟蒙圈

計算破產風險能讓你了解為何交易會失敗。是的，你知道自己賠了錢，但可能不是非常清楚為什麼。了解破產風險會給你答案。而答案揭曉的那一刻，就是你恍然開悟之時。

　　什麼是破產風險？破產風險指的是你賠錢賠到必須停止交易的可能性。就這麼簡單。避免破產風險是身為風險管理人的第一優先要務。只要能避免破產，就能生存，進而交易成功。

　　破產風險是統計概念，告訴交易人破產的機率——也就是累積龐大虧損以至於停止交易的可能性。這個累積虧損稱之為「破產點」（point of ruin）。

　　破產風險不見得是賠掉全部帳戶餘額。它可能是損失帳戶的50%、75%或100%，取決於你個人的風險忍受度。破產點是準備階段建立的財務邊界或風險資本。

　　避免破產風險的第一步，是計算達到破產點的機率。如果機率太高，你必須設法降低。降低破產機率到可接受的水準，就等同往交易生存邁進一大步。基本上，任何單筆交易的資本占比越高，出局或遭受破產風險的機率就越高。

　　舉個例子。假設有兩名交易人，分別是鮑伯和莎莉。他們參加相同的研討會，學到一個簡單的貨幣交易系統，稱作System_One。System_One的平均獲利等於它的平均虧損，準確率有56%。鮑伯和莎莉各自建立10,000美元的財務邊界，並且把破產點訂在風險資本虧損百分之百（10,000美元）。鮑伯屬於冒險型交易者，決定每個訊號（換句話說，這是他的交易格局）拿2,000美元去冒險。莎莉比較保守，決定每個訊號（或者交易格局）只冒險1,000美元。

　　因此，鮑伯有5個資金單位可交易（$10,000÷$2,000），莎莉有10個資金單位（$10,000÷$1,000）。如果鮑伯開始交易，連

$$破產風險 = \left[\frac{[1 - (W - L)]}{[1 + (W - L)]}\right]^U$$

W = 獲利機率
L = 虧損機率
U = 帳戶中的資金單位數

圖4.2　破產風險公式

續虧損5筆，他就會破產。莎莉則是連賠10筆才會破產。

　　鮑伯和莎莉必須問自己：我的破產風險是多少？也就是什麼時候會賠掉10,000美元？

　　要回答這個問題，可以用圖4.2的破產風險公式。

　　這條公式假設交易人的平均獲利等於平均虧損。圖4.3說明如何計算交易人鮑伯的破產風險。

　　圖4.4表示鮑伯和莎莉各自的破產風險。

獲利	W	56%
虧損	L	44%
資金單位數	U	5

$$破產風險 = \left[\frac{[1 - (0.56 - 0.44)]}{[1 + (0.56 - 0.44)]}\right]^5$$

$$= \left[\frac{[1 - (0.12)]}{[1 + (0.12)]}\right]^5$$

$$= \left[\frac{0.88}{1.12}\right]^5$$

$$= [0.785714286]^5$$

$$= 0.299449262$$

$$= 30\%$$

圖4.3　鮑伯的破產風險

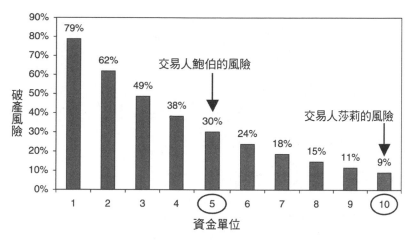

圖4.4　破產風險隨資金單位的增加而下降

　　如圖所示，雖然鮑伯和莎莉都交易相同的貨幣系統，破產機率卻大不相同。鮑伯有30%的機率失去風險資本，而莎莉只有9%的機率出局。莎莉的風險顯然低於鮑伯。

　　雖然System_One的準確率是56%，卻不表示不會產生一長串的賠錢訊號。因此，如果兩名交易人一開始各有10,000美元，那麼只要連續5個賠錢訊號，就會毀掉鮑伯，而莎莉必須連賠10個訊號才會落到相同的下場。

　　但是，莎莉的破產機率（9%），是否低到足以在交易上生存？答案為否。身為交易人，你需要在0%破產機率下交易。只要財務破產的統計機率高於零，都算太高。這就像一紙鍍金保證書，保證你最後會破產；但是，即使你在交易時的破產風險是0%，你必須了解，這並不保證你就能避免破產。這是因為零破產風險不能保證你的交易方法準確，而且平均獲利和平均損失將來不會與時俱變。如果它們保持不變，或甚至改善，你的0%破

產風險會確保你避免毀掉自己的帳戶。但是0%破產風險不能保證你的交易方法將來不會惡化和繼續行得通。你需要了解，破產風險是個統計量數，有賴於它的投入因素。如果它們保持不變或者改善，那麼0%破產風險會防止你達到破產點。但是如果它們接下來受到傷害，你的破產風險也會破0%。你需要記住，破產風險只是統計量數，不是奇蹟創造者！

降低單一資金單位金額

接下來的問題是：你可以如何降低一種方法的破產風險？前述例子提供了第一個線索——每一筆交易拿比較少的錢去冒險。這句話凸顯了資金管理的重要性，以及身為風險管理人的你，如果要在交易上生存和成功，就必須做對資金管理。如果想把你的破產風險拉到可接受的極限，依據邏輯，你需要在任何個別的交易上，拿交易帳戶比較低的金額去冒險。如果金額太高，你會被擊倒出場。

這是我開始交易時，所犯的最大錯誤。我對破產風險的觀念，以及如何使用資金管理以降低和管理破產風險，毫無概念。我唯一的想法是「我能從交易期貨賺到多少錢？」請不要重蹈我的覆轍！

我們再加進另一位交易人湯姆。比較他和鮑伯、莎莉的破產風險。交易人湯姆也是用System_One交易貨幣，而且同樣有10,000美元的財務邊界和破產定義。他的經驗比另外兩個人稍多一點，知悉破產風險這個概念，也知道如何降低它。湯姆知道，每筆交易拿比較少的錢去冒險，可以降低破產機率。湯姆希望以較低的破產風險交易，所以決定每個訊號只拿500美元（或者交易格局）去冒險。因此，交易人湯姆有20個資金單位可交

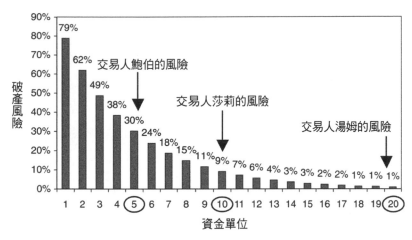

圖4.5　破產風險比較

易（$10,000÷$500）。也就是說，最低限度而言，如果他一直沒有收到獲利訊號，他會擁有足夠的錢下20筆交易，才會破產。我們可以使用相同的公式算出湯姆的破產機率。圖4.5顯示各個交易人的破產風險。

　　如圖所示，湯姆將風險降到每個訊號500美元，因而有20個交易機會，而鮑伯只有5個，交易人莎莉則是10個，如此一來，他的破產風險降低到1％！ 1％的破產風險遠比交易人莎莉的9％更能接受。當然，如果鮑伯贏了，湯姆賺的錢不會像鮑伯那麼多；但另一方面，鮑伯有可能出場，無法享受許多次2,000美元的獲利，而這個機率則高得多（30％）。

　　切記：交易成功不過是力求生存和做好風險管理。降低破產風險的第一課，就是降低每筆交易的冒險金額；換句話說，就是學習應用合理的資金管理原則。你最起碼應該將風險資本分成20份，至少擁有20個資金單位，將破產機率降低到1％（前提

是你所使用的方法，準確率是56%，平均獲利相對於平均虧損是1:1）。雖然這不是生存的保證，至少有助於降低破產機率，提高生存機會。

提升交易方法的準確率

如何降低破產風險的第二課，是改善所用方法的準確率。假設System_One升級為System_One_MkII。System_One_MkII的改良在於準確率，從56%的獲利筆數，提升為63%的獲利筆數。此外，平均獲利相對於平均虧損的報價仍然相同。假設每個交易人的單筆冒險金額不變（分別為2,000美元、1,000美元和500美元），現在我們利用前述的公式，以準確率較高的系統，重新計算各人的破產風險，如圖4.6所示。

以準確率較高的系統交易（平均獲利相對於平均虧損報價仍然相同），不管每筆交易金額水準（資金單位數）如何，都能全

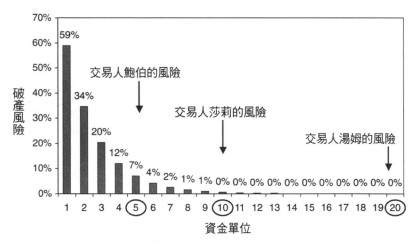

圖4.6　高準確率策略的價值

面降低破產風險。鮑伯的破產風險從30%降為7%，莎莉從9%降為0.5%，湯姆從1%降為0%。這沒什麼好驚訝的，因為依據定義，準確率較高的系統，失敗機率應該較低，因為它獲利的次數會多於虧損的次數（假設平均獲利相對於平均虧損報償不變）。

在繼續談下去之前，我要指出，數學上，破產風險不可能達到0%。但是絕對有可能低於0.5%，在四捨五入之後成為0%。

改善相對報償比

降低破產風險的第三種方式，是改善你所用方法的平均獲利相對於平均虧損報償。遺憾的是，沒有一條簡單的公式，可以計算平均獲利大於平均虧損的破產風險。有文獻試著以模擬的方式，證明較高的報償如何降低你的破產風險。在好友兼交易人傑夫‧摩根（Geoff Morgan）的協助之下，我寫了一個類似的模式（破產風險模擬器），仿效瑙澤‧鮑爾紹拉（Nauzer Balsara's）所寫的《期貨交易人的資金管理策略》（*Money Management Strategies for Futures Traders*）邏輯，如附錄B所示。附錄A解釋了我的破產風險模擬器的邏輯，附錄B則完整揭露程式設計碼。

我的模擬結果如表4.1所示。每一次模擬，我都假設所用方法的準確率是50%，交易人有20個資金單位。我定義破產為帳戶賠損50%。每個報償比率，我會跑30次模擬，然後取平均值，產生一個破產風險值（附錄C彙總了30次模擬的結果）。除了1.1:1

表4.1 各種獲利相對於虧損比率的破產風險模擬

	平均獲利相對於虧損比率					
	1.0	1.1	1.2	1.3	1.4	1.5
破產風險	64%	20%	32%	21%	5%	0%

的報償比率，這個簡單的模擬顯示，較高報償比率降低了破產風險。以這個例子來說，會讓你想要交易的唯一報償是1.5:1，因為它模擬出來的破產風險是0%。其他都高於0，因此破產，只是時間早晚的問題。

你現在知道，優秀的風險管理人在挑選交易方法時，是以0%破產風險為目標。

總而言之，降低破產風險有三項關鍵工具：

· 降低每筆交易的冒險資金金額
· 提高準確（或者獲利）率
· 提高平均獲利相對於平均虧損的報償比率

前述三項就是對抗破產風險的關鍵工具，它們可以彙總為兩個關鍵武器：

· 資金管理
· 期望值

對抗破產風險的第一道防線，是良好的資金管理意識、知識和應用。第二道防線是期望值重於準確率的意識、知識和追求。我會在本章稍後進一步探討期望值，資金管理策略則在第8章深入討論。

要知道，破產風險時時存在，身為優良的風險管理人，應該對破產風險避之唯恐不及。這麼做，就能生存；能生存，交易就會成功。

但是在我繼續談下去之前，我要指出，決定破產風險的高

低，受到許多限制。你需要了解，這個數字：

- ·只是個統計量數。它不是規避破產風險的保證，因為它取決於投入因素。如果投入因素受傷害，你也會受傷害；
- ·不是靜態的，會隨著每筆交易而變動；
- ·在實際交易上沒有實務價值。

真正在交易時，並不會根據破產風險做部位規模或終止交易等任何決策。稍後你會學到，你需要使用淨值動量和系統停損等觀念，幫助你判斷何時停止使用某種特定的方法去交易。破產風險並非決策的根據。

儘管有這些限制，破產風險的概念仍然是交易圭臬。它是通往生存的門道。我認為，破產風險是打開真實交易知識之門的鑰匙。因為就如同前面提過的，在我眼中，破產風險是交易最重要的概念。

根據破產風險原則，除非破產風險是0%，否則不應該考慮交易。每個交易人都有統計上的破產風險，但大多都不知道。大部分人都是無知的。大部分人都賠了錢。不知道自己破產風險的人，應該立刻計算，如果高於0%，就應該停止所有交易。市場的事和他們不相干，因為他們一定會破產；只是他們不知道自己什麼時候會破產。一旦交易人曉得破產風險的重要性，他們就會成為懂更多的交易人，而且如果他們不自欺欺人，他們會掉頭離開交易，直到他們能將自己的破產風險降到0%為止。務請記住，任何高於0%的破產風險都勢必讓交易人破產；這只是時間早晚的問題。

正如我說過的，我相信破產風險是交易最重要的概念。它直

指交易的真理，並且指出，如果你對交易可能受到的危害不夠敏感，就難以長久。

如果每筆交易以較低金額冒險，就會降低破產風險，而且會有較高機率享受長期的交易生涯。如果能改善所用方法的準確率，就會降低破產風險。如果能改善報償比率，就能降低破產風險並提升生存勝算。如何降低破產風險並不重要，做就對了。重要的是，除非破產風險是0%，否則交易市場不干你的事。非0%破產風險不交易！切記！切記！

擁抱交易的聖杯

發現交易真正的聖杯，是啟蒙的一環。你可能聽過有人（我以前就是）追求完美的交易系統。所謂完美的交易系統，是指準確率非常高，賠損少之又少——也就是交易的聖杯。我敢說，知道交易系統的聖杯並不存在，一點不叫人驚訝。

但是我心中確實有個交易的聖杯：一種能夠產生正期望值、可以跨多重機會進場交易的方法。如圖4.7所示。

假使你避開破產風險而存活下來，那麼你的目標就是運用經過驗證的優勢與多重交易機會。只有這樣，你的交易帳戶才會增

$$\$\$ = E \times O$$

E = 正期望值
O = 機會

圖4.7　我的交易聖杯

值。這又是什麼意思？

期望值

根據我的經驗，期望值是計劃交易或正在交易的大多數人了解最少的觀念。期望值是指你拿去交易冒險的每一塊錢，平均可望賺得的金額。要計算你所用方法的期望值，你需要知道自己多常獲利、多常賠錢，以及你的平均獲利和平均虧損交易的大小。一旦有了這些資訊，就能用圖4.8的公式，計算你的可能期望值。

我們來計算鮑伯從System_One所能得到的期望值。System_One的準確率是56%；但是，為了便於解釋，我要將它提高到60%。System_One的平均獲利等於平均虧損，而且每年產生10個訊號。鮑伯每筆交易拿2,000美元去冒險。下一頁的表4.2顯示鮑伯的交易績效（假設他能避開破產風險）。

你可以看到，鮑伯交易一年之後，能夠賺進4,000美元。他下了十筆交易，贏了六筆，輸了四筆，拿去冒險的總金額是20,000美元。根據鮑伯的歷史績效，下一年他的期望值將是20%（$4,000／$20,000）。換句話說，假使鮑伯所用的方法，將來的表現和過去一樣好，他拿去冒險的每一塊錢，可望平均賺進20分。

另外，你可以使用期望值公式，計算鮑伯的期望值，如圖4.9所示。

我們也來計算莎莉從System_One得到的期望值，如圖4.10所示。

$$\text{每一塊錢的期望報酬 \$\$} = \left[\text{獲利機率} \times \frac{\text{平均獲利}}{\text{平均虧損}} \right] - \left[\text{虧損機率} \times \frac{\text{平均虧損}}{\text{平均虧損}} \right]$$

圖4.8　期望值公式

```
System_One
準確率                    60%
平均獲利                  $2,000
平均虧損                  $2,000

一年交易成果              Trades
獲利六筆        1         $2,000
               2         $2,000
               3         $2,000
               4         $2,000
               5         $2,000
               6         $2,000
虧損四筆        7         −$2,000
               8         −$2,000
               9         −$2,000
               10        −$2,000
利潤                     $4,000
```

表4.2　鮑伯以System_One交易的績效

```
System_One
準確率                    60%
平均獲利                  $2,000
平均虧損                  $2,000
每冒險1元的期望值
E (R) = [60%×($2,000/$2,000)]−[40%×($2,000/$2,000)]
      = 20%
每筆交易的期望值
      = 20% × $2,000
      = $400
交易一年的期望值（假設能夠避開破產風險）
交易筆數        10
$$ 冒險金額     $20,000
      = 10 × 20% × $2,000
      = $4,000
```

圖4.9　鮑伯以System_One交易

```
System_One
準確率                  60%
平均獲利              $1,000
平均虧損              $1,000
每冒險1元的期望值
E(R) = [60%×($1,000/$1,000)]−[40%×($1,000/$1,000)]
     = 20%
每筆交易的期望值
     = 20% × $1,000
     = $200
交易一年的期望值（假設能夠避開破產風險）
交易筆數            10
$$ 冒險金額        $10,000
     = 10 × 20% × $1,000
     = $2,000
```

圖4.10　莎莉以System_One交易

```
System_One
準確率                  60%
平均獲利                $500
平均虧損                $500
每冒險1元的期望值
E(R) = [60%×($500/$500)]-[40%×($500/$500)]
     = 20%
每筆交易的期望值
     = 20% × $500
     = $100
交易一年的期望值（假設能夠避開破產風險）
交易筆數            10
$$ 冒險金額        $5,000
     = 10 × 20% × $500
     = $1,000
```

圖4.11　湯姆以System_One交易

莎莉和鮑伯唯一的差異，是莎莉的平均獲利和平均虧損是1,000美元。假設她避開了破產風險，她拿去冒險的每一塊錢，也可望平均賺進20分。當她拿1,000美元去冒險，可望平均賺進200美元，而如果她一年做十筆交易，便可望賺得2,000美元。莎莉也可能會有正期望值。

最後，我們來計算湯姆從System_One獲得的期望值，如圖4.11所示。

這三位交易人唯一的差異仍是每筆交易冒險的金額，以湯姆來說，他是500美元。假使湯姆避開了破產風險，他拿去冒險的每一塊錢，也可望平均賺進20分。當他拿500美元去冒險，可望平均賺進100美元，而如果他在一年內做十筆交易，可望賺進1,000美元。交易人湯姆也可能有正期望值。

相當有趣。那麼，你認為誰的成果較優異？正確的答案是沒有哪個比較優異。他們拿去冒險的錢，都賺進20%。他們唯一的差別是破產風險，鮑伯是30%，莎莉是9%，湯姆是1%，也就是說，湯姆在交易的那一年，生存的可能性遠高於鮑伯或莎莉。

現在你已經知道，期望值是指拿去冒險的每一塊錢，可望從所用方法賺得的金額。從前面的例子可以知道，一種方法的期望值是所有獲利和所有虧損的累積金額。這包含四個變數：

- 獲利頻率
- 虧損頻率
- 平均獲利
- 平均虧損

期望值對所有變數一視同仁，但是你可能會偏心，在心理上

也許偏愛準確率較高的某種方法。

我們來看看表4.3中所述四種方法的表現，看是否能更深入理解期望值。

我假設每種方法每筆交易都是500美元，也就是10個訊號的總金額是5,000美元。這些方法的差異，在於準確率和平均獲利金額。這些差異能助你理解期望值的重要性。

我們繼續用前面四捨五入的方式，System_One有60%的準

表4.3 比較不同方法的期望值

每筆交易冒險的金額	500			
一年的交易成果	System_One	Jobber	Swinger	Trendy
1	500	400	650	2,100
2	500	100	700	2,500
3	500	300	350	2,200
4	500	350	400	−500
5	500	200	900	−500
6	500	150	800	−500
7	−500	400	500	−500
8	−500	350	−500	−500
9	−500	450	−500	−500
10	−500	−500	−500	−500
利潤	1,000	2,200	2,800	3,300
總冒險金額	5,000	5,000	5,000	5,000
期望值	0.2	0.44	0.56	0.66
績效				
獲利筆數	6	9	7	3
虧損筆數	4	1	3	7
準確率	60%	90%	70%	30%
平均獲利	500	300	614	2,266
平均虧損	−500	−500	−500	−500
平均獲利:平均虧損	1	0.6	1.2	4.5
期望值	20%	44%	56%	66%

確率，平均獲利是500美元。Jobber的準確率極高，達90%，平均獲利卻最低，只有300美元。Swinger的準確率相當高，達70%，平均獲利較高，為614美元。Trendy的準確率較低，只有30%，但平均獲利最高，達2,267美元。

哪一種方法勝出？答案是Trendy。它的獲利最高，達3,300美元，期望值最高，達66%。儘管它的準確率很低，只有30%，卻能達到前述成果。

很奇怪，不是嗎？準確率最低的方法，獲利卻最高，期望值也最高。但這不表示所有的低準確率方法都會有最高的期望值。我只是試著說明期望值的重要性，以及如果系統的平均獲利顯著高於平均虧損，使用準確率低的系統可能有好處。

在發展一種方法時，準確率顯然沒有那麼重要。重要的是發展可能有正期望值的方法。期望值由準確率和報償組成。

身為風險管理人，你應該發展追求期望值的方法，而不是重視準確率的方法，一旦進入市場，你應該為了期望值而交易，不是準確率。

一切都是為了期望值。別太在意準確率，或者平均獲利相對於平均虧損的報償。相反的，應該專注於期望值。改善準確率和平均獲利相對於平均虧損報償，是降低破產風險的重要工具。當你結合準確率和平均獲利相對於平均虧損報償，你就會得到期望值——這是對抗破產風險的關鍵武器。

發展可能有正期望值的方法，會帶你往前一步，更接近生存。較長期而言，這種交易計畫會產生夠多的獲利交易，不只彌補虧損還有餘，因而產生利潤。在我交易時，我的交易策略給了我正期望值。

期望值是交易生存的必要條件。期望值就是優勢。不以期望

值交易，就像拿著刀子參加槍戰，非常不聰明。但是期望值只是我的聖杯的一半而已；另一半是機會。

機會

機會的意思很簡單，就是能應用期望值的次數。你的方法可能具備最高的期望值，但除非你有機會交易，否則沒有報酬可言。請看表4.4所示。

如果單純聚焦在期望值，你會偏好用High octane交易貨幣。它的期望值是100%，顯然優於Swinger和Busy bee。是這樣嗎？雖然它有最高的期望值，卻只能產生1,500美元的利潤，因為一年內出現的交易機會次數很少。因此在這個例子中，High octane是效果最差的方法。

在大部分的關鍵領域，Swinger和Busy bee似乎相同。兩者都有相同的準確率（70%）、類似的平均獲利（614美元和604美元），以及類似的期望值（56%和55%）。那麼，你要如何在這兩者之間做選擇？你要著眼於它們呈現的機會。在相同的期間內，Busy bee產生20筆交易機會，而Swinger只有10筆。因此Busy bee產生5,450美元的利潤，高於Swinger的2,800美元。Busy bee有機會在多10筆交易中，實現它的56%期望值。因此Busy bee優於Swinger。

這裡要傳達的訊息是：你必須考慮所用方法能給的機會次數。即使你發現神秘的聖杯，如果它一年只產生一次交易機會，那也不算好。一年只交易一次是不夠的。集機會和期望值於一身的，才是交易的唯一聖杯。

下列兩點是啟蒙的必修課：

表4.4 三種方法的交易機會

每筆交易冒險的金額	500		
一年的交易成果	High octane	Swinger	Busy bee
1	1,000	650	400
2	1,000	700	650
3	−500	350	700
4		400	400
5		900	800
6		800	900
7		500	700
8		−500	500
9		−500	600
10		−500	500
11			550
12			400
13			700
14			650
15			−500
16			−500
17			−500
18			−500
19			−500
20			−500
利潤	1,500	2,800	5,450
總冒險金額	1,500	5,000	10,000
期望值	100%	56%	55%
績效			
獲利筆數	2	7	14
虧損筆數	1	3	6
準確率	67%	70%	70%
平均獲利	1,000	614	604
平均虧損	−500	−500	−500
平均獲利:平均虧損	2	1.2	1.2
期望值	100%	56%	55%

．風險管理人必須發展追求期望值和機會的方法

．交易人是為了期望值和機會而交易，而不是準確率

如果你生存下來，期望值和機會就會將錢放進你的交易帳戶，不是靠趨勢線，不是靠指標，不是靠精神導師。

單是賺取利潤，對生存和成功是不夠的。你必須知道期望值是多少，然後設法極大化，而這不能只靠改善準確率。你現在知道，如果期望值提高，就能犧牲準確率換取較高的報償。此外，你不應該一心一意只顧發展期望值最高的方法，以至於不顧機會的多寡。

如果你發展出一種期望值不錯的方法，但發現它沒有給你夠多的機會，你必須設法提高機會。

要做到這一點，最簡單的方法，就是在更多的市場交易。如果你加進一個市場，機會就會加倍，加進第三個市場，機會就會增為三倍，依此類推。假設你的帳戶可以接受額外的保證金要求，而且你不擔心可能的額外賠損，以市場組合做交易，是增加機會的明智方式。

追求簡單

了解簡單是發展具有穩健期望值的方法之關鍵，等於在啟蒙階段又跨出了一步。你應該在兩個層面追求簡單，一是設計求其簡單，二是支撐和阻力水準求其簡單。

設計求其簡單

交易方法必須通過麥當勞（McDonald's）測試 —— 也就是

說，青少年能夠了解你的方法並依此交易嗎？如果不然，你的方法可能太過複雜。你需要力求簡單。

設計方法時，少就是好。如果有太多的組成部分有可調整的變數，那麼邏輯上來說，會有更多的事情出差錯。你也要避開交易帶來的知性陷阱。交易失敗的許多人相信答案一定在複雜裡，因為市場絕不會輕易洩露秘密。他們視市場為待解的魔術方塊。所以只要是觀點聰明、思考深入的理論，都會吸引他們的注意。他們享受學習、了解理論的錯綜複雜，以及應用它分析市場的知性挑戰和刺激。

我建議你要抗拒理論帶來的知性吸引力。如果你禁不起誘惑，請銘記在心：有不計其數的聰明理論存在，也有比較明智的中庸之道，全都能提出深具說服力、合情合理且誘人的論點。在你聽這些吸引人的聲音之際，只要提醒自己，它們不可能全部都對，這是絕對不可能的事。因此，你最好能選到一個對的。你覺得自己幸運嗎？如果你樂於周旋於眾多理論之中，你真得靠一點運氣。但是如同我說過的，最好的做法是保持簡單。

支撐和阻力水準求其簡單

追根究柢，交易之道不過是找到潛在的支撐和阻力水準而已。交易人做一筆交易，是因為他們相信潛在的支撐或阻力水準得以保持，並提供利潤。停損點要設在市場會證明潛在支撐或阻力水準不足的地方。成功的交易就是這麼做。你會買進，是因為你所用的方法相信市場已經找到潛在的支撐，而且價格會走高。這時你會將停損點放在所用方法的分析證明為誤的水準。你會賣出，是因為所用方法相信市場觸及潛在的阻力，價格即將走低。同理，你將停損點放在你相信所用方法的分析證明為誤的水準。

不要陷入最新軟體或錯綜複雜的市場分析。不要忘記你做分析的基本目標——找到潛在的支撐和阻力水準。

除非是相信市場已經找到支撐，否則為何要買？除非市場遇到阻力，否則為何要賣？聽起來直截了當，不是嗎？可是許多交易人卻卡在他們特殊選用的分析領域中（艾略特波浪、甘恩、幾何、蠟燭、電腦系統、星象、季節性、背離等等），以致於忘了目標——尋找市場可能在哪裡找到支撐或阻力。

務必經常抬頭，目光離開分析，看看更大的畫面——市場是否就要走到潛在的支撐或阻力？就是這麼簡單。我會在第9章回頭深入討論簡單性，並舉些例子說明。

涉足大多數人害怕的地方

啟蒙的下一步是學會踏上大部分人害怕的地方。如果大部分積極型交易人都賠了錢，你應該踏進他們害怕去走的地方，而不是跟隨他們。你必須學會脫離群眾；抗拒想在群眾中享受安全感的本能。

這表示要脫離窠臼思考。基本上，這裡的概念是：如果大部分人望西，你應該看東。只有10%或更少的交易人落在贏家圈，所以如果你想要生存，就需要屬於少數人。你不只需要在大部分人害怕的地方交易，你也必須站在少數人歡呼的地方。

大部分人害怕走的地方包括：

- **當最優秀的輸家**：大部分人討厭賠錢，經常移動停損點，好給交易多一點空間。你應該試著當個最優秀的輸家。我就是這麼做的。

- **當最優秀的贏家**：大部分人都因為害怕賠掉已經賺到的一點小利潤而感到焦慮，結果忽視交易計畫，太早退出獲利部位。你應該盡可能做個最優秀的贏家，照著交易計畫的指示，賺錢的交易該抱多久就抱多久。我就是這麼做的。
- **當順勢交易人**：很遺憾，市場不是隨時都有趨勢。因此，順勢交易的準確率通常較低，大約只有三分之一的交易賺錢。即使已經證明，順勢交易毫無疑問行得通，絕大多數人卻不能忍受只有三分之一的交易能夠獲利！所以你應該努力學習如何追隨趨勢，交易成功。你應該學會如何只靠賺三分之一的交易而生存。你應該設法在大部分人做不到的地方取得成功。你應該努力享受不幸的順勢交易人67%的交易通常賠錢的事實。你要為自己做得到大部分交易人做不到的事而自豪——大部分交易都賠錢。我就是這樣。
- **擁抱簡單**：大部分人都不信任顯而易見的簡單解決方案，轉而在複雜裡找線索和優勢。你應該努力調查、研究和發展簡單的交易解決方案，它的移動組件很少。如果證明是有價值的方法，會因為缺乏活動組件而保持穩健和獲利。我就是這麼做的。
- **懷疑商業繪圖程式**：大部分人都擁有繪圖程式，裡面有常見的一大堆指標。把任何指標加進你的方法之前，務必自行驗證。我就是這麼做的。
- **懷疑商業交易系統**：大部分人相信商業交易系統的行銷炒作。大部分人很容易聽信聰明的廣告和行銷攻勢。你應該努力保持客觀，遠離輕鬆致富的承諾，並且努力問難以回答的問題。我就是這麼做的。
- **做功課**：大部分人都很懶。你應該努力研究、調查和驗證

你覺得值得一試的每一個交易觀念。你應該努力自行做功課。我就是這麼做的。

以 TEST 驗證期望值

驗證是指以 TEST 程序，驗證你的期望值。TEST 是我所用「三十筆電子郵件交寄的模擬交易」（Thirty Emailed Simulated Trades）的英文首字母縮寫。以 TEST 驗證你的期望值，是啟蒙的最後一塊拼圖。

設計好擁有良好期望值和機會的簡單方法之後，在投入真正的錢去交易前，最後一步是驗證期望值。要以正確的方法驗證期望值，唯一的做法是在模擬即時交易情況時，使用樣本外資料。樣本外資料是指沒有使用的資料。最佳樣本外資料是即時的「現場」資料。

紙上模擬操作無法驗證期望值，因為它沒有納入獨立的觀察者。自行做紙上模擬操作是沒有意義的，因為它並沒有模擬到市場不能妥協的特質。市場不會允許你在中途改變或操弄你的交易準則。它不會在你承受某筆帳面損失時，允許你把那筆交易消除。紙上模擬操作不會像市場那樣，將你和你的心靈放在巨大的聚光燈底下。想像中的紙上模擬操作只是兒戲，沒有最後的裁判。

要正確驗證期望值，唯一的方法是 TEST。你需要在市場開盤之前，將三十筆模擬交易的完整委託單，用電子郵件寄給你的交易夥伴。交易夥伴必須把模擬委託單印出紙本，而且只能在接到寄來的委託單之後，於市場開盤之前，根據你的指示下單。你的交易夥伴將成為你的虛擬顧問，記錄你的交易成果。一旦三十

筆模擬交易完成，你的交易夥伴才會用電子郵件寄回紙本給你，讓你使用本章稍早提供的公式，計算自己的期望值。

如果你的期望值是正的，你應該將淨值曲線覆蓋在標的市場上。你應該期待有一條平滑的淨值曲線。檢視淨值曲線，你會知道，你所用方法得到的成果是否取決於一兩筆（幸運的）交易。你顯然應該偏好成果分散得很平均，而且不依賴兩三筆關鍵交易，因為這麼一來，你就不知道你的成果只是「一時僥倖」，還是本來就是你該得的。

三十筆用電子郵件寄送的模擬交易有其必要，因為這樣才可以確保你的模擬樣本規模，大到在統計上有效。使用電子郵件，是為了模擬真實的市場。這是為什麼擁有一位不和你住在一起的交易夥伴十分重要的原因。和真實的交易一樣，一旦你用電子郵件寄出你的模擬委託單，就再也不能回頭。你不能把電子郵件收回來（除非是在市場開盤之前，或者市場還沒有觸動你的委託單水準）。就和真實的交易一樣，你的模擬交易，命運在交易之神手中。

你會發現，很難將交易心理完全裸露在交易夥伴面前。但是，「裸身交易」才會使你十分接近即時的交易。雖然這可能有點尷尬、感到羞辱，但總好過在真實市場中賠掉辛苦錢。

進行TEST程序時，必須謹記，在寄出模擬交易時，只交易一批。你的目標應該是驗證所用方法的期望值。如果期望值為正，而且不依賴單一一筆出色的交易，你就會知道所用的方法經過驗證可行。

如果你的期望值不是正的，你就必須回到繪圖桌，重複TEST程序，直到期望值通過驗證。

TEST程序適用於自由裁量型交易人，也適用於機械型交易

人。如果你是機械型交易人，你就不應該誤將平滑的歷史淨值曲線，當作系統得到驗證。它只是顯示已成功地將你所用的方法和歷史資料配適在一起。向後看有欺騙之嫌，向前看才是重要的。

有些自由裁量型交易人可能認為，不可能將完整的委託單用電子郵件寄給交易夥伴。他們可能說，由於他們需要先看市場開盤的情形，所以不知道在市場開盤之前，他們要做什麼。他們可能辯稱，雖然他們擁有部位，他們還不確定何時或如何獲利了結。如果是這樣，這些交易人並沒有定義清楚的交易計畫。在你進場之前，你應該已經知道要看什麼。如果你知道要看什麼，就應該能夠在委託單中向交易夥伴說明得十分清楚。

這也適用於希望讓利潤繼續滾下去的自由裁量型交易人。你仍然可以寫下出場指令，給交易夥伴看，因為你應該擁有定義清楚的獲利部位出場準則，即使你希望讓利潤繼續滾下去的那些部位也是一樣。如果你使用追蹤停損點（trailing stop），你必須把這件事告訴交易夥伴，好讓他或她能夠隨著價格走勢而追蹤。

即使是自由裁量型交易人，也應該有清楚分明的交易計畫，以啟動進場、下停損點和賺錢部位出場。這些準則不應該因不同的交易而變。即使你對每個格局運用不同的交易計畫，就相同的格局來說，交易計畫不應該改變。

如果你能想出交易計畫，就能將交易計畫寫下來。如果你能寫下交易計畫，就能把交易計畫用電子郵件寄出去。如果你能用電子郵件寄出交易計畫，就能在市場開盤之前，用電子郵件寄出交易計畫。除了驗證你的期望值，你也需要相信自己所用的方法管用。

即使你意外發展出一個期望值不錯的系統，你可能還是因為潛意識不相信它，而覺得它很難交易。這是為什麼你可能難以

採用商業系統交易（假設它們相當穩健）。你的信念系統並沒有「轉到」系統的期望值。唯有你內心的信念系統無條件接納一種方法，才能用它於交易。這是你的「頭腦」在作用，也是為何心理面是必須跨越的障礙（但心理面並非凌駕一切的征服者），好在交易中生存且壯大。

對你所用方法發展強大信念系統的最好方式，是盡你所能，模擬即時的交易狀況，而TEST程序可以做到這點。如果你所用的方法可望得到正期望值，信念系統會知道，並且接納它，使你更容易在即時交易中遵循不悖。

電子交易模擬器

許多電子經紀商允許客戶開立假帳號，以測試交易技能。這些假帳號可以做為交易模擬器，測試方法。在使用TEST程序之前，先用這類假帳號實地測驗方法，相當有用。我不會用它們代替TEST程序，因為我相信交易夥伴監視交易績效的好處無可取代。沒有其他做法比得上有個人盯著你，真正專注去交易，彷彿在真實的市場拿真實的金錢去冒險。因此，遵循TEST程序，驗證期望值，是不可妥協的一步。這是交易旅程的必要環節。但是，我可以理解以假帳號做為TEST的前導測試的好處。

小結

啟蒙是第二項成功交易通則，而且我相信是最重要的。啟蒙畫出定義清楚的界線，讓你在裡面運作。如果你待在那裡面，你會有更高的生存機率，因而在交易上獲得成功。啟蒙的目標是協助你避開破產風險。避開破產風險，就會成為成功的交易人。

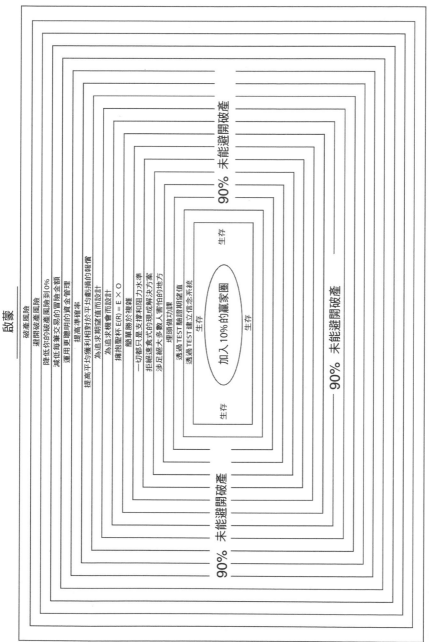

啟蒙

破產風險
　避開破產風險
　　降低你的破產風險到0%
　　減低每筆交易的冒險金額
　　運用更聰明的資金管理
　　　提高準確率
　　　提高平均獲利相對於平均虧損的報償
　　　　為追求期望值而設計
　　　為追求機率 E(R) 而設計
　　　擁抱聖杯 E(R)＝E×O
　　　簡單勝於複雜
　　一切都只是支撐和阻力水準
　　拒絕速食式的現成解決方案
　　涉足絕大多數人害怕的地方
　　埋頭做功課
　　透過 TEST 驗證期望值
　　透過 TEST 建立信念系統
　　　　加入 10% 的贏家圈

生存　　　生存　　　生存　　　生存

90%　未能避開破產

90%　未能避開破產

90%　未能避開破產

圖 4.12 啟蒙金字塔

啟蒙階段意在告訴你，如何藉由下述方式，降低破產風險：

・採用明智的資金管理準則，降低每一筆交易的冒險金額
・改善你所用方法的準確率
・改善你所用方法的平均獲利相對於平均虧損的報償
・設計追求期望值的方法，不是追求準確率
・設計追求機會的方法
・設計簡單的方法
・設計一種方法，找出潛在的支撐和阻力水準
・踏進大部分人害怕，但少數人歡呼的地方
・以TEST程序驗證你的期望值
・透過驗證你的期望值，壯大你的信念系統

但願你已在啟蒙裡領悟生存之道。如果你能生存，在交易上就會成功！請參考圖4.12的「啟蒙金字塔」。

下一章，我會討論成功交易的第三項通則：發展交易風格。

第5章

第三通則：發展交易風格

這一章要探討如何發展適當的交易風格，而這是交易的第三項必要通則。適當的交易風格取決於兩個決定：一是交易模態；二是交易的時間架構。

交易模態

交易模態（trading mode）指的是你喜歡使用的交易種類。模態有兩種：一是**順勢交易**；二是**逆勢交易**。

交易不是順勢交易，就是逆勢交易。說起來很簡單。困難的是如何找到趨勢！逆勢交易一般稱之為短線波段交易（swing trading）。所以我會在討論時用「短線波段」，而不用「逆勢」一詞。圖5.1簡明地解釋了順勢交易和短線波段交易。

市場極少持續走某個趨勢，大約85%的時間落在箱形區間內浮沉，令順勢交易人備感挫折。順勢交易人會在認出獨特趨勢時

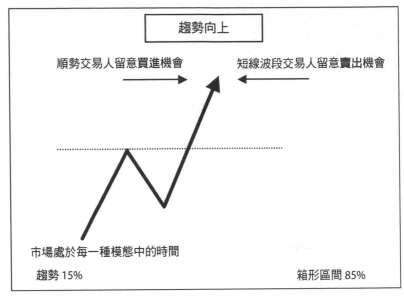

圖5.1　順勢交易與短線波段交易

進場交易，而且往他們認定的趨勢方向交易。短線波段交易人則和市場趨勢方向背道而馳進行交易。他們相信市場趨勢會反轉，或者會提供很快的機會，在趨勢拉回時交易。

　　順勢交易人的準確率通常很低，而且經常賠錢，但當他們獲利，就會賺進一大筆錢。而且他們的平均交易時間通常是幾個星期之久，或甚至長達幾個月。短線波段交易人的準確率通常較高，平均獲利則較低。他們會在幾天之內，最晚幾個星期之內，軋平部位。但是對這兩種交易人來說，困難的地方都是確定趨勢的方向。

　　身為交易人，你需要選擇一種模態——順勢交易、波動短線交易，或者兩者並行。許多成功的交易人通常會將順勢交易和短線波段交易都納入交易計畫。

另一個重要的因素是你的時間架構。

時間架構

你必須決定交易時間架構 —— 當日、短線、中線，或者長線交易。當日沖銷交易（day trading）是指在一天結束之前「軋平」，或者退出市場。

當日沖銷交易人絕對不抱部位過夜，而且可能在一天當中交易許多次。採用其他三種時間架構的交易人，確實會抱著部位過夜，只是時間長短不一。短線交易人可能持有部位最多一個星期。中線交易人可能是兩三個星期，長線交易人則超過一個月。但是短、中、長線之間並沒有制式的分法。

選擇的藝術

交易模態和時間架構構成許多組合，供你選擇適合自己的交易風格。現在一般的交易書籍普遍認為，決定個人交易風格時應該使用、選擇或發展適合個性或脾氣的交易風格。你應該對你的交易風格感到自在。否則，你會很難遵循和執行。

風格的「適性」是迷思

你可能讀過或聽過這個建議許多次。而從直覺來看，這是有意義的，因為每個人的脾氣和個性都不同。找到適合個性的交易方法，是有道理的。但是這項一般指導準則有幾個小問題。它雖然立意良善，卻通常忽視了市場和交易的現實。

首先，如果關於市場的閱聽內容都行得通，你大可精挑細

選一個讓你安心自在的交易方法。遺憾的是，關於交易和市場的閱聽內容大多都行不通，也鮮有證據支持。一般來說，讀者只會看到兩三個特別挑過的圖表範例，以支持作者的觀念。但是並沒有客觀的證據，顯示那個觀念可以持續不斷賺錢。我對此並不驚訝，因為關於交易的閱聽內容都行不通。這是事實。如果行得通，你不會看到90%的交易人都賠錢。可行的話，應該是90%的交易人都獲利。所以，很遺憾，最大逆境不允許你挑選適合性格的交易觀念或方法，因為大部分交易觀念都不值一哂。

其次，在交易上讓人感覺「放心」的事情通常行不通。如果交易讓人放心，每個人都會去做，並賺進可觀的利潤。務請記住，最大逆境很少交出「讓人放心」的利潤。舉例來說，讓人覺得最放心的交易，通常發生在一般交易人覺得絕大多數人的想法和他們一樣時。交易人覺得放心而作多，是因為他們讀過的所有分析、造訪過的所有聊天網站，全都表示和他們相同的看法。交易人因為人多安全而感到放心。但是一般來說，當某種觀念傳到群眾耳裡時，通常已經反映在交易價格上。等到大部分人看法相同才進場的交易人，通常是最後進場的人。最後才進場，意味著還在場外的買家相當少，無法協助推升價格。一旦每個人都做了「讓人放心」的交易，市場往往有個令人討厭的反轉習慣——讓每個人都停損出場。根據我的經驗，最好是和少數人一起交易，而待在少數人當中或者只有少數人的看法和你一樣，並不叫人放心，因為你是群眾之外的人。一般來說，「令人放心」會害死交易人。因此，雖然一般的建議是發展一種適合你個性的交易風格，立意良善，卻忽視了「放心」的交易人很少獲利的市場事實。

風格也要適「財」適用

此外，不是所有的交易風格都需要交易人相同的財務承諾。一般而言，短線波段交易需要的財務承諾低於長線的順勢交易。如果你擁有無限的財務資源，這層考量不會構成絆腳石。但是如果你像大部分私人交易人那樣，可用於交易的風險資本有限，那麼這會是重要考量因素。一般來說，交易期限越長，交易帳戶規模必須越大。

舉例來說，假設你想在20日移動平均線和波動比較緩慢的60日移動平均線交叉時買進，反之則賣出。我雖然不知道這種長線方法的成果；但是，如果你對市場組合的操作正確，而且運用合理的資金管理，要是沒賺到錢，我會很驚訝。這套策略的結果可能顯示：即使你只有30%的交易獲利，但平均獲利相對平均虧損比率要是能達到某個水準（比如3:1），那你就會賺到錢。利用前一章介紹的期望值公式，你應可預期每冒險一塊錢，至少賺到20分，或者報酬率至少為20%。但是這種兩條移動平均線交叉的系統要交易成功，你必須交易20到30個市場，而這通常超越大部分散戶的財務實力。

當你明白成功交易所需的組合規模之大，就知道小散戶遇到什麼樣的難題。長線順勢交易行得通的原因，在於交易人撒的網，盡可能涵蓋又廣又久的市場，時間則盡可能久。順勢交易人能藉此提高抓住一兩個飆漲中市場的機會。長線順勢交易人需要監控和交易20到30個市場，才會成功。

以海龜交易系統（Turtle Trading system）為例說明。這是個很有名的長線順勢交易程式，需要交易20到30個市場。圖5.2顯示2007年以100萬美元的帳戶去交易得到的結果。2007年是出色

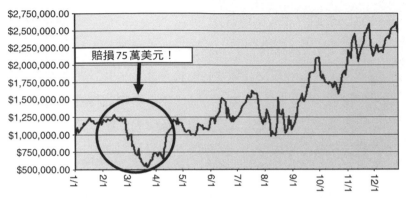

圖5.2　海龜交易系統操作 100 萬美元模式組合的實際合約結果
2007 年 1 月 1 日到 2007 年 12 月 28 日

資料來源：www.turtletrading.com

的一年。唯一的問題是，當帳戶從 2007 年 2 月的 125 萬美元減為
2007 年 3 月底的 50 萬美元時，賠損 60%。賠損金額高達 75 萬美
元！能夠忍受這種損失的散戶並不多。

　　有些推廣商可能表示，長線順勢交易人可以交易少於 20 個
市場。但是他們所做的事，是用曲線配適的方式，配適市場和一
個組合，以協助推廣他們的課程或產品。如果所選的 15 個市場
幾年內沒有出現可望獲得很大利潤的交易，那怎麼辦？我想，可
憐的長線順勢交易人會做得很辛苦！如果你有資金因應 20 到 30
個期貨合約的起始保證金和變動保證金，加上每個市場各自可能
的賠損，那麼你可以考慮長線順勢交易為你偏愛的交易風格。如
果不然，即使它可能適合你的個性，你還是不能考慮它。一般來
說，短線波段交易讓你得以聚焦在一兩個市場，對私人交易人來
說比較容易做到。交易帳戶略大的交易人，可以監控和交易約 10
個市場，考慮採用中線順勢交易風格。

羅素・桑德斯和拉里・威廉斯都開辦實用的研討會，探討交易方式。桑德斯教的是傳奇色彩濃厚的長線順勢交易海龜系統，威廉斯教的是他自己以型態為基礎的短線交易風格。這兩位授課者和他們辦的研討會都十分叫座，尤其是威廉斯在他的「百萬美元挑戰」講習班上，還現場實況交易。順帶一提，威廉斯稱他的研討會為「百萬美元挑戰」（MDC），是因為他想要自我挑戰，在教導學員的同時，以現場實況交易的方式，賺到一百萬美元：因此而有「百萬美元挑戰」之稱。他在MDC講習班上交易獲利超過120萬美元，挑戰成功。我將他的交易成果彙總於表5.1。順帶一提，我曾經參加過兩場MDC講習班，兩次親眼目睹威廉斯的現場實況交易。

　　現在回來比較桑德斯和威廉斯的研討會。如同我說過的，他們兩人表現都很出色。但是，威廉斯的交易方法比桑德斯的長線順勢交易海龜研討會，更適合散戶交易人。利用威廉斯的方法，你可以聚焦在一兩個市場上，而這是大部分小散戶能力所及。但是桑德斯的海龜研討會需要夠大的交易帳戶，才有充分的資金操作20到30個市場。如果我在參加研討會之前知道交易海龜系統需要的財務承諾，我就不會參加。不是我認為這套方法沒價值，而是我的帳戶不夠大，不適用。

表5.1　拉里・威廉斯的現場交易成果

1999/10	$250,000	2000/11	$46,481	2001/10	$48,225	2003/4	$12,046	2004/9	$26,023
2000/3	$302,000	2001/3	−$9,640	2002/5	$32,850	2003/5	−$750	2004/10	$92,075
2000/5	$35,000	2001/4	$149,000	2002/10	$79,825	2003/10	$34,600	2005/6	$6,000
2000/10	$22,637	2001/5	$23,300	2003/3	$35,034	2004/6	$34,000	2005/11	$34,000
								2006/6	$3,800
									$1,256,506

資源來源：拉里・威廉斯

再順帶一提，我曾和在電話上與一位交易人閒聊，對方問我關於海龜系統的意見。我給了他相同的看法，也就是它並不適合小散戶。結果呢，最近他又打電話給我，說他對自己的交易很感沮喪。他對我之前給他的忠告置之不理，週末時參加了桑德斯的研討會，後來不可避免的事情終於發生了；長線順勢交易人常見的賠損幾乎掏空他那小小的帳戶。問題不是出在系統，因為他說它最近的交易填補了賠損，但是要拿資金去挹注許多未軋平的部位，加上不可避免的龐大賠損，這遠超出財務承諾的負擔。但願這給你上了一課。

現在我們就來更深入觀察長線順勢交易和短線波段交易。

長線順勢交易

如你所知，長線順勢交易應該是只有負擔得起以高額帳戶交易的人才適合考慮。表5.2顯示長線順勢交易的特徵，以及它們

表5.2　**長線順勢交易的關鍵特徵**

面向	關鍵量數		影響
資金管理	投資組合	大	20到30個市場
	賠損	大	
		長	
	財務承諾	高	20到30 × 起始保證金
交易方法	時間架構	長	1+ 個月
	準確率	低	25% 到 35%
	平均獲利:平均虧損	高	3.0+
	期望值	好	
	每個市場的機會數	低	
	經紀費用與滑價	低	
交易心理	情緒障礙	高	經常虧損
			長期賠損
			難以休息

對長線順勢交易的影響。表中並依交易生存所需的三個關鍵（資金管理、交易方法和交易心理）分類特徵。

資金管理

組合　長線順勢交易法需要大規模的投資組合才會成功。由於市場只有15%的時間呈現趨勢，順勢交易人需要監控和交易20到30個市場，以確保他們每年能夠捕捉到一兩個趨勢最好的市場。

賠損　長線順勢交易法有少數幾個高獲利交易和許多小虧損交易。如果你交易20到30個市場，而且經常賠錢，賠損會日積月累，而且經常累增。由於你花在賠錢上的時間多於賺錢，這個方法確實會有很長的時間賠損。

財務承諾　如同我說過的，長線順勢交易的財務承諾很高。監控和交易20到30個市場，需要順勢交易人有能力以充分的資金同時支援那些部位。長線順勢交易系統不可能同時啟動所有市場的20到30個進場訊號；但是順勢交易人必須做好準備，以因應這種事情發生，因為他們禁不起對這些訊號做取捨。順勢交易人不知道哪個市場或訊號會使他們那一年的交易賺大錢，所以必須交易所有的市場和所有的機會，不管時點為何。

交易方法

時間架構　順勢交易人必須準備持有部位超過一個月，而不致停損出場。他們需要學習真的讓獲利交易繼續跑下去，而這必須以支付一路上發生的損失為代價。

準確率　長線順勢交易的準確率偏低，可能在25%到35%之間。這並不叫人驚訝，因為市場只有15%的時間呈現趨勢。

平均獲利相對於平均虧損的報償比率 平均獲利相對於平均虧損的報償比率很高。良好的長線順勢交易方法，應該交付的平均獲利至少是平均虧損交易的三倍。順勢交易人需要平均獲利交易高得足以彌補所有的小虧損還有餘，以產生風險資本的報酬率。成功的長線順勢交易人總是靠兩三筆巨大獲利撐一整年。

期望值 長線順勢交易的期望值不錯。一種順勢交易法如果平均30%的獲利交易有3:1的平均獲利對平均虧損報償，就能產生20%的期望值（〔30％ × 3.0〕−〔70％ × 1.0〕）。

機會 每個單一市場的機會很差。順勢交易法很慢才會啟動進場格局，因此一年當中每個市場呈現的交易機會不夠多。順勢交易彌補每個市場缺乏機會的方式，是交易龐大的市場組合。同時交易20到30個市場的組合，可以帶來夠多的機會，讓交易人成功。

但是對於想要交易單一市場的交易人來說，即使帳戶大到可以考慮使用長線順勢交易法，這麼做也不適合。這是因為長線順勢交易法和任何方法一樣，需要許多機會去實現它的期望值。交易單一市場不會給長線順勢交易法夠多的機會。要這麼做，唯一的方法是交易包含很多市場的市場組合。

交易成本——經紀費用與滑價 長線順勢交易的經紀費用與滑價等交易成本偏低。由於這是比較緩慢的交易方法，所以和短線波段交易比起來，交易筆數通常較少。交易筆數少，經紀費用就比較低。由於平均獲利相當高，經紀和滑價占利潤的百分率也就通常較低。

交易心理

情緒障礙 長線順勢交易在情緒上比較難以處理。經常虧損

不能給予身心所需要的正面回饋。就像生活中的任何事情,當你不斷收到正面回饋,要繼續在選定的路上走下去會比較容易。當你經常收到的回饋是負面的,你會比較難以繼續交易,你的手指頭想要按下交易鍵,但你的心卻在尖叫:「不,不要再來了,不要再來一次賠錢交易!」

經常虧損會導致長期賠損。同樣的,當你不斷賠損,情緒上便難以繼續交易下去。

此外,長線順勢交易會讓人感到身心交瘁。這是因為長線順勢交易人禁不起錯過一個訊號。這是因為他們不知道下一個大獲利交易會從哪裡來,或者何時來。這使得長線順勢交易令人精疲力盡,除非有人能夠為你下單,否則你幾乎不可能休假。

短線波段交易

表5.3彙總了短線波段交易的特徵。

表5.3　短線波段交易的關鍵特徵

面向	關鍵量數	影響	
資金管理	投資組合	小	1+ 個市場
	賠損	小	
		短	
	財務承諾	低	1 × 起始保證金
交易方法	時間架構	短	1-5 日
	準確率	高	50%+
	平均獲利:平均虧損	低	1.0+
	期望值	好	
	每個市場的機會數	高	
	經紀費用與滑價	高	
交易心理	情緒障礙	低	經常獲利
			短期賠損
			容易休息

資金管理

組合　短線波段交易在單一市場組合行得通。對於想要只交易單一市場的小散戶來說，這是好事。一般而言，你可以交易一個以上的市場；但是，短線波段交易不需要多個市場才能賺錢。

賠損　由於短線波段交易能在單一市場運作，所以賠損是可以管理的。交易一個市場仍然會讓人覺得不安，但至少它不會因為多個市場而放大。

此外，賠損的期間通常比較短。短線波段交易通常會產生比較平滑的淨值曲線，因為每一年的成果並不取決於一些巨大的獲利交易。淨值曲線平滑，意味著賠損發生時，時間會相當快速。

財務承諾　短線波段交易的財務承諾很低。交易單一市場需要的錢，低於交易多個市場。

交易方法

時間架構　短線波段交易人通常一到五天就出場。他們只想捕捉市場中短暫的「波段」，而不想跟著新趨勢走到日落。

準確率　短線波段交易的準確率通常高於50%。它需要比順勢交易更高的準確率，因為它的平均獲利相對於平均虧損報償比率通常比較低。

平均獲利相對於平均虧損的報償比率　由於短線波段交易人在市場中的時間相當短，他們的平均獲利相對於平均虧損的報償比率偏低——通常介於1.0到2.0之間。

期望值　如果準確率和報償比率的組合足夠，短線波段交易的期望值不錯。短線波段交易法的準確率如果有55%，而且平均獲利相對於平均虧損的報償比率是1.3，交易人可以期望每一筆

交易每一元的冒險金額可以賺進26.5分（〔55％ × 1.3〕–〔45％ × 1.0〕）。一般來說，改善準確率或報償比率，可以改善期望值。

機會　短線波段交易人的機會很好，因為市場有85%的時間在箱型區間內起落。短線交易人會發現許多可以交易的支撐和阻力水準，而這提供許多交易機會。

交易成本——經紀費用與滑價　短線波段交易的經紀費用與滑價等交易成本偏高，而且在驗證方法的期望值時，必須納入考慮。交易頻率高，因為有許多交易機會，而每筆交易的獲利金額相當低。這使得經紀費用升高。此外，由於平均獲利和長線順勢交易比較相對較低，經紀費用和滑價所占的成本百分率偏高。這是當日沖銷交易人很難賺到錢的原因。他們交易的市場波動幅度較小，還要負擔交易成本，相較之下，長線順勢交易人可以利用一整個月的價格走勢，去支付經紀費用和滑價。

交易心理

情緒障礙　短線波段交易和較長期的系統比起來，在情緒上比較容易交易。這是因為經常的獲利交易提供經常的正面回饋，讓你覺得自己做得正確。經常的獲利交易強化了良好的交易行為，短線波段交易人繼續接收訊號進場交易因此更為容易。這使得賠損容易管理，為期也相當短暫。交易人為**繼續遵循交易計畫**，而必須跨越的情緒障礙也減到最低。此外，短線波段交易人能在交易中途休息，因為錯過下一個到下十個訊號，並不會威脅到一整年的交易績效。

長線與短線的比較

　　檢視長線順勢交易和短線波段交易的關鍵特徵，可以發現短線波段的交易風格對小散戶較為理想。在組合、賠損、財務承諾、情緒障礙等財務和情緒特徵方面，短線波段交易的比長線順勢交易小且容易因應。

　　不同的交易風格，期望值可以相同，所以這不應該是決定性因素。但是，如果你偏愛用短線波段交易的方式操作單一市場，則應該將你會接收到的機會數納入考慮。

　　我比較了兩個極端的交易風格，讓你管窺兩種方法的錯綜複雜之處。交易人可以用所有的時間架構，順著趨勢操作，不管是當天、短線或中線。檢視了兩個極端之後，再來看看兩者之間的其他策略是值得的。表5.4比較了各種交易風格。

　　表5.4的目的是給你一個粗略的概念，讓你知道如果採用某種交易風格，可能會體驗到什麼。你應該花點時間看它，決定你的「個性」適合哪種交易風格。我個人是交易短線和中線波段，以及趨勢持續型態。

　　可惜，如同前述，最大逆境準則意味著交易人不能只是選擇適合自己個性的交易風格。影響你最後所採交易風格的因素是期望值、機會和驗證，不是你的個性；換句話說，是那些能讓你真正賺到錢的因素才算數。

小結

　　根據第三項成功交易通則，選擇合適的交易風格時，需要考慮下列因素：

表 5.4　各種交易風格的關鍵特徵

一般交易風格篩選分析

面向	關鍵變量數	短線波段交易	中線波段交易	短線順勢交易	中線順勢交易	長線順勢交易 不住!
資金管理	投資組合	小	小	小	小	大
	賠損	小	中	小	中	大
	財務承諾	低	低	低	低	高
交易方法	時間架構	短	中	短	中	長
	準確率	高	高	低	低	低
	平均獲利:平均虧損	低	好	低	好	高
	期望值	好	好	好	好	好
	每個市場的機會會數	高	中	高	中	低
	經紀費用與滑價	高	中	高	中	低
交易心理	情緒障礙	低	中	低	中	高

· 特定交易風格所需的財務承諾

· 特定交易風格的期望值、機會和驗證

· 特定交易風格是否讓你放心並適合你的個性（如果運氣好的話）

　　不管你是看星象、使用指標、確認圖形型態，還是遵循義大利數學家的理論而尋找交易訊號，只要你使用的方法擁有可能為正的獲利期望值，你有什麼感覺都無關緊要。獲利優先於感覺。交易涉及的是現實，不是細膩的感覺。下一章將討論如何選擇合適的交易市場。

第6章

第四通則：選擇交易市場

　　這一章著眼於成功交易的第四項通則——如何選擇適合交易的市場。我將檢視如何評估市場是否適合交易，協助你做選擇。我也會解釋指數和貨幣市場為何是最好的市場之一。這是我喜歡交易的市場，理由稍後詳述。

　　我認為，適合交易的市場應該具備表6.1列出的大部分特質。

　　如果市場有這些特質，就值得考慮。任何市場需要通過檢驗的第一關，就是操作風險管理特質，這點你應該不意外。如同我說過的，生存是交易的第一目標，所以我要先探討操作風險管理的特徵。

表6.1　優異的交易特質

良好的操作風險管理特質	良好的交易特質
價格及成交量透明	波動性夠大
流動性高	容易研究
二十四小時交易	簡單
零交易對手風險	易於放空
誠實而高效率的市場	專業化
交易成本低	機會夠多
	成長
	槓桿

良好的操作風險管理特質

價格及成交量透明

　　價格及成交量透明是指市場能向所有參與者顯示所有的價格與成交量活動。關於市場，幾個必問的重要問題包括：你能看到所有正在進行的交易活動，並且收到所有的價格和成交量資訊嗎？你能依賴這些資訊，在掌握充分資訊的情況下，做出交易決策嗎？**操作風險：你能看到每件事嗎？**

　　最適合交易的證券，是只能在一個市場交易的證券。單一市場可以確保你在任何時刻收到由供給和需求決定的最佳價格。你應該確定你要交易的證券是否只有一個市場。務必避開有競爭市場在交易的證券，因為其他的交易人可以大量執行買賣，並且隱藏重要的市場成交量資訊。

流動性高

　　一旦你確認你想要交易的證券沒有競爭市場，接著就要確定

證券是否有足夠的流動性。**操作風險：你能否迅速軋平部位？是否有足夠的流動性讓你這麼做？**

雖然進入市場通常很容易，要當個最優秀的輸家，卻意味著你需要能在你想要的時候軋平部位，而不是在成交量增加得夠多時，才讓你得以脫身出場。為了確保這一點，你需要交易流動性高的證券。

二十四小時交易

優異的交易市場會一天二十四個小時都在交易。正確做到這一點（整整二十四個小時持續不斷交易）的唯一市場，是透過銀行間大宗交易店頭（over-the-counter；OTC）市場的外匯市場。OTC市場永遠不關閉，因為全球各地的銀行總是需要報價。但是芝加哥商業交易所（Chicago Mercantile Exchange；CME）的電子期貨合約一天關閉一個小時。它的Globex平臺一天交易二十三個小時。CME的貨幣期貨於下午4:00收盤，一個小時後的美國芝加哥時間下午5:00重新開盤。

操作風險：你能在一切狀況走樣時，一夜之間軋平部位嗎？

一天交易二十四個小時的操作優點，是停損點一天二十四個小時都能發揮作用。這是操作風險管理的重大關卡。

零交易對手風險

交易人面對的另一個風險，是交易對手能不能履行交易。如果你收不到錢，就算執行賺錢的交易也沒用。**操作風險：你能不能收到錢？**

由於以新約取代舊約，結算所可以保證所有的期貨合約都能履行。你建立一個部位之後，就不必擔心交易對手風險。但是，

其他證券的信用就沒有那麼好。舉例來說，當你買了一張股票，沒有人能向你保證那家公司不會宣布進入清算程序。當你交易保證金外匯（margin FX）、差價合約（CFDs），或者差價賭注，沒有人能保證供應商本身不會陷入財務困難。交易這些證券，交易人確實會面對交易對手風險，因此交易時必須掂量相對於潛在獲利的風險。

誠實而高效率的市場

若是要面對有問題的操作實務和無效率，交易要存活是難上加難。**操作風險：遊戲規則是否定義明確？**

期貨交易市場是誠實而高效率的市場。因為各交易所有政府在管理。政府要求交易所和它的服務供應商（期貨經紀商和顧問）遵循用來保護市場參與者（你和我）的法令規定。

由於交易所和它的參與者都以最高的品格水準營運，也不能改變規則以投自己所好，所以你可以滿懷信心地進場交易。股票市場卻不是這樣。2008年全球金融危機期間，世界各地許多股票交易所禁止放空，如果那個時候你是股票交易人的話，你會失去一半的交易機會！依我之見，股票市場可能不像許多人（尤其是交易所本身）要我們相信的那樣，交易效率很高。

交易成本低

最後一個操作風險是買賣的成本，也就是經紀費用和滑價。**操作風險：交易成本具有競爭力嗎？**

交易人交易是為了期望值，而滑價和經紀費用卻會減低期望值。交易成本越低，期望值越高，生存機會越大。所以你應該尋找能將執行成本壓到最低的市場。

我們來比較一口期貨合約和一個股票組合的經紀成本。我使用澳大利亞SPI指數期貨合約為例說明。你可以使用你交易的任何一種指數合約，結果還是會相同。SPI的點值是25澳元；每波動1點，SPI的價值就變動25澳元。指數價值如果是6,250，一口SPI合約的面值就是15萬6250澳元（$25 × 6,250）。買賣一口SPI合約，你不必支付超過50澳元。買價值相當於15萬6250澳元的股票組合，我假設積極型股票交易人能夠拿到低至0.15％、很具競爭力的經紀費率。因此，股票交易人要買賣價值15萬6,250澳元的股票，必須支付468.75澳元（2 × 0.0015 × $156,250）的經紀費用。如果兩位交易人每個星期執行一筆交易，SPI交易人一年將支付2,600澳元的經紀費用，而股票交易人將支付24,375澳元！你一定知道我喜歡哪一張經紀費用帳單。相對於實體股票，交易指數期貨的成本顯然很有競爭力。

總而言之，你交易的任何證券應該要符合絕大部分的操作風險管理指標。

我們再來看看，一個良好的市場具備哪些交易特質。

良好的交易特質

波動性夠大

如果價格沒有波動，交易人就賺不到錢。**交易特質：是否有足夠的價格波動讓你交易？**

在我看來，世界上波動最大的兩個市場是指數和貨幣市場。

容易研究

沒有研究和調查就去交易，有如賭博。**交易特質：是否有充分的歷史資料可以研究？**

最好利用盡可能最多的資料樣本，研究和回溯測試一種方法的期望值。更好的情況是，擁有夠大的資料樣本，讓你能一切為二做回測。你因此能夠利用前半部的資料發展方法，一旦滿足，則在另一半的樣本外資料上跑，看看它在前向測試（forward testing）中的表現如何。這樣驗證系統期望值，效果和遵循我的TEST程序一樣好。

簡單

極端來說，和長線順勢交易人一次關注20到30個市場的組合比起來，專注於單一市場的組合會比較容易。**交易特質：市場易於監控嗎？**

你要確定從交易市場蒐集、監控每日資料的容易程度如何。今天，由於網際網路和許多電子資料供應商的存在，這件事易如反掌。只要按個鍵，不到幾分鐘或更少的時間，你就能從一百多個市場下載資料！

易於放空

交易人能在他們選擇的時點買進和賣出。**交易特質：是否可以無條件放空？**

在受管理的交易所交易的期貨和選擇權，以及保證金外匯，沒有禁止交易人放空的條件（除非特定的交易所設有價格上下限，而且市場的確在盤中達到漲停板或跌停板）。

遺憾的是，股票則非如此，正如我們在2008年全球金融危機股票市場崩盤時所看到的。當時有許多交易所禁止放空股票，尤其是金融股。

專業化

對小散戶來說，專業化是值得的。聚焦於較少的類似市場，而不是交易包含各種不同市場的較大組合，在財務上比較容易執行。**交易特質：是否有可能專精於某個市場，並且運用你的交易知識？**

監控和交易指數、貨幣、利率、能源、金屬、穀物或肉類等單一市場區隔的組合，絕對能促進專業化，又能善用知識。

機會夠多

單單擁有正期望值的方法是不夠的。除非能找到交易機會，否則無法壯大交易帳戶。

交易特質：市場是否提供夠多的交易機會？

同時展現良好的流動性和價格波動性的市場，會提供許多交易機會。但是切記，要考慮交易風格。此外，和短線波段交易比起來，長線順勢交易的交易機會較少。

成長

市場要夠大，交易人才能隨心所欲進出。此外，市場規模要夠大，才能在交易帳戶成長之際，擴大部位規模。**交易特質：市場的日成交量是否夠大，容允提高部位規模？**

這是市場擁有良好流動性之所以重要的一個原因。

槓桿

　　槓桿（leverage）能讓交易人進入他們通常沒有能力進入的市場。**交易特質：市場能否以面值的很小比率交易？**

　　期貨、選擇權、認購權證（warrants）、外匯保證金、差價合約，以及價差交易（spread betting），都允許交易人以各自合約面值的很小百分率進入市場。

小結

　　但願你現在已經知道，選擇正確的市場去交易有多重要。我認為你應該選擇具備大部分這些特質的市場，因為交易的生存可能有賴於此。我個人交易指數和貨幣期貨，因為我相信它們滿足所有的特質，而能成為積極型私人交易人最適合交易的市場。

　　下一章要來探討交易成功的下一個必要通則：鞏固交易的三大支柱。

第7章

第五通則：鞏固三大支柱

本章探討交易成功第五通則，它也是最大的通則，即交易的三大支柱。這三大支柱包括：

· 資金管理
· 交易方法
· 交易心理

這三個支柱是實務交易的基本組成部分。如果你的目標是成為成功的交易人，而成功的衡量標準是銀行存款，你就必須理解交易三大支柱，並為三大支柱發展、執行計畫。

正如前文所述，我認為資金管理是最重要的元素，其次是交易方法，接下來是交易心理。雖然許多人辯稱心理面是最重要的交易元素，我卻一直認為它不比資金管理或方法重要。我相信贏家和輸家的差別在於輸家的無知、輕信和懶惰，而不在於兩耳之

間的六吋之地。

你可能還記得圖2.2的交易程序，顯示三大支柱是邁向交易成功最大的一步。因此，我將分章探討各支柱。但在本章中，我會概要說明這三個層面。

資金管理

資金管理排在第一位。它是交易人生存、繁榮的秘密。生存是避免破產，繁榮會讓你臉上綻現笑容。我將在第8章討論以下七項資金管理策略：

- 固定風險
- 固定資本
- 固定比率
- 固定單位
- 威廉斯固定風險
- 固定百分率
- 固定波動性

交易方法

交易方法是每天的戰鬥指令，是交易如何獲得期望值的詳細說明書。交易方法包含兩個部分：

- **交易格局**是找出將來可能出現支撐或阻力的地方
  ——也就是，到那個時候你應該設法進場，以及決定

是否該買或賣。

· **交易計畫**應該告訴你如何善用你的格局。關於如何進
場、下停損點和出場，它應該有清楚而毫不含糊的指
令。

交易方法應該簡單而且合乎邏輯。這樣你就有很好的機會
拿穩健的方法去交易，而且即時產生的成果，將和經過驗證的
TEST成果相當。

第9章會探討交易方法的架構。了解架構元素，有助於你打
造自身的交易方法，或者接受或修正別人的交易方法。

交易心理

即使有最好的資金管理策略和交易方法，仍然需要一套計
畫以因應情緒。心理面有如黏合劑，維繫著三大支柱。希望、貪
婪、恐懼和痛苦三不五時會使你分心，偏離成功之路。市場的最
大逆境經常折磨情緒，挑戰你繼續走在正軌上的決心。

第10章將觀察心理層面，探討能做些什麼事，以控制那些
情緒。你會明白，實務交易很像烹飪——有食譜可以參考。遵循
交易計畫，交易就能支持財務目標，就像做菜能讓你得到溫飽。
偏離食譜，你就會偏離目標！

訂好涵蓋三大支柱的計畫，才可以開始考慮進場交易；在那
之前，想都別想！

第8章

第一支柱：資金管理

我要在這一章檢視實務交易最重要的要素——資金管理。這是交易三大支柱中的第一隻腳，也是對抗破產風險的關鍵武器。由於你的交易目標是生存，你需要了解和執行適當的資金管理。否則，你十之八九是90%輸家俱樂部的永久成員，拿不到加入10%贏家圈的邀請函。

資金管理是生存和厚利背後的秘密。適當的資金管理，精髓很簡單——當交易賠錢，就應該減低交易暴露程度或者部位規模，而當交易賺錢，就應該增加交易暴露程度或部位規模。

很快順帶一提：由於我個人交易期貨，所以在本章討論部位規模大小時，我會引用它們。如果你偏愛交易股票、選擇權、CFDs、保證金外匯、外匯、認購權證，或者不管是什麼，那麼請容忍我提到「期貨合約」。如果我提到交易的期貨合約口數增加，我的意思只是表示增加「部位規模」。同樣的，如果我提到減少期貨合約的口數，我是指縮減「部位規模」。身為期貨交易

人，我覺得談我真正每天在做的事，會比較容易。因此，如果你不熟悉期貨合約，而且對交易它們不感興趣，那麼請接受我的歉意。但願你能了解，對我來說，提到我每天在交易的東西，會比較容易。謝謝你的理解和耐性。現在，我們回到資金管理。

妥善的資金管理要達成兩個目標：

· **生存**：避開破產風險
· **厚利**：產生幾何利潤

如果你能在賠錢的時候少交易（減少部位規模），並在獲利的時候多交易（增加部位規模），妥善的資金管理會讓你達成這些目標。妥善的資金管理是生存和厚利背後的真正秘密，不是靠方法。雖然所用方法的正期望值能提供優勢，但良好的資金管理會將它放大。

資金管理有兩個學派：

· **馬丁格爾派**（Martingale）
· **反馬丁格爾派**（anti-Martingale）

馬丁格爾資金管理

馬丁格爾資金管理是在賠錢時交易更多合約，獲利時交易較少合約。它吻合賭徒在賠錢之後「加倍下注」的本能。馬丁格爾資金管理所根據的理論是：賠錢的交易之後，獲利交易出現的機率較高，因此應該利用這個機會，在賠錢之後交易更多合約。

這套策略會招致災難。在賠錢之後增加交易的合約口數（也

就是增加部位規模），會加快邁向破產的風險。賠錢後獲利的機率並沒有比較高。獲利或賠錢的機率總是50%。此外，沒人能夠保證交易不會經歷一連串為時最長的虧損，致使在獲利之前到達破產點。

馬丁格爾資金管理會加快你的破產機率。這套策略最好留給賭徒去玩。

反馬丁格爾資金管理

反馬丁格爾派是正確的資金管理策略。反馬丁格爾資金管理能協助你生存，因為它主張賠錢時減少交易，獲利時增加交易。稍後我要討論的資金管理策略都是反馬丁格爾派。

反馬丁格爾資金管理有兩個關鍵特徵：一是**幾何利潤**；二是**不對稱槓桿**。反馬丁格爾策略會在一連串的獲利交易期間，使得利潤呈現幾何成長，但在一連串賠錢的交易或賠損期間，會因為所謂的不對稱槓桿而受害。

幾何利潤是指，賺取的利潤遠大於沒有運用資金管理下，從單一合約所能賺到的錢。不對稱槓桿是指，當蒙受損失，彌補損失的能力會下降。也就是說，如果虧損10%，獲利需要10%以上，才能彌補虧損（見圖8.1）。如果帳戶餘額虧損50%，就需要賺100%，才能把虧損補回來。

你可以利用圖8.1所列的計算公式，算出彌補某一虧損率所需要的獲利率。

$$\text{需要獲利率} = \left(\frac{1}{1-\text{虧損率}}\right) - 1$$

圖8.1 不對稱公式

$$需要獲利率 = \left(\frac{1}{1-虧損率}\right) - 1$$

$$= \left(\frac{1}{1-0.30}\right) - 1$$

$$= \left(\frac{1}{0.70}\right) - 1$$

$$= 1.4286 - 1$$

$$= 0.4286$$

$$= 0.43$$

$$= 43\%$$

圖8.2　虧損30%需要獲利43%才能打平

圖8.2顯示虧損30%的情況。

表8.1列舉回補若干百分率的虧損，所需的獲利百分率。

問題並不在於反馬丁格爾策略會受害於不對稱槓桿，因為馬丁格爾策略也會。比較大的問題在於反馬丁格爾策略需要較長的時間，以回補較高百分率的獲利，因為它們必須以較少的合約或較小的部位規模做到這件事。因為反馬丁格爾策略是在賠錢後交易較少合約（部位規模較小）。這和如果仍然交易原來的合約口數（或部位規模）比起來，更為費力且耗時。

表8.1　需要彌補虧損的各種獲利率

發生的虧損率	需要的獲利率
10%	11%
20%	25%
30%	43%
40%	67%
50%	100%

關鍵概念

第一個根本概念和風險管理有關。即使擁有最穩健和經過驗證的方法，你還是無法預測自己的績效。而且，你無法影響市場如何表現。你可以發揮掌控的一個要素，是投注在任何一筆冒險交易的資本。資金管理會告訴你應該拿多少錢去冒險。

第二個根本概念和期望績效有關。大體而言，淨值曲線越穩定，選擇和運用資金管理策略時，可以更激進。

一條穩定的淨值曲線代表你所用的方法，今天和過去一樣好——也就是它相當穩健 。如果你滿懷信心，相信你那經過驗證的期望值會持續下去，你應該選擇能夠產生最大幾何利潤的資金管理策略。如果你對所用方法的未來績效抱持審慎態度，你應該選擇注重保本（也就是維持帳戶餘額）的資金管理策略甚於賺取利潤，並將你的破產風險降到最低。如果你只是略有信心，但也略為保持審慎態度，你可以選擇幾何利潤和保本相互平衡的資金管理策略。這個世界上沒有正確或錯誤的資金管理策略：每一種策略都有支持者和批評者。唯一正確的資金管理決策，是確保它是反馬丁格爾策略。本章將提供各種反馬丁格爾策略。

檢視策略時，務必記得，策略的應用並不是非黑即白。只要運用一點想像力，就能調整策略，讓它更趨完善，或者結合你喜歡的兩種策略。接下來的敘述和應用，絕不是它們唯一的應用方式。只要確保在賠錢時交易得較少，獲利時交易得較多，此外都能自行調整。

此外，即使你可能對於將看到的結果感到興奮，而且開始相信資金管理是賺取厚利的唯一秘密，還是不可相信它比你所用方法的期望值重要。這聽起來似乎相互牴觸，但即使你擁有世界上

最佳的資金管理策略，少了產生經過驗證的正期望值，加上穩定的淨值曲線，你會一無所有。

良好的資金管理能將低期望值的系統，化為深具報酬的體驗，以及將期望值良好的系統，化為令人興奮、改變人生的體驗。但這裡的要點是，正期望值必須先存在。此外，良好的資金管理成果有賴於所用方法的期望值持續下去，或者換句話說，淨值曲線必須保持「穩定」。良好的資金管理策略可能在漫長的賠損期間，保護你的資本，並且協助你避開破產的風險，但當期望值轉為負數，它當然不會賺錢。你的淨值曲線越平穩越好。

資金管理的重要——威廉斯的故事

在我討論各種反馬丁格爾資金管理策略之前，我想先和你分享威廉斯所著《短線交易的長線秘密》（*Long-term Secrets to Short-term Trading*）一書的摘錄內容。大家都知道，威廉斯是與大眾討論資金管理策略的先驅——許多交易人並不清楚這點，也不知悉威廉斯對這個主題的貢獻。所以我認為和你分享該書的摘要有所助益。這本書敘述了威廉斯在資金管理領域中的經驗、發現和旅程。

威廉斯自1966年起從事全時交易，但直到1980年代，威廉斯才將資金管理納入他個人的交易，產生極為驚人的影響。資金管理的成效卓著，助他贏得交易冠軍。

雖然資金管理在今天是常見實務，也有許多人廣泛論述，但那時候，卻只有理查·丹尼斯（Richard Dennis）等專業資金經理人採用。丹尼斯在1970年代使用固定波動性資金管理。後來在1984年和1985年，將這門學問教給他著名的海龜學生。但在私

人交易人的領域，它不為人知，不受正視。它不是人們使用的詞彙。它並不存在。直到威廉斯向拉爾夫‧文斯（Ralph Vince）請益，才為自己理出頭緒。文斯後來寫了三本談資金管理的書，引起大眾注意這個主題。

　　我相信，以下的摘錄不只能管窺資金管理的歷史和發展，也能說明它的力量和重要性。摘錄內容取自威廉斯所寫《短線交易的長線秘密》一書的第13章，章名為「資金管理——進入王國之鑰」（Money Management—The Keys to the Kingdom）。

　　現在來到本書最重要的一章、我人生中最重要的一章，也是我能傳授給你最寶貴的想法。我這裡能給你的，沒有任何東西比你接下來要學的更寶貴。這話一點都不誇張。

　　我接著要解說一套公式，我曾用它將一小筆金額賺取不成比例的獲利，例如2,000美元變成超過40,000美元、10,000美元變成110,000美元、10,000美元成為1,100,000美元。這可不是什麼紙上談兵……我們講的是即時賺到真正的錢、獲得真正的利潤……。

　　資金管理最讓人驚訝的是，想要洗耳恭聽或者學習正確公式的人，很少很少。

　　一般人……認為交易有魔法可用……沒有什麼比這個想法更脫離真實。在這一行要賺到錢，必須取得優勢、持續讓優勢發揮作用，再加上持續以多少資金（資本）去交易（亦即資金管理）的每一筆交易，使優勢持續不斷發揮作用。

　　1986年，我無意間看到一個玩撲克牌21點的資金管理公式，而這套公式起初是1956年的一篇論文〈資訊率新解讀〉（A New Interpretation of Information Rate）中發展出來

的。這篇論文談的是資訊的流動，現在被商品交易人稱為凱
利（Kelly）公式。

……我使用凱利公式開始交易商品。這條公式是：

$$F =[(R+1)×P-1] ／ R$$
P = 系統獲利的準確率
R = 獲利交易相對於虧損交易的比率

我們用準確率為65%，獲利是虧損金額1.3倍的一個系統為
例來說明。假設P為0.65，R為1.3，計算如下：

$$F =[(1.3+1)×0.65-1] ／ 1.3$$
$$F = 38\%$$

這個例子中，每一筆交易你都要動用38%的錢；如果你的帳
戶有100,000美元，以38,000美元除以保證金，可算出合約
口數。如果保證金是2,000美元，那麼可以交易19口。
這套公式給我帶來驚人的交易成果。很短的時間內，我因為
非常少的錢飆增，成了真實生活中的傳奇人物。我的方法是
用帳戶中的某一百分率資金，根據凱利公式，除以保證金。
結果好到我被踢出一場交易競賽，因為主辦單位無法相信不
靠作弊能夠得到那樣的成果。

容我在這裡插話，交待下一段的背景。1987年，威廉斯贏得
羅賓斯世界盃期貨交易冠軍賽（Robbins World Cup Championship
of Futures Trading®），在12個月內，把1萬美元的帳戶，交易成

超過110萬美元，這樣的成績，其他交易人難以望其項背。他的獲利率紀錄直到今天仍然沒人能夠打破。現在回到書摘：

今天，網際網路上有人說我使用兩個帳號，一個是用於獲利的交易，另一個用於賠錢的交易！他們似乎忘了，或者不知道，除了非常不合法的行為，所有交易都必須有帳戶號碼才能進場交易，所以營業員，或者我自己，如何能夠知道哪筆交易應該用獲利的帳戶號碼？

但是，面對交易史上空前的優異績效，你還能怎麼想。據我所知，不曾有人有這樣的紀錄。令事情「更糟」的是，我不只一次締造這樣的佳績。輸家嘆到，如果不是一時僥倖或運氣，那一定是一路上在數字或交易上做假！

我做的事情具有革命性，和任何好的革命一樣，街頭都會濺血。我因為別人不相信會有那麼好的表現而流血，第一次是全國期貨協會（National Futures Association），其次是商品期貨交易委員會（Commodity Futures Trading Commission；CFTC），沒收我的所有帳戶紀錄，檢查是否有詐欺之嫌！CFTC鉅細靡遺檢視經紀公司的紀錄，然後取走我的所有紀錄，保留它們超過一年才還我。拿回之後約一年，猜猜又發生什麼事？他們再度把紀錄拿回去！成功真是會害人。

所有這一切，起因於我的市場績效空前優異。我管理的一個帳戶採用新的資金管理形式，在約十八個月內，從6萬美元激增到接近50萬美元。然後有客戶到法院告我，她的律師說，她應該賺到5,400萬美元，而不是50萬美元。

……真是令人嘆為觀止，不是嗎？

但這把資金管理之劍有雙刃。

我的優異績效吸引大量資金湧入，要我管理。然後事情開始了：這把劍的另一刃在陽光底下閃閃發亮。擔任商業經理人之際（也就是經營一家資金管理公司）……我的市場系統或方法走下坡，就像一道快速移動的冷鋒，一連串差勁的表現，使得帳戶淨值以同樣驚人的速度下滑。以前我以快速穩當的方式賺錢，現在卻在賠錢，而且同樣快速穩當！

經紀人和客戶尖叫著……我自己的帳戶從第一年開始時的1萬美元（沒錯，就是1萬美元），後來增加到210萬美元……我和其他每個人一樣遭到重擊，它也陷入漩渦之中，急速下滑到70萬美元。

大約那個時候，除了我之外，每個人都搶著逃生。拜託，我可是商品交易人。我喜歡雲霄飛車般的行情走勢。除此之外，還有什麼生活方式比這更有趣？我不知道，所以我繼續待在市場。我透過交易，到1987年底之前，讓帳戶淨值回升到110萬美元。

多麼戲劇性的一年！

文斯天天盯著我，看我做所有這些……早在我看到之前，他就看出端倪……原來我們用錯了公式！這看起來似乎十分基本……但那個時候，我們置身於資金管理的革命之中，難免當局者迷。就我們所知，我們追蹤和交易的領域，是未曾開發之境。我們見到了一些驚人的交易成果，所以不想偏離我們正在做的任何事情太遠。

……我的交易跟著驚人的上下起伏波段而跌跌撞撞，我們繼續尋找改善之道，不管是什麼，只要讓這頭野獸聽話就好……以避免凱利公式內在的爆破現象。

和文斯談過之後……我曉得導致急遽波動的原因，不是系統

的準確率，也不是獲利相對於虧損的比率或賠損。運作不順源於虧損最大的交易，並且代表一個極其重要的概念……將我們生吃活吞的是一大筆賠錢的交易。那是我們需要防範的惡魔，必須納入資金管理計畫。

方法（我解決了這個問題）是先決定任何一筆交易要拿多少錢去冒險……大體而言，你會拿帳戶餘額的10%到15%，除以最大虧損……算出你將交易的合約口數。

所以我的資金管理公式是：

（帳戶餘額 × 風險%）／最大虧損
＝交易的合約口數或股數

也許有更好和更複雜的方法，但對於我們這些不諳深奧數學的普通交易人，這是我所能知道最好的公式。它的美妙之處在於可以量身訂做，以適合你的風險／報酬性格。如果你膽子小，可以只用銀行帳戶餘額的5%；如果你認為自己是中庸的一般人，可用10%至12%；如果你有勇於以小搏大的膽量，可用15%到18%。

我已經用這個方法賺了數百萬美元。我所能告訴你的，就是這些——巨富王國的鑰匙已經交給了你。

前述的歷史是要告訴你，資金管理有多大的成效和有多重要——以及威廉斯如何兼具開創性和革命性！威廉斯把他的資金管理策略稱為「威廉斯固定風險」，稍後我會讓你進一步管窺他使用的策略。

現在總結一下反馬丁格爾的資金策略（包括威廉斯固定風

險），你可以在自己的交易上考慮運用。

七大反馬丁格爾資金管理策略

我將探討下列反馬丁格爾資金管理策略：

· 固定風險
· 固定資本
· 固定比率
· 固定單位
· 威廉斯固定風險
· 固定百分率
· 固定波動性

為了幫助你了解和比較這七項策略，我會將它們應用在我稱之為Forex_Trader的貨幣交易方法上。

這個方法交易的是貨幣期貨，所以部位規模是指交易的合約口數。在樣本期間，這個方法產生了超過362筆假設性的交易，這些資料足以應用各種不同的資金管理策略。使用相同的方法，將有助於你比較不同的策略，並且協助你徹底了解每一套策略的個別特徵。

此外，我限制一套策略能夠操作的最大合約數為100口。我這麼做，是為了讓成果更為務實可行。

在你更熟悉資金管理之後，你很快就會了解，特定的策略可以給你假設性的交易和出色的期貨合約口數，或者部位規模，但真正客觀來說，不見得能反映真實的交易。所以，為了使它呈

現所謂的「真實」，我限制每一套策略可以交易的最大合約數為100口。

在開始討論之前，先來看看不用資金管理策略，每個訊號交易單一一口合約的成果。

對照組：不使用資金管理策略

下列所有的結果和數字，單位都是美元。在測試期間，Forex_Trader JPY/$每個訊號交易一口貨幣期貨合約，扣除經紀費用和滑價50美元，會產生假設性的淨利25萬5100美元。帳戶一開始有2萬美元，沒有追繳保證金通知（margin calls），而且這個模式在不同的交易之間產生2.3%的標準差。不管個別的風險、市場波動性，或者目前的賠損，每個訊號都要交易。在那段時間內，最糟的賠損金額是13,638美元，而最糟的賠損百分率是9%。由於淨利相對於賠損的比率相當高，單一合約法提供非常好的價值，在最糟糕的美元賠損期間，賠損淨利比為1比19。圖8.3顯示在不用任何資金管理策略的情況下，固定交易一個部位規模或一口期貨合約的淨值曲線。

問題是：使用反馬丁格爾資金管理策略，能不能取得更高的利潤？

要回答這個問題，我先逐一檢視七套策略的每一套。我會應用它們各自的資金管理策略於Forex_Trader的交易成果上。一旦我探討了每一套策略在資料樣本上的運作和表現，我就會比較和分析這些策略，觀察能否對它們各自的方法得到進一步的洞見。

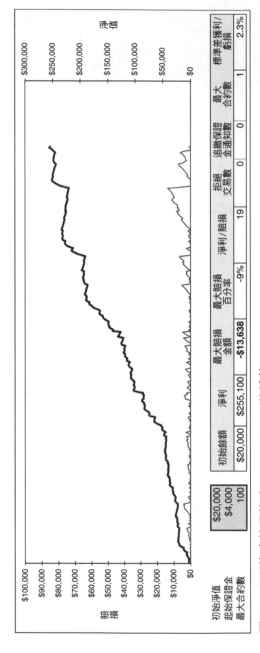

初始餘額	淨利	最大賠損金額	最大賠損百分率	淨利/賠損	拒絕交易數	追繳保證金通知數	最大合約數	標準差獲利/虧損
$20,000	$255,100	-$13,638	-9%	19	0	0	1	2.3%

初始淨值	$20,000
起始保證金	$4,000
最大合約數	100

圖 8.3　不用資金管理策略，Forex_Trader 的績效

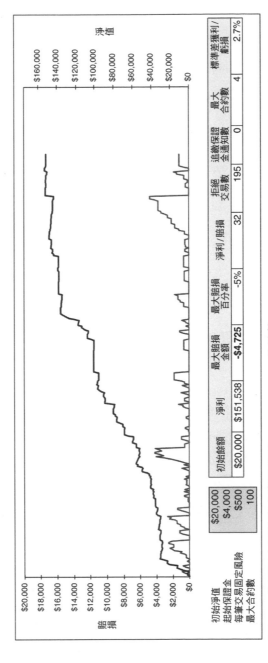

圖 8.4　**使用固定風險資金管理策略，Forex_Trader 的績效**

固定風險

　　圖8.4顯示使用固定風險資金管理策略的Forex_Trader淨值曲線。我會先討論固定風險資金管理，再檢視它對Forex_Trader績效的影響。

　　固定風險資金管理策略限制每一筆交易於預定或固定的金額風險。每筆交易固定的金額風險，可以一開始的帳戶金額除以想要開始交易的資金單位數計算出來。計算公式很簡單，如下所示：

$$\text{固定金額風險} = \frac{\text{帳戶餘額}}{\text{資金單位數}}$$

　　這裡的關鍵變數是帳戶餘額，和偏好的資金單位數（或者交易筆數）。

　　這個例子中，一開始2萬美元的帳戶餘額，除以40個資金單位，得出固定金額風險為500美元。因此，你只執行金額風險等於或低於500美元的交易。要計算你將交易的合約口數，則將固定金額風險除以個別交易風險（也就是進場價格和停損價格之間的金額加上經紀費用），一定要化整到最接近的整數。

　　使用下列的簡單公式：

$$\text{合約口數} = \frac{\text{固定風險}}{\text{交易風險}}$$

表8.2 交易合約口數

固定風險	交易風險	交易合約口數	
		實際	取整數
$500	$650	0.8	0
$500	$350	1.4	1
$500	$265	1.9	1
$500	$200	2.5	2

　　如果個別交易風險是200美元，根據資金管理準則，你會交易二口合約（$500／$200)。表8.2顯示你將交易的合約口數，假設固定風險是500美元。

　　將固定風險基金管理策略應用到Forex_Trader的結果，第一個要問的問題是：固定風險是否達成資金管理的目標——也就是虧損時交易較少合約，獲利時交易較多合約。遺憾的是，固定風險在這兩方面都辦不到。當你賠錢，固定風險仍然期望你拿固定的500美元去冒險；也就是，你在賠損的時候，沒有機會交易較少的合約。在你賠錢時，每一筆交易都拿帳戶更高的百分率去冒險，你實際上是在賠損期間，提高自己的破產風險。在獲利時，你不被容允交易更多合約。可以交易的最大合約數只有二口。雪上加霜的是，由於交易必須限於500美元，有195個訊號必須置之不理。因此只賺到151,538美元。這個數字遠低於單一合約的淨利255,100美元。

　　一個可行的調整，是在完成40筆交易之後，提高固定金額風險。你可以再次將帳戶餘額除以40個資金單位，以提高金額風險。此外，你甚至可以增加資金單位數，以進一步降低破產風險。這兩種做法，都會使你受益。你可以交易更多的合約，因為你拿更多的錢去冒險，而且你可以用較低的破產風險做這件事，

因為你有較多的資金單位可以交易，所以比較難達到你的痛苦點。稍後我會討論根據固定風險而更上一層樓的固定單位。

雖然固定風險未能以每筆交易固定的500美元，達到正確的資金管理目標，它卻有若干好處。它讓交易小戶可以開始進場交易。只要你的方法有經過驗證和穩定的期望值，你極不可能在任何特定的連續40筆交易中，發生財務破產。

固定風險的另一個好處，是它能夠區別個別交易之間的風險。如果一筆交易的風險太高，它不會允許你去交易。因此降低你的曝險。雖然固定風險未能達成它的資金管理目標，卻有助於管理你的風險，這是個好處。

固定資本

圖8.5顯示，在利用固定資本資金管理策略之後，Forex_Trader的單一合約利潤從255,100美元，激增到超過1,800萬美元。

固定資本是以固定的資本單位交易一口合約。如果固定資本單位是15,000美元，而帳戶餘額是20,000美元，可以交易一口合約。如果帳戶餘額是30,000美元，可以交易二口合約。

採取固定資本資金管理策略的時候，計算交易合約口數的公式如下所示：

$$合約口數 = \frac{帳戶餘額}{每口合約的固定資本單位}$$

你應該以無條件捨去法化整到最接近的整數，以計算要交易

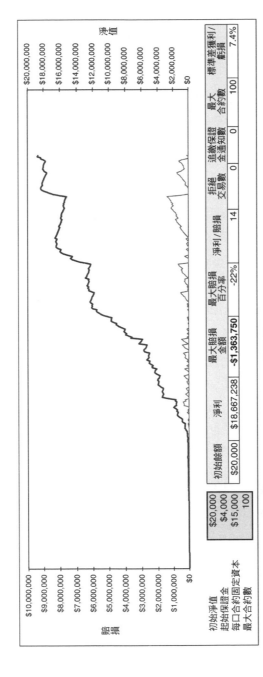

初始餘額	淨利	最大賠損金額	最大賠損百分率	淨利/賠損	拒絕交易數	追繳保證金通知數	最大合約數	標準差獲利/虧損
$20,000	$18,667,238	-$1,363,750	-22%	14	0	0	100	7.4%

初始淨值 $20,000
起始保證金 $4,000
每口合約固定資本 $15,000
最大合約數 100

圖8.5 使用固定資本資金管理策略，Forex_Trader 的績效

表8.3　交易合約口數

固定資本	帳戶餘額	交易合約口數	
		實際	取整數
$15,000	$8,000	0.5	1
$15,000	$29,000	1.9	1
$15,000	$32,000	2.1	2
$15,000	$48,000	3.2	3
$15,000	$51,000	3.4	3

的合約口數。以上面的例子來說，如果你的帳戶有32,000美元，你會交易二口合約（$32,000 ／ $15,000 = 2.1或化整後為2.0）。如果你發生虧損，帳戶減為29,000美元，固定資本將只允許你交易一口合約（$29,000 ／ $15,000 = 1.9或化整後為1.0）。在你的帳戶增加到超過30,000美元之前，你不能交易二口合約。

表8.3顯示，採取固定資本資金管理策略時，交易合約口數如何化整為最接近的整數。

如果帳戶金額跌到低於你的固定資本單位，固定資本策略不允許交易最低一口合約，因此必須停止交易。如果你想要繼續交易，你可以使用「低於最低固定資本單位」，做為補充帳戶金額的觸發器。

要計算固定資本單位，你會用到下列公式：

$$固定資本單位 = \frac{最大賠損（實際或預期）}{風險臨界值百分率}$$

這個例子中，我隨意選了15,000美元做為固定資本的資本「單位」。

根據單一合約的例子，Forex_Trader的最糟賠損是13,638美元。用這個數字運算，有助於你了解如何計算固定資本單位。你可以使用這個歷史性的賠損數字，或者使用比較大的數字。我相信你的最糟賠損總是在你眼前。務請記住，交易談的是生存。處於守勢位置，期待市場做出最糟的事情，有助於你正視市場最大逆境的可能作為，也能讓你不忘市場可能在最不恰當的時刻讓你大失所望。

我將取Forex_Trader的最大歷史性賠損數字，並增為14,000美元。

風險臨界值百分率（percentage blowtorch risk）需要稍作解釋。它是指你能夠忍受多少痛苦，或者你的帳戶餘額損失多少百分比，你仍然安之若素。

利用前面的公式，如果你對虧損帳戶的30%安之若素，根據固定資本策略，則每口合約動用你的帳戶中的46,667美元（$14,000／0.30）。在帳戶餘額增加到93,334美元（$46,667 × 2）之前，你不會開始交易二口合約。

比較保守的交易人可以降低他們的臨界值百分率，而比較激進的交易人可以增加。固定資本給了交易人許多彈性。

表8.4告訴交易人，固定資本單位依個人風險水準如何變化。

表8.4　個人的風險忍受度如何改變固定資本單位

風險臨界值	期望賠損	固定資本「單位」
20.0%	$14,000	$70,000
30.0%	$14,000	$46,667
40.0%	$14,000	$35,000
50.0%	$14,000	$28,000
93.3%	$14,000	$15,000

如果你使用預期的14,000美元賠損，並加上非常激進（大部分人會說是自殺性）的93.3%臨界值風險，你的帳戶每15,000美元會交易一口合約（$14,000／0.933）。如果你這麼做（就像我在這個例子中所做的那樣），Forex_Trader會賺到驚人的利潤，超過1,800萬美元，如圖8.5所示。

　　我們來更深入觀察固定資本如何允許你增加交易的合約口數。固定資本是累增合約最快的策略之一。它之所以能夠這麼做，是因為在進入下一個合約水準之前，只需要每個合約在新的合約水準動用利潤比較少的部分。

　　從圖8.6可以看出，你起初的帳戶餘額是20,000美元，一開始只交易一口合約。在這口合約賺了10,001美元的利潤之後，帳戶餘額超過30,000美元，這時你將獲許交易二口合約。只有在帳戶超過45,000美元時，你才能交易三口合約，而現在只相距15,000美元，但現在有二口合約協助達成這個目標。所以說，

合約口數		帳戶餘額水準	個別合約總利潤							
			第一口合約 $33,893	第二口合約 $23,893	第三口合約 $16,393	第四口合約 $11,393	第五口合約 $7,643	第六口合約 $4,643	第七口合約 $2,143	第八口合約 $0
增加合約所需投入的努力不等	8									
	7	$120,000	$2,143	$2,143	$2,143	$2,143	$2,143	$2,143	$2,143	
	6	$105,000	$2,500	$2,500	$2,500	$2,500	$2,500	$2,500		
	5	$90,000	$3,000	$3,000	$3,000	$3,000	$3,000			
	4	$75,000	$3,750	$3,750	$3,750	$3,750				
	3	$60,000	$5,000	$5,000	$5,000					
	2	$45,000	$7,500	$7,500						
	1	$30,000	$10,000							
固定資本		$15,000	$20,000 初始							

合約增加需要每一口新增的合約貢獻較少的利潤。

圖8.6　合約口數增加的帳戶水準

與其用一口合約賺10,000美元，現在每一口合約只要賺7,500美元的利潤，就能達到下一個水準。一旦帳戶超越45,000美元，就能交易三口合約。到了60,000美元的帳戶餘額便開始交易四口合約，這三口合約每一口只需賺5,000美元。隨著每一口合約水準增加，你能看到所需的利潤減了多少。每一口合約只需要貢獻較少的利潤，便能增加合約口數。

這解釋了為何固定資本產生超過1,800萬美元的高幾何利潤。在每一個後續更高的合約水準，每一個別合約需要產生的利潤越少。

由於固定資本能夠迅速累增合約，我在Forex_Trader的例子中，將最高合約數限制在100口。我這麼做，是因為人很容易被沖昏頭，交易到1,200口合約（$18,000,000 ／ $15,000），而這是很不切實際的。

如果你相信你所用的策略有扎實且平穩的帳戶淨值曲線，或者能夠保證未來的期望值，你可以考慮用固定資本去交易，因為它們產生天文數字般的利潤。但是，由於交易時什麼事情都無法保證，所以固定資本可能並不適合你。

現在來更深入觀察固定資本的表現。固定資本能夠達成適切的資金管理目標——也就是在賠錢時交易較少合約，在獲利時交易較多合約嗎？兩者的答案都為是。

固定資本是一個簡單的算法，它能告知你，依帳戶餘額和固定資本單位，可以交易多少口合約。當你賠錢，而且帳戶餘額下降到某個水準以下，固定資本會要求你少交易一口，或者如果你的帳戶下降到低於二口或更多口合約水準，可能要求你減少更多口合約。當你賺錢，而且你的帳戶餘額不斷增加，你可以使用相同的算法，交易更多合約。因此，固定資本能達成資金管理的兩

個目標，即生存和創造厚利。它確實能產生非常高的幾何利潤。

　　固定資本和固定風險一樣，帳戶金額少的交易人都可以使用。它提供簡單的機制，迅速壯大帳戶，而當麻煩來襲，則識時務後撤。但是，和固定資本不一樣的是，它並沒有管理個別交易的風險，而是將它們一視同仁，接受所有的訊號。

　　雖然固定資本的最大好處在於它允許小額帳戶迅速壯大，缺點則是以承受更高風險為代價。它通常會產生很高的賠損，就像我們的例子顯示的（如圖8.5所示，達22%）。和你賺進的1,800萬美元相比，虧損136萬3,750美元，看起來可能沒那麼糟；但我敢保證，這種事情發生時，你不會那麼神色自若。

固定比率

　　圖8.7顯示應用固定比率資金管理時，Forex_Trader的成果。這一節將檢視固定比率資金管理策略。

　　固定比率是萊恩‧瓊斯（Ryan Jones）發展出來的，並於他所寫的《交易遊戲》（*The Trading Game*）一書中介紹。固定比率法（fixed ratio）要求交易人依照「固定比率」，調整交易合約口數。此一「固定比率」稱作德爾他（delta），而且和交易方法的賠損有關。你可以使用下列公式，計算可以多交易一口合約的下一個帳戶水準：

　　　下一個帳戶水準 ＝
　　　目前的帳戶水準 ＋ （目前的合約口數 × 德爾他）

　　如何計算德爾他，沒有硬性和快速的準則，但務必知道它是

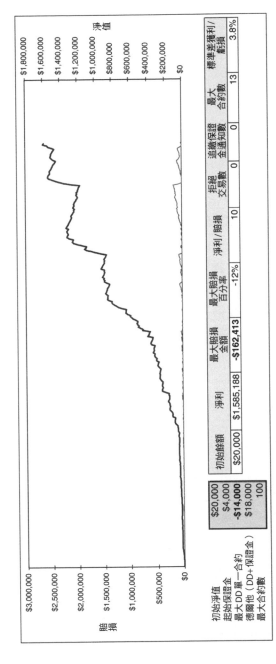

初始餘額	淨利	最大賠損金額	最大賠損百分率	淨利/賠損	拒絕交易數	追繳保證金通知數	最大合約數	標準差獲利/虧損
$20,000	$1,585,188	-$162,413	-12%	10	0	0	13	3.8%

初始淨值	$20,000
起始保證金	$4,000
最大DD單一合約	-$14,000
德爾他(DD+保證金)	$18,000
最大合約數	100

圖 8.7 使用固定比率資金管理策略,Forex_Trader 的績效

固定比率資金管理策略最重要的變數。德爾他的變動會影響固定比率的績效——德爾他越高，報酬和賠損會越保守，而比較激進或較小的德爾它，會產生更多的利潤，但是付出的代價，是承受更高的賠損。德爾他應該和交易方法的單一合約賠損連動。

如果要保守操作，你應該設法讓德爾他大到單一合約在產生最大賠損的時候，仍然有足夠的錢因應起始保證金，以繼續交易，在這種情況中，德爾他需要以下列公式計算：

$$德爾他 = 賠損 + 起始保證金$$

下面的例子中，我使用最大賠損為14,000美元，並且假設起始保證金要求是4,000美元。因此算出德爾他是18,000美元。使用18,000美元的德爾他值，根據固定比率資金管理，在你目前交易的每一口合約能夠貢獻18,000美元利潤之前，你不應該增加到

合約口數		帳戶餘額水準	個別合約總利潤							
			第一口合約 $126,000	第二口合約 $108,000	第三口合約 $90,000	第四口合約 $72,000	第五口合約 $54,000	第六口合約 $36,000	第七口合約 $18,000	第八口合約 $0
增加合約所需投入的努力相等	8	$524,000								
	7	$398,000	$18,000	$18,000	$18,000	$18,000	$18,000	$18,000	$18,000	
	6	$290,000	$18,000	$18,000	$18,000	$18,000	$18,000	$18,000		
	5	$200,000	$18,000	$18,000	$18,000	$18,000	$18,000			
	4	$128,000	$18,000	$18,000	$18,000	$18,000				
	3	$74,000	$18,000	$18,000	$18,000					
	2	$38,000	$18,000	$18,000						
	1		$18,000							
德爾他		**$18,000**	$20,000 初始							

合約增加需要每一口新增的合約對利潤的貢獻相等。

圖8.8 合約口數增加的帳戶水準

下一個合約水準。一旦目前交易的合約能夠貢獻這樣的利潤，你就能交易更多的合約，而在那個水準，以前的合約加上新合約，合在一起每一口合約必須再賺18,000美元，你才能增加更多合約。比較激進的交易人可以使用比較小的德爾他，而比較保守的交易人可以使用較大的德爾他。固定比率提供足夠的彈性，適合風險忍受度各不相同的所有交易人。

圖8.8列示固定比率公式計算你可以增加合約規模的水準。

本例一開始的帳戶餘額是20,000美元，並且使用18,000美元的德爾他，或者每口合約18,000美元的利潤是在你增為二口合約之前所必要。一旦你賺到18,000美元的利潤，而且帳戶餘額達到38,001美元，就可以交易二口合約。有了二口合約，固定比率要求你交易的每一口合約再賺18,000美元的利潤。一旦多賺了36,000美元的利潤，而且帳戶餘額達到74,001美元，你就可以交易三口合約，以下依此類推。

這就是固定比率的關鍵：在現有合約各賺到額外的德爾他利潤之前，不能增加合約規模。

當然了，如果蒙受虧損，帳戶餘額下降到低於以前的水準，則必須縮小合約規模，直到帳戶餘額回升。縮小合約規模時，可以只使用以前的帳戶水準，或者加快縮減速率。所以說，與其等候損失·整個德爾他的利潤，才縮小合約規模，你可以更早做這件事。你可以使用德爾他的一個百分率，以更快啟動合約規模的縮減。但是，這麼做的缺點是，由於不對稱規模，你要回復原來的水準，必須花更多時間和努力。和以前的虧損百分率比起來，你不只必須賺更高的獲利百分率，你也必須在比較少的合約上獲利，因此回升需要更長的時間。

你總是要有所取捨。如果減少合約口數的速度快於增加口數

的德爾他，風險會降低，保護了利潤，但付出的代價是在比較少數目的合約上擴大不對稱槓桿。要不然，如果減少合約口數的德爾他速率和增加時一樣，你會因為在較長時間內維持相同數目的合約，而保持幾何利潤潛力。維持幾何利潤潛力的壞處是，必須以較高的風險為代價，而且可能在賠損持續發生的情況下，導致利潤減低。

固定比率是否符合資金管理目標——賠錢時交易較少合約，賺錢時則交易更多合約？答案為是。一旦交易的每一口合約賺到足夠的德爾他，就可以增加合約口數。如果蒙受損失，帳戶餘額下降到以前的水準之下，就必須減少合約口數。

圖8.7顯示，固定比率法能在德爾他為18,000美元的情形下，產生高於150萬美元的淨利，而能夠實現幾何利潤成長。雖然金額不像固定資本那麼多，卻遠高於單一合約的255,100美元淨利。此外，固定比率產生淨利相對於賠損的報償為10:1。也就是說，每1美元的賠損痛苦，對應著10美元的獲利。

除了達成資金管理目標，固定比率也有其他吸引人的特色。固定比率和固定風險、固定資本一樣，也是適用於小額帳戶交易人的資金管理策略。有了適當的德爾他，就可以開始交易，而且隨著時間流逝，能穩定增加合約口數（或者部位規模）。德爾他也提供足夠的彈性，而這取決於保守或激進水準。比較小的德爾他能以更快的速度增加帳戶餘額，保持賠損於固定的百分率水準。

圖8.9顯示德爾他減為11,000美元時的潛在獲利。

你可以看到，使用一半的最大賠損和降低德爾他到11,000美元，淨利如何增加60％以上！此外，不只賠損百分率與較高的德爾他一致，淨利相對於賠損的報償也一致，因為賠損而引起的每1美元痛苦，對應相同的10美元獲利。

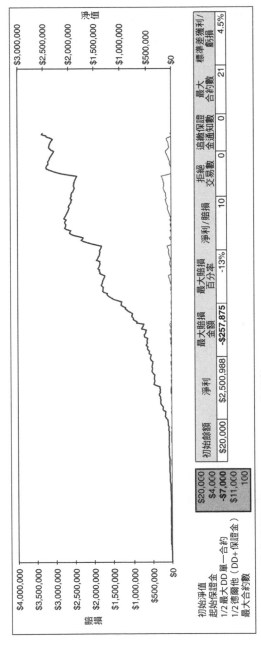

圖 8.9 使用較小的德爾他，Forex_Trader 的績效

初始餘額	淨利	最大賠損金額	最大賠損百分率	淨利/賠損	拒絕交易數	追繳保證金通知數	最大合約數	標準獲利/虧損
$20,000	$2,500,988	-$257,875	-13%	10	0	0	21	4.5%

初始淨值 $20,000
起始保證金 $4,000
1/2最大DD單一合約 -$7,000
1/2德爾他（DD+保證金） $11,000
最大合約數 100

然而，固定比率和固定資本一樣，並沒有區別個別交易風險。交易人應該接受所有訊號，不管它們的個別風險如何。

選擇的兩難

　　到目前為止，固定資本似乎是最佳的資金管理策略，它的1,800萬美元假設利潤，高於固定比率的150萬美元淨利。

　　但是，固定資本的1,800萬美元利潤，所冒的風險極高。在檢視固定資本和固定比率蒙受災難性虧損時的後果時，風險尤其明顯。

　　這些例子中，我是從20,000美元的小額帳戶開始操作，並任意假設固定資本和固定比率的賠損都是14,000美元。我定義災難性損失為單一交易的虧損占歷史性賠損的70%以上——每口合約虧損10,000美元。這會使它顯得保守，但是就到目前為止的討論來說，卻相當務實。

　　我假設每口合約的災難性虧損10,000美元，會發生在七口合約的相同水準上。這表示它會發生在資料集的不同時間，因為固定資本累增合約的速度，遠快於固定比率。但是就我們的例子解說而言，這並沒有關係，因為這裡的問題是和交易的合約口數有關。你需要很清楚這種虧損在相同的累增合約水準（或者部位規模）上對每一種策略造成的衝擊。此外，這也相對於它們各自的主要變數——固定資本單位和固定德爾他。不管你相信災難性虧損會發生的合約水準是多少，以下的例子仍然具有啟發性。

　　如果10,000美元的災難性虧損突如其來發生在七口合約的水準，那會發生什麼事？圖8.10顯示使用固定資本資金管理的交易人會受到的影響，圖8.11則顯示使用固定比率資金管理的交易人會受到的影響。

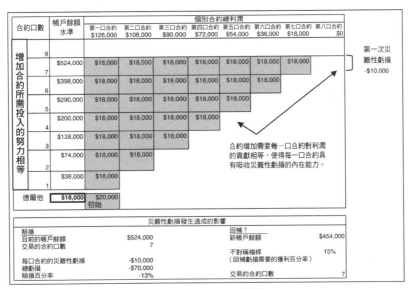

圖8.10　固定資本資金管理策略如何因應災難性虧損

合約口數	帳戶餘額水準	第一口合約 $33,893	第二口合約 $23,893	第三口合約 $16,393	第四口合約 $11,393	第五口合約 $7,643	第六口合約 $4,643	第七口合約 $2,143	第八口合約 $0
8	$120,000	$2,143	$2,143	$2,143	$2,143	$2,143	$2,143	$2,143	
7	$105,000	$2,500	$2,500	$2,500	$2,500	$2,500	$2,500		
6	$90,000	$3,000	$3,000	$3,000	$3,000	$3,000			
5	$75,000	$3,750	$3,750	$3,750	$3,750				
4	$60,000	$5,000	$5,000	$5,000					
3	$45,000	$7,500	$7,500						
2	$30,000	$10,000							
1 固定資本	$15,000	$20,000 初始							

（左側縱向標示：增加合約所需投入的努力不等）

第一次災難性虧損 -$10,000

合約增加需要每一口合約對利潤的貢獻不等，可能造成災難性賠損和財務破產。

災難性虧損發生造成的影響

賠損		回補？	
目前的帳戶餘額	$120,000	新帳戶餘額	$50,000
交易的合約口數	7		
		不對稱槓桿（回補虧損需要的獲利百分率）	140%
每口合約的災難性虧損	-$10,000		
總虧損	-$70,000		
賠損百分率	-58%	交易的合約口數	3

圖8.11　固定比率資金管理策略如何因應災難性虧損

合約口數	帳戶餘額水準	第一口合約 $126,000	第二口合約 $108,000	第三口合約 $90,000	第四口合約 $72,000	第五口合約 $54,000	第六口合約 $36,000	第七口合約 $18,000	第八口合約 $0
8	$524,000	$18,000	$18,000	$18,000	$18,000	$18,000	$18,000	$18,000	
7	$398,000	$18,000	$18,000	$18,000	$18,000	$18,000	$18,000		
6	$290,000	$18,000	$18,000	$18,000	$18,000	$18,000			
4	$200,000	$18,000	$18,000	$18,000	$18,000				
3	$128,000	$18,000	$18,000	$18,000					
	$74,000	$18,000	$18,000						
1	$38,000	$18,000							
德爾他	$18,000	$20,000 初始							

（左側縱向標示：增加合約所需投入的努力相等）

第一次災難性虧損 -$10,000

合約增加需要每一口合約對利潤的貢獻相等，使得每一口合約具有吸收災難性虧損的內在能力。

災難性虧損發生造成的影響

賠損		回補？	
目前的帳戶餘額	$524,000	新帳戶餘額	$454,000
交易的合約口數	7		
		不對稱槓桿（回補虧損需要的獲利百分率）	15%
每口合約的災難性虧損	-$10,000		
總虧損	-$70,000		
賠損百分率	-13%	交易的合約口數	7

固定資本交易人會蒙受70,000美元的虧損和58%的賠損！固定比率交易人會蒙受70,000美元的虧損和13%的賠損。對固定資本交易人來說，這幾乎已經是財務破產！雖然這種規模的災難性虧損不可能發生，但如果真的發生，固定資本交易人很可能向市場說再見。至於固定比率交易人，就算是運氣不好，但還是能夠生存，繼續待在場內交易。

我們來更深入觀察每一項資金管理策略，以及探討固定資本在何處和為何崩垮，而固定比率仍屹立不搖。

前面說過，固定資本累增合約的速度比較快，因為在每一個較高的合約水準上，每一口合約需要賺取的利潤比較少。第一口合約需要賺10,000美元的利潤，才能交易第二口合約。當你交易七口合約，每一口合約只需要賺2,143美元的利潤，就能開始交易八口合約。固定資本增加合約口數需要的努力不等。

這種不等的努力創造了「紙牌屋」。它使得幾何利潤看起來相當驚人，卻沒有揭露根底的脆弱。每口合約發生10,000美元的災難性虧損，會使120,000美元的帳戶發生58%的賠損。如果這不足以達到你的破產點，那麼140%的不對稱槓桿肯定會使你淚流滿面，尤其是因為你只能交易三口合約，以賺取回補虧損所需的140%獲利。

現在來看看固定比率。圖8.11勾勒了固定比率的資金管理策略，以及災難性虧損對它的影響。

如果採用固定比率法，交易的每一口合約要貢獻相等的利潤，才能增加合約口數。你的每一口合約都必須賺到18,000美元的利潤，才能提升合約水準。在下一個水準，固定比率將固定資本拋到後頭。一旦帳戶升抵38,001美元，而且能交易二口合約，每一口仍必須賺進18,000美元的利潤，才能考慮交易三口合約。

當交易七口合約，仍然需要每口合約賺18,000美元，才能考慮增加到八口合約。

在固定比率下，利潤必須有相等的德爾他貢獻，才能增加合約。這種相等的努力，為交易帳戶製造了堅實的基礎。

雖然它們的幾何利潤不如固定資本那樣驚人，也確實讓人感覺賺了不少。如果每口合約發生災難性的10,000美元虧損，524,000美元的帳戶只會賠損13%。這個賠損水準還算容易應付，只需15%的不對稱槓桿獲利就能回補。15%的不對稱槓桿不只低於固定資本的140%，而且固定比率即使在每口合約損失10,000美元之後，甚至不會掉落到一口合約的水準，而允許你繼續以七口合約去交易，賺取15%以回補損失的13%。因此，固定比率比固定資本理想。

固定單位

圖8.12描繪固定單位法下，Forex_Trader的績效。在我討論它的含義之前，先探討固定單位資金管理。

固定單位策略是建立在固定風險之上。固定單位資金管理限制每一筆交易於預定的金額風險之內，而這個金額風險，是預定的單位數之函數。你要交易的固定單位數，由你定義。每筆交易的金額風險，計算方法和固定風險相同，也就是拿初始帳戶金額除以想要開始交易的固定資金單位數。計算方法同樣簡單，如下所示：

$$每筆交易的金額風險 = \frac{帳戶餘額}{固定資金單位數}$$

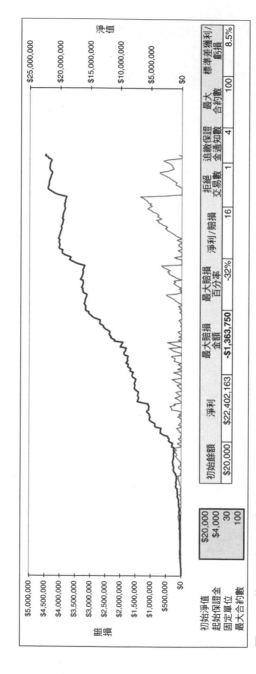

初始餘額	淨利	最大賠損 金額	最大賠損 百分率	淨利/賠損	拒絕 交易數	追繳保證 金通知數	最大 合約數	標準差獲利/ 虧損
$20,000	$22,402,163	-$1,363,750	-32%	16	1	4	100	8.5%

初始淨值	$20,000
起始保證金	$4,000
固定單位	30
最大合約數	100

圖 8.12 使用固定單位資金管理策略，Forex_Trader 的績效

這裡的關鍵變數是帳戶餘額，以及想要的資金單位或交易筆數。固定單位和固定風險分道揚鑣的時候，就是帳戶餘額增加之際。隨著帳戶餘額創下淨值新高，固定單位會要求你重新計算每一筆交易的金額風險。固定金額風險的計算現在成了：

$$每筆交易的金額風險 = \frac{更高的新帳戶餘額}{固定資金單位數}$$

賺錢且帳戶餘額增加時，固定單位會要求每筆交易拿更多的錢去冒險。雖然交易單位數（在帳戶減為零之前，想要交易的數目）會維持固定，每筆交易實際金額風險會增加。

現在，只有在帳戶餘額增加時，每單位的金額風險才會發生變化。在賠錢時，它不會降低。如果你處於賠損，固定單位仍會要求你每筆交易依相同的金額風險去冒險。對交易人來說，這裡的關鍵變數是他們想要交易的固定資金「單位」數。

根據第4章有關破產風險的討論，一位交易人應該考慮擁有的最低單位數是20。在固定風險中，我們使用40個資金單位，所以就這個例子來說，我將假設交易人的偏好是擁有30個資金單位。

如果一名交易人一開始有20,000美元的帳戶餘額，而且希望交易固定的30個資金單位，他只要將帳戶餘額除以30，就能算出每筆交易的金額風險。這將是他準備在每一筆交易上冒險的資金數量。在本例中是667美元。因此，你將只操作金額風險等於或低於667美元的交易。

要計算交易合約口數，只要拿固定金額風險除以個別交易風險（也就是，進場和停損價格之間的金額，加上經紀費用），務

表8.5 交易合約口數

金額風險	交易風險	交易合約口數	
		實際	取整數
$667	$800	0.8	0
$667	$350	1.9	1
$667	$265	2.5	2
$667	$200	3.335	3

必以無條件捨去法取整數。公式如下：

$$合約口數 = \frac{金額風險}{交易風險}$$

如果個別交易風險是200美元，根據這個公式來計算，你將交易三口合約（$667／$200）。假設固定風險為667美元，將交易的合約口數如表8.5所示。

現在，固定單位不同於固定風險的地方，在於金額風險並沒有維持固定。在帳戶餘額成長時，它會增加。表8.6顯示當帳戶餘額成長和單位數維持固定，金額風險如何增加。

圖8.13顯示，如何利用固定單位，快速累增合約。

為了說明方便，我假設個別交易的固定風險為667美元。個

表8.6 各種帳戶餘額的交易合約口數

帳戶餘額	固定單位	金額風險	交易風險	交易合約口數	
				實際	取整數
$20,000	30	$667	$800	0.8	0
$30,000	30	$1,000	$350	2.9	2
$40,000	30	$1,333	$265	5.0	5
$50,000	30	$1,667	$200	8.333	8

合約口數		帳戶餘額水準	個別合約總利潤							
			第一口合約 $51,857	第二口合約 $31,857	第三口合約 $21,857	第四口合約 $15,190	第五口合約 $10,190	第六口合約 $6,190	第七口合約 $2,857	第八口合約 $0
增加合約所需投入的努力相等	8									
	7	$160,000	$2,857	$2,857	$2,857	$2,857	$2,857	$2,857	$2,857	
	6	$140,000	$3,333	$3,333	$3,333	$3,333	$3,333	$3,333		
	5	$120,000	$4,000	$4,000	$4,000	$4,000	$4,000			
	4	$100,000	$5,000	$5,000	$5,000	$5,000				
	3	$80,000	$6,667	$6,667	$6,667					
	2	$60,000	$10,000	$10,000						
	1	$40,000	$20,000							
固定單位	30	$20,000								
		$667 初始								

圖 8.13 合約口數增加的帳戶水準

別交易的風險當然會隨著個別交易的格局而上下波動。但是,為了本例說明方便起見,固定的交易風險也會適當地說明固定單位可以如何迅速累增合約。

帳戶初始金額為 20,000 美元,交易固定的 30 個資金單位,交易人可以每筆交易拿 667 美元去冒險。一旦帳戶增抵 40,001 美元,交易人就能交易二口合約,假設每口合約的交易風險仍為 667 美元($40,000 ／ 30 = $1,333)。

$$2 = \$1,333 ／ \$667$$

一旦帳戶增抵 60,001 美元,而且交易人能夠交易三口合約($60,000 ／ 30 = $2,000)。

$$3 = \$2,000 ／ \$667$$

從圖8.13可以看出，每一口額外的合約需要賺的利潤越少，因此能讓交易人快速累增合約。這有助於交易人賺取幾何利潤（假設這套策略維持穩定）。

應用固定單位資金管理策略到Forex_Trader的成果，第一個要問的問題是：固定單位是否能達成資金管理目標，也就是賠錢時交易較少合約，賺錢時交易較多合約。

答案是肯定的，也是否定的。

答案是否定的，因為當你賠錢，固定單位仍會期望你拿固定金額風險去冒險，你沒有機會在賠損時交易較少的合約，或者拿較少的錢去冒險。在賠錢時，每一筆交易都拿帳戶餘額更高的百分率去冒險，實際上是在賠損時，增加破產風險。

答案為肯定的，因為在你獲利時，帳戶餘額不斷增加，你的金額風險增加，允許你交易更多的合約。因此，達到最大合約數允許固定單位賺進超過2,200萬美元！這個數字顯著高於單一合約的255,100美元淨利。由此可見，固定單位確實允許交易人享有幾何利潤。

正如我前面提到的，由於這套策略能夠迅速累增合約，我將它能夠交易的最大合約口數限於100。這是為了避免沖昏頭，交易高達1,100口合約〔（$22,000,000 ／ 30）／ $667〕並不切實際。

總而言之，固定單位的成果驚人。在最高金額和百分率賠損分別為1,363,750美元和32%下，它能達成超過2,200萬美元的淨利。固定單位法具有很高的淨利相對於賠損比率，每1美元的賠損痛苦，產生16美元的利潤，而且各筆交易之間的標準差為8.5%。

雖然成果驚人，固定單位和固定資本一樣，在賠損期間顯得脆弱。圖8.14顯示固定單位如何因應災難性虧損。

因此，雖然幾何利潤看起來十分驚人，卻是承受極高的風險

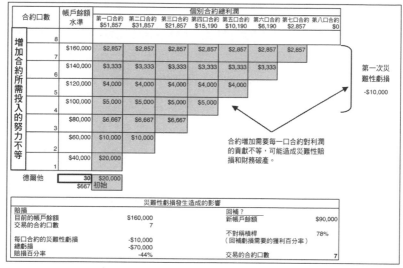

圖8.14　固定比率資金管理 策略如何因應災難性虧損

得來的。

　　如果交易七口合約，每口合約發生災難性的10,000美元虧損，那麼160,000美元的帳戶餘額，會有44%的賠損。這樣的賠損需要穩健的78%獲利，才彌補得回來。

　　雖然需要很大的回升幅度，但是和固定資本的交易人只能在災難性虧損發生之後，以三口合約重新開始交易不同，固定單位交易人仍然保有以七口合約，繼續進行交易的火力。這對固定單位交易人而言是一大優勢，因為他們能在災難性虧損發生之後，保有賺取不錯利潤的能力。缺點是這麼做會大幅提高破產風險。

　　如果你相信你所用的策略有穩定的帳戶淨值曲線，就可以考慮採用固定單位交易，因為它能產生可觀的利潤。但是，它的缺點是不能在賠損時降低冒險金額，因此提高到達破產點的風險。不過，如同我說過的，如果你相信你的策略穩健且平順，它是值

得考慮的激進策略，因為在任何特定的連續30筆交易期間，非常不可能到達破產點（假設你的帳戶淨值曲線長期而言維持穩定）。此外，如果你希望保守一點，那麼你甚至可以用40個資金單位開始交易。另一個值得考慮的構想，是使用變動的「固定」單位數，也就是在某個帳戶水準，增加單位數。

雖然固定單位未能在賠損期間，降低交易人的風險，它確實具備某些優點。它允許小額帳戶交易人展開交易。它允許交易人迅速累增合約。它有足夠的彈性，允許交易人在任何特定的連續交易和發生停損的期間，增加交易的固定單位數，以降低風險。雖然它不會產生巨額賠損，卻允許交易人維持合約水準，保有藉交易以迅速彌補虧損的能力。

固定單位的另一個好處，是它能夠區別個別交易之間的風險。如果某筆交易的風險太高，它不會允許交易，因而降低曝險程度。雖然固定單位未能達成在賠損期間降低風險的資金管理目標，卻有助於管理個別風險，而且確實能夠賺取幾何利潤。

威廉斯固定風險

圖8.15顯示應用威廉斯固定風險策略時，Forex_Trader的績效。在討論它的含義之前，先來探討威廉斯固定風險資金管理。

你已經在我摘錄威廉斯所寫《短線交易的長線秘密》一書的部分內容中，了解這套策略。

$$合約口數 = \frac{金額風險}{最大虧損}$$

$$金額風險 = 帳戶餘額 \times 風險百分率$$

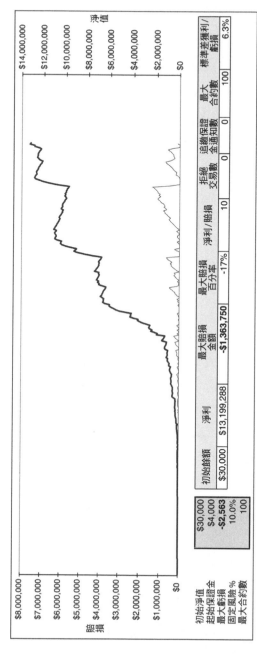

圖 8.15　使用威廉斯固定風險資金管理策略，Forex_Trader 的績效

風險百分率代表發生最大虧損時會失去的交易帳戶金額。

假設你有30,000美元的帳戶餘額，假設發生最大虧損時，你準備損失帳戶餘額的10%。如果是這樣，那麼你每筆交易損失的容允度是3,000美元（$30,000×10%）。這將成為你的每筆交易金額風險。如果你使用的策略所發生的最大虧損（或者預期最大虧損）是2,563美元，那麼你將只能交易一口合約。

$$1.0 = \frac{\$3,000（金額風險）}{\$2,563（最大虧損）}$$

和其他所有策略一樣，為保守起見，在計算交易的合約口數時，化整為整數。

假設固定風險為10%，最大虧損為2,563美元，你將交易的合約口數如表8.7所示。

這裡的關鍵變數是固定百分率風險和最大虧損。

在帳戶餘額增長的同時，威廉斯固定風險法需要重新計算每筆交易的金額風險。你可以用金額風險除以最大虧損，算出可交易的合約口數（切記要無條件捨去）。

圖8.16顯示交易人如何以威廉斯固定風險累增合約。

表8.7 交易合約口數

帳戶餘額	固定風險	金額風險	最大虧損	交易合約口數	
				實際	取整數
$30,000	10%	$3,000	$2,563	1.17	1
$50,000	10%	$5,000	$2,563	1.95	1
$70,000	10%	$7,000	$2,563	2.73	2
$90,000	10%	$9,000	$2,563	3.51	3

這個例子採用較高的30,000美元為起始規模。這是因為這套策略其實不能用在小額帳戶，除非最大虧損相當小，或者冒險百分率相當高。

　　一開始擁有30,000美元的帳戶和固定10%的風險，交易人在帳戶低於51,250美元時，只能交易一口合約。一旦帳戶金額高於51,250美元，交易人就能交易二口合約〔（$51,250×10%）／$2,563〕。當帳戶金額高於76,875美元，交易人可以交易三口合約〔（$76,875×10%）／$2,563〕。當帳戶金額跌到76,875美元，但維持在51,250美元之上，交易人只能交易二口合約。

　　從圖8.16可以看出，每一口額外的合約需要賺的利潤減少，因此允許交易人以相當快的速度累增合約。這有助於交易人賺取幾何利潤。

　　應用威廉斯固定風險資金管理策略到Forex_Trader的成果，第一個要問的問題是：它是否達成資金管理目標（賠錢時交易較

合約口數		帳戶餘額水準	個別合約總利潤							
			第一口合約 $62,067	第二口合約 $40,817	第三口合約 $28,004	第四口合約 $19,463	第五口合約 $13,057	第六口合約 $7,932	第七口合約 $3,661	第八口合約 $0
增加合約所需投入的努力不等	8									
	7	$205,000	$3,661	$3,661	$3,661	$3,661	$3,661	$3,661	$3,661	
	6	$179,375	$4,271	$4,271	$4,271	$4,271	$4,271	$4,271		
	5	$153,750	$5,125	$5,125	$5,125	$5,125	$5,125			
	4	$128,125	$6,406	$6,406	$6,406	$6,406				
	3	$102,500	$8,542	$8,542	$8,542					
	2	$76,875	$12,813	$12,813						
	1	$51,250	$21,250							
最大虧損		$2,563	$30,000							
固定風險（％）		10.0%	初始							

合約增加需要每一口新增的合約貢獻較小的利潤。

圖8.16　合約口數增加的帳戶水準

少合約，獲利時交易更多合約）。兩者的答案都為是。

當你賠錢，金額風險會降低。金額風險降低，可望交易的合約數會較少，或者交易規模的部位較小。當你賺錢，金額風險會增加。金額風險提高後，你將能交易更多的合約，或者以更大的部位規模去交易，因而達到最多合約口數。如此，威廉斯固定風險能賺進超過1,300萬美元，顯著高於單一合約的255,100美元淨利。威廉斯固定風險確實允許交易人享有幾何利潤。

和其他策略一樣，我將最大合約口數限為100口。總結而言，威廉斯固定風險產生高於1,300萬美元的淨利，最大金額和百分率賠損分別為1,363,750美元和17%。每1美元年的賠損痛苦，會產生10美元的利潤，而且這套策略在各筆交易之間的標準差是6.3%。

雖然成果可觀，你仍然應該考慮這套策略如何處理10,000美元的災難性虧損，如圖8.17所示。

雖然幾何利潤看起來驚人，但它們並非不必承受風險。交易七口合約時，每口合約發生災難性的10,000美元虧損，會使205,000美元的帳戶餘額產生34%的賠損。這個賠損需要獲利52%才能彌補。依我之見，以交易人受到災難性虧損重創的情況來說，這點相當合理。此外，威廉斯固定風險的一個好處是，交易人只會減少二口合約的水準。交易人可以繼續交易五口合約，而且可以合理期望相當快速地藉交易彌補賠損。這套策略遭到批評的一點，是小額帳戶交易人不易到達展開交易的門檻。

但是總而言之，威廉斯固定風險不只達成資金管理目標，在賠錢時減少交易，賺錢時增加交易，也能相當從容自在地因應災難性虧損。

合約口數	帳戶餘額水準	個別合約總利潤							
		第一口合約 $62,067	第二口合約 $40,817	第三口合約 $28,004	第四口合約 $19,463	第五口合約 $13,057	第六口合約 $7,932	第七口合約 $3,661	第八口合約 $0
8	$205,000	$3,661	$3,661	$3,661	$3,661	$3,661	$3,661	$3,661	
7	$179,375	$4,271	$4,271	$4,271	$4,271	$4,271	$4,271		
6	$153,750	$5,125	$5,125	$5,125	$5,125	$5,125			
5	$128,125	$6,406	$6,406	$6,406	$6,406				
4	$102,500	$8,542	$8,542	$8,542					
3	$76,875	$12,813	$12,813						
2	$51,250	$21,250							
1									

增加合約所需投入的努力不等

第一次災難性虧損 -$10,000

合約增加需要每一口新增的合約貢獻較小的利潤。

最大虧損	$2,563	$30,000
固定風險（%）	10.0% 初始	

災難性虧損發生造成的影響			
賠損		回補？	
目前的帳戶餘額	$205,000	新帳戶餘額	$135,000
交易的合約口數	7		
		不對稱槓桿	52%
每口合約的災難性虧損	-$10,000	（回補虧損需要的獲利百分率）	
總虧損	-$70,000		
賠損百分率	-34%	交易的合約口數	5

圖8.17　威廉斯固定風險資金管理策略如何因應災難性虧損

固定百分率

　　圖8.18顯示應用固定百分率時，Forex_Trader的績效。在我討論它的含義之前，我將先探討固定百分率資金管理。

　　固定百分率可能是專業交易人最常用的資金管理策略。如果你覺得所有這些資金管理策略難以理解，不如單純地「追隨贏家」並執行他們所用的策略——固定百分率，結果可能不會比較差。

　　固定百分率限制虧損在帳戶餘額的固定百分率。根據固定百分率計算交易的合約口數，公式如下：

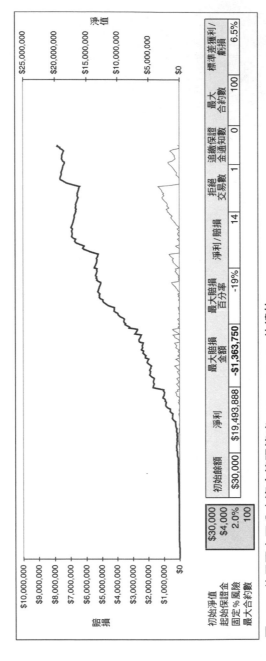

圖 8.18　使用固定百分率資金管理策略，Forex_Trader 的績效

$$合約口數 = \frac{固定百分率 \times 帳戶餘額}{個別交易風險}$$

　　如果你有30,000美元的帳戶餘額，想要限制風險在帳戶的2%，而且你面對500美元的交易風險，那麼你的交易口數為一口合約〔（$30,000×0.02）／$500=1.2或1.0〕。

　　表8.8顯示可以交易的合約口數如何隨著帳戶餘額和每筆交易的個別風險而變化。

　　為保守起見，表中數字為無條件捨去取整數。你需要決定每一筆交易想要拿帳戶餘額的多少百分率去冒險。隨著帳戶餘額成長，你將能拿更多錢去冒險，交易更多合約。同樣的，如果帳戶餘額下降，你會受到限制，只能拿較少錢去冒險，交易較少合約。

　　圖8.19列示固定百分率如何累增合約。

　　圖8.19中，以30,000美元為起始帳戶餘額，而任何一筆交易只冒帳戶2%的風險。為便於解釋，我假設每一筆交易的固定風險是500美元。如圖8.19所示，一旦帳戶餘額升抵50,000美元，就可以交易二口合約〔($50,000 × 0.02)／$500=2.0〕。一旦二口合約賺到總利潤25,000美元，而且達到75,000美元，就可以交易三口合約，以下依此類推。

表8.8　交易合約口數

帳戶餘額	固定%	固定%金額	交易風險	交易合約口數	
				實際	取整數
$30,000	2%	$600	$200	3.0	3
$40,000	2%	$800	$650	1.2	1
$50,000	2%	$1,000	$350	2.9	2
$60,000	2%	$1,200	$265	4.5	4

合約口數	帳戶餘額水準	個別合約總利潤							
		第一口合約 $59,821	第二口合約 $39,821	第三口合約 $27,321	第四口合約 $18,988	第五口合約 $12,738	第六口合約 $7,738	第七口合約 $3,571	第八口合約 $0
8									
7	$200,000	$3,571	$3,571	$3,571	$3,571	$3,571	$3,571	$3,571	
6	$175,000	$4,167	$4,167	$4,167	$4,167	$4,167	$4,167		
5	$150,000	$5,000	$5,000	$5,000	$5,000	$5,000			
4	$125,000	$6,250	$6,250	$6,250	$6,250				
3	$100,000	$8,333	$8,333	$8,333					
2	$75,000	$12,500	$12,500						
1	$50,000	$20,000							
固定% 交易風險	2% $500	$30,000 初始							

合約增加需要每一口新增的合約貢獻較小的利潤。

增加合約所需投入的努力不等

圖8.19　合約口數增加的帳戶水準

如資料所示，固定百分率在下一個合約水準上，每一口合約只需要貢獻比較少的利潤。不同的合約水準貢獻的利潤不一樣，固定百分率法得以穩定的步調累增合約。

圖8.18顯示Forex_Trader使用固定百分率的績效。帳戶起始規模為30,000美元，限制風險為帳戶餘額的2%，無條件捨去取整數，交易以100口合約為上限，根據這些條件，Forex_Trader賺取的利潤超過1,900萬美元，而承受最高金額和百分率賠損分別為1,363,759美元和19%。固定百分率每1美元的賠損痛苦，可以賺到14美元的利潤，而且各交易的標準差是6.5%。

固定百分率法能否達成資金管理目標？答案為是。賠錢時，固定百分率法會約束你拿比較少的錢去冒險，交易比較少的合約。賺錢且帳戶餘額成長時，固定百分率法容允你拿更多錢去冒險，因此交易更多的合約。

固定百分率和固定風險、固定單位、威廉斯固定風險一樣，

也能協助管理個別交易的風險。由於你受到限制，帳戶只能曝險於一個最高的固定百分率，你能做的交易會受到限制。以Forex_Trader為例，固定百分率會因為金額風險對帳戶來講太高而拒絕執行一筆交易。因此，除了提供良好的資金管理策略，固定百分率也有助於管理個別的交易風險。

固定百分率遭到的一個批評，是小額帳戶交易人難以到達交易門檻。如果你的風險資本限於10,000美元，你會發現很難找到一筆交易的風險小到足以交易。如果你想要限制風險於10,000美元帳戶的2%，你也許只能交易金額風險為200美元或更低的訊號，而且你可能發現這樣的訊號並不多。

專業交易人偏愛固定百分率的主要原因，是因為它能極有效地降低交易人的破產風險。務請記住，專業交易人並不注重他們能賺多少錢，而是他們能否盡其所能妥善管理風險，而固定百分率在管理風險上，效果非常好。表8.9清楚顯示這一點。

表8.9顯示，每一筆虧損限於帳戶餘額的固定百分率，交易需要連續虧損多少次，帳戶餘額才會成為零。舉例來說，如果以零帳戶餘額為破產點，每一筆交易拿帳戶餘額的固定5%去冒險，需要連續虧損104筆交易，帳戶餘額才會成為零或者破產。

表8.9　破產之前的虧損交易筆數

帳戶的固定 % 風險	破產之前的 虧損交易筆數
5%	104
4%	130
3%	174
2%	263
1%	528
0.5%	1,058

增加合約所需投入的努力不等

合約口數	帳戶餘額水準	個別合約總利潤 第一口合約 $59,821	第二口合約 $39,821	第三口合約 $27,321	第四口合約 $18,988	第五口合約 $12,738	第六口合約 $7,738	第七口合約 $3,571	第八口合約 $0
8									
7	$200,000	$3,571	$3,571	$3,571	$3,571	$3,571	$3,571	$3,571	
6	$175,000	$4,167	$4,167	$4,167	$4,167	$4,167	$4,167		
5	$150,000	$5,000	$5,000	$5,000	$5,000	$5,000			
4	$125,000	$6,250	$6,250	$6,250	$6,250				
3	$100,000	$8,333	$8,333	$8,333					
2	$75,000	$12,500	$12,500						
1	$50,000	$20,000							
固定％	2%	$30,000							
交易風險	$500	初始							

第一次災難性虧損 -$10,000

災難性虧損發生造成的影響			
賠損		回補？	
目前的帳戶餘額	$200,000	新帳戶餘額	$130,000
交易的合約口數	7		
		不對稱槓桿	54%
每口合約的災難性虧損	-$10,000	（回補虧損需要的獲利百分率）	
總虧損	-$70,000		
賠損百分率	-35%	交易的合約口數	5

圖8.20　固定百分率資金管理策略如何因應災難性虧損

如果只拿1%去冒險，則要528筆連續虧損的交易才會破產。大部分專業交易人設法拿低於1%的錢去冒險。如果冒險的百分率只占帳戶餘額的0.5%，則需要連續虧損1,058筆交易，帳戶餘額才會成為零。

換個方式來說。採用固定風險時，將小額帳戶分成20個資金單位，這是交易人想要以低破產風險交易，應該嘗試的最小數字。使用固定百分率和將風險限制為1%，將提供528個（遞減）資金單位。在發生一連串虧損時，有機會額外交易508個訊號，有助於提高固定百分率交易人的生存機會。

圖8.20列示了固定百分率面臨災難性虧損時的因應狀況。

使用與前面相同的例子，固定百分率法面臨災難性虧損時似乎因應得相當好。假設10,000美元的虧損，發生在帳戶餘額為

200,000美元的相同七口合約水準，預期會發生70,000美元或者35%的賠損。發生這種事雖然痛苦，你還是能夠繼續交易。根據不對稱槓桿，你必須獲利54%才能彌補虧損，而且你可以用七口合約開始做這件事，因為你只減少兩口合約水準。如此看來，即使這種災難性虧損發生，也不是很糟的處境。

固定波動性

圖8.21為應用固定波動性資金管理策略時，Forex_Trader的績效。在討論它的含義之前，先探討固定波動性資金管理。

固定波動性也可以稱做固定百分率波動性，因為它是限制市場的波動性於帳戶餘額的固定百分率。

計算交易合約口數的公式如下：

$$合約口數 = \frac{固定百分率 \times 帳戶餘額}{市場波動性}$$

市場波動性指的某特定期間內市場的波動。市場波動性的量數，可能是10日、20日或30日的每日波動區間平均值。你可以只用一週或一個月的時間架構去衡量波動性。最好是調整波動性量數，與交易時間架構一致。短線交易人可以使用日量數，而長線順勢交易人（擁有大額帳戶）可以使用月量數。我們討論的時間架構和波動性量數是每天。

要衡量市場的波動性，或者高點到低點之間的行進距離，你可以使用實際的日區間（daily range）或者它的真實區間（true range）。真實區間會將前一天的收盤價和當天實際高價或低價之

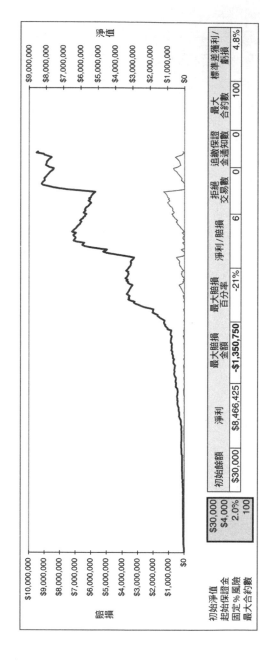

圖 8.21 使用固定波動性風險資金管理策略，Forex_Trader 的績效

間的任何缺口都納入考慮。

　　基本上，如果前一天的收盤價低於當天的低點，或者高於當天的高點，都會用以衡量真實區間（或者行進的真實距離）。偏好區間一旦界定，就可以選擇一段期間，計算平均值。這個例子中，我會以10日平均真實區間（average true range；ATR）衡量市場的波動性。

　　固定波動性並不考慮單一交易的個別風險。如果市場波動性量數落在固定百分率的帳戶限制內，就執行那筆交易，而不管它的個別風險。同樣的，如果市場的波動性擴大，並且超越固定百分率的帳戶限制，那筆交易就不獲選執行，不管它的個別交易風險是多少，即使只拿100美元冒險。

　　丹尼斯教導他那些著名的海龜交易人使用的，就是這套資金管理策略。

　　我們來看一個例子。初始帳戶餘額為50,000美元，限制市場的波動性固定為帳戶餘額的2%，我假設貨幣市場當時的10日ATR為0.0031點。將這個點數乘以125,000美元的完全點值，算出市場的波動性為388美元（0.0031×$125,000）。也就是說，過去10天，貨幣市場平均每天的真實波動為388美元。如果我想限制市場的波動性固定在帳戶餘額的2%（$50,000×0.02=$1,000），那麼我只能交易二口合約（$1,000／$388=2.6或2.0）。

　　和其他策略類似，為保守起見，我採用無條件捨去取整數。

　　表8.10顯示交易的合約口數如何隨著市場的波動性而變化。

　　你可以看見交易的合約口數隨著市場的波動性而起伏，而市場的波動性是以10日ATR來衡量。此外，隨著帳戶成長，或者市場的每日波動性下降，交易人可望交易更多合約。同樣的，如果帳戶減少，或者市場的每日波動性擴增，交易人將預期交易較

表8.10　各種市場波動性水準的交易合約口數

帳戶餘額	帳戶餘額	固定%金額	交易風險（忽視）	市場的10日ATR			交易合約數	
				點	點值	\$\$ 成交金額	實際	取整數
\$50,000	2%	\$1,000	\$200	0.0031	\$125,000	\$388	2.6	2
\$50,000	2%	\$1,000	\$1,650	0.0045	\$125,000	\$563	1.8	1
\$50,000	2%	\$1,000	\$150	0.0075	\$125,000	\$938	1.1	1
\$50,000	2%	\$1,000	\$265	0.0125	\$125,000	\$1,563	0.6	0

少的合約（也就是縮減部位規模）。

　　圖8.22告訴我們，固定波動性如何允許合約累增。這個例子中，市場的10日ATR或者波動性維持不變於0.0060點，或者750美元（0.0060×\$125,000）。這當然不切實際，因為這個市場和所有市場一樣，不斷在變動──波動性會依市場狀況而持續擴增和縮小。

　　然而，為便於解釋，我們必須固定兩個變數（固定百分率和波動性），以觀察合約口數如何隨著帳戶餘額成長而增加。

　　固定波動性和固定資本、固定單位、威廉斯固定風險、固定百分率一樣，下一個合約水準的每一口額外合約需要貢獻的利潤減少，允許合約以穩定的步調累增。

　　我們要指出，如果你的交易方法使用10日ATR區間為停損點，那麼固定百分率和固定波動性會產生相同的資金管理成果。

　　圖8.21彙總了Forex_Trader使用固定波動性的績效。從30,000美元的帳戶操作起，限制帳戶餘額的2%於市場的10日ATR，無條件捨去取整數，交易上限為100口合約，如此一來，Forex_Trader的利潤超過840萬美元，而承受的最高金額和百分率賠損分別只有1,350,750美元和21%。固定波動性每1美元的賠損痛苦，對應6美元的利潤，而且交易之間的標準差是4.8%。

合約口數		帳戶餘額水準	個別合約總利潤							
			第一口合約 104732.14	第二口合約 59732.14	第三口合約 40982.143	第四口合約 28482.14	第五口合約 19107.14	第六口合約 11607.14	第七口合約 5357.143	第八口合約 0
8										
7		$300,000	$5,357	$5,357	$5,357	$5,357	$5,357	$5,357	$5,357	
6		$262,500	$6,250	$6,250	$6,250	$6,250	$6,250	$6,250		
5		$225,000	$7,500	$7,500	$7,500	$7,500	$7,500			
4		$187,500	$9,375	$9,375	$9,375	$9,375				
3		$150,000	$12,500	$12,500	$12,500					
2		$112,500	$18,750	$18,750						
1		$75,000	$45,000							
固定 %	2%	$30,000								
10 ATR	$750	初始								

增加合約所需投入的努力不等

合約增加需要每一口新增的合約貢獻較少的利潤。

圖8.22　合約口數增加的帳戶水準

　　固定波動性顯然達成了資金管理目標，超越單一合約255,100美元的利潤。不只在交易餘額下降或市場的波動性擴增時，減少交易的合約，也能在帳戶餘額成長或市場波動性縮小時，藉由交易更多的合約，賺取幾何利潤。

　　固定波動性能夠做到、前文介紹的策略做不到的一件事，是它能夠管理帳戶對市場波動性的曝險。當市場波動性高，固定波動性會提示交易較少合約，因為市場狂亂且危險。當市場平靜下來，固定波動性會提示交易更多，因為市場表現井然有序。

　　固定波動性無能為力的是管理交易的個別風險。不管一筆交易的風險如何，如果市場的波動性在固定百分率帳戶限制之內，這套方法都要求你接受所有的訊號。固定波動性遭到的另一個批評，與威廉斯固定風險和固定百分率相仿，即小額帳戶交易人難以交易。

　　圖8.23列示了固定波動性如何因應災難性虧損。

務請記住，測試固定波動性和災難性虧損的限制（使用一個固定的 10 日 ATR 為 0.0060 點，或者 750 美元），並不切實際。市場的波動性不會維持不變，因為每天的資訊不斷影響市場的力量。只要銘記這個限制，固定波動性在處理災難性虧損方面表現得確實相當好。假設 300,000 美元的帳戶，在相同的七口合約水準，發生 10,000 美元的虧損，你預料會承受 70,000 美元的虧損，或者 23% 的賠損。如果發生這種事，你還是能夠繼續交易。根據不對稱槓桿，需要 30% 的獲利才能彌補虧損，而且可能以六口合約進行，因為只減少一個合約水準。

　　七項反馬丁格爾資金管理策略的討論在此結束。這七項策略是：固定風險、固定資本、固定比率、固定單位、威廉斯固定風險、固定百分率，以及固定波動性。接著我要更深入觀察每一種

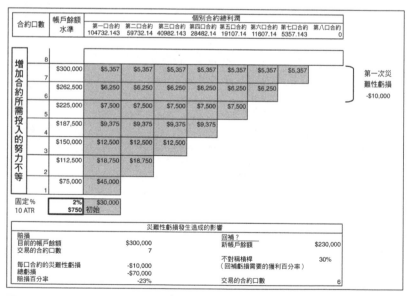

圖 8.23　固定波動性資金管理策略如何因應災難性虧損

策略，讓你對個別策略有進一步的洞見。

如何選擇資金管理策略？

圖8.24和表8.11彙總了Forex_Trader使用每一種資金管理策略的績效。

首先，我要談固定資本、固定單位、威廉斯固定風險、固定百分率和固定波動性之間的相同賠損。乍看之下，這似乎是異常現象，而且可能是個錯誤。事實並非如此。這只是交易樣本和每一套策略受到最大合約口數限制所致。當所有策略到達100口合約上限，Forex_Trader會出現最糟糕的賠損。在它們都交易100口合約的同時，都出現最糟賠損，因此賠損類似。

現在，我們回頭看一下這些相互競爭的策略。你必須接受一個事實，那就是在選擇資金管理策略時，沒有固定的判定標準。你必須個別觀察，全面考量。舉例來說，如果你對自己的帳戶淨值曲線將來會維持穩定滿懷信心，那麼你在策略選擇上可以激進一點。但是你必須記住，交易的首要目標是生存，所以如果你有

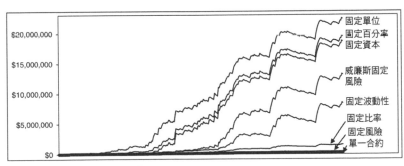

圖8.24　各種資金管理策略

表8.11　需要彌補虧損的各種獲利

	初始餘額	淨利	最大賠損金額	最大賠損百分率	淨利/賠損	拒絕交易數	追繳保證金通知數	最大合約數	標準差獲利/虧損
單一合約	$20,000	$255,100	−$13,638	−9%	19	0	0	1	2.3%
固定風險	$20,000	$151,538	−$4,725	−5%	32	195	0	4	2.7%
固定資本	$20,000	$18,667,238	−$1,363,750	−22%	14	0	0	100	7.4%
固定比率	$20,000	$1,585,188	−$162,413	−12%	10	0	0	13	3.8%
固定單位	$20,000	$22,402,163	−$1,363,750	−32%	16	1	4	100	8.5%
威廉斯固定風險	$30,000	$13,199,288	−$1,363,750	−17%	10	10	0	100	6.3%
固定百分率	$30,000	$19,493,888	−$1,363,750	−19%	14	1	0	100	6.5%
固定波動性	$30,000	$8,466,425	−$1,350,750	−21%	6	0	0	100	4.8%

信心，務必記得市場的最大逆境仍在耐性十足地虎視眈眈，伺機在你最想不到的時候出手伏擊。

但是我想，剔除固定風險法相當安全，因為它未能產生良好的利潤，即使它有最低的賠損、最低的標準差，以及最高的淨利相對於賠損比率。如此一來，你現在能選的策略只剩六個。

一個可用方法是選擇產生最低賠損百分率的策略。若此，可採取固定比率法交易，因為賠損只有區區12%。但是，威廉斯固定風險的賠損略高，只有17%，卻伴隨著8倍的利潤，大部分人可能喜歡威廉斯固定風險甚於固定比率。

威廉斯固定風險的獲利較高，但是波動性也比較大，因為它的個別交易成果產生6.3%的標準差，幾乎是固定比率的兩倍。固定波動性的獲利顯著高於單一合約的成果，而賠損為21%，標準差為4.8%，相當合理。整體而言，非常吸引人。由此可見，判斷準則並沒有一套標準，必須考慮個人的風險忍受度和需求。

你也可以忽略賠損百分率。賠損百分率雖然重要，卻只考慮

決策方程式的一邊，即風險。它並沒有提供另一半的任何回饋資訊，即報酬。這件事很重要，務請記住。選擇合適的策略，除了滿足個人風險忍受度，也必須衡量可能的報酬。

觀察賠損百分率的另一種替代方法，是衡量實際的賠損金額相對於產生的報酬金額。這是一個簡單的風險相對於報酬問題：哪一項策略會在承受每一塊錢的賠損或風險時，產生最佳的價值或報酬？

要回答這個問題，請觀察淨利相對於賠損金額的比率，或者我所說的價值報償（value payoff），計算公式如下：

$$價值報償 = \frac{淨利}{金額賠損}$$

在這裡，選擇策略的著眼點在於，發生賠損、必然承受痛苦時，要能產生最高的報酬金額。也就是在最大的賠損期間，每少掉一塊錢，交易貢獻了多少金額？與其只顧風險面，你應該睜開一隻眼睛看報酬面。表8.12顯示，每投入一元的風險金額，何種策略提供最高的報酬金額。

如表中所示，在最糟糕的賠損期間，每少掉一元風險金額，固定風險能提供最高的報酬金額。但是，由於固定風險的利潤最低，我想不會有許多交易人考慮使用它。如果你也忽視單一合約的成果，那麼固定單位在下列的標準之下，會是理想的資金管理策略：在最糟的賠損期間，每發生1元賠損的痛苦，對應了16元的獲利。使用這個標準的唯一缺點，是固定單位也產生最高的標準差，使得它的成果波動性最大（更別提在賠損期間，破產風險比較高）。

表8.12　**價值報償表**

	淨利	最大賠損金額	淨利/賠損	標準差 利潤/虧損
固定風險	$151,538	-$4,725	32	2.7%
單一合約	$255,100	-$13,638	19	2.3%
固定單位	$22,402,163	-$1,363,750	16	8.5%
固定資本	$18,667,238	-$1,363,750	14	7.4%
固定百分率	$19,493,888	-$1,363,750	14	6.5%
固定比率	$1,585,188	-$162,413	10	3.8%
威廉斯固定風險	$13,199,288	-$1,363,750	10	6.3%
固定波動性	$8,466,425	-$1,350,750	6	4.8%

　　風險相對於報酬的價值報償，雖然是選擇策略的合理判斷準則，但還是需要考慮其他問題。表8.13彙總了每種策略的關鍵特色，有助於確認需要考慮的問題。

　　最重要的特色是頭兩個——資金管理的目標。只有固定風險未能在賠錢時縮減交易規模，以及在賺錢時增加合約。固定單位也未能在賠錢時縮減交易，但在賺錢時交易更多合約。

　　其餘策略的重要特色和合約貢獻的利潤有關。這對每一種策略因應災難性虧損的能力有直接的影響。雖然市場的最大逆境極不可能發生，我們卻應該尊重這種可能性的存在。你需要相信市場能夠且將造成「始料未及的」災難性虧損。

　　一種策略能夠賺取幾何利潤的秘訣，在於它能夠累增合約的速度。累增合約最快的策略，是每增加一口合約只要貢獻較少的利潤。它們會更快開始交易更多合約，並且賺取較高的利潤。這種不等的投入，使得這些策略（固定資本、固定單位、威廉斯固定風險、固定百分率和固定波動性）看起來是顯而易見的明星。但是，壓力來臨時，例如10,000美元的災難性虧損，明星就會失

表8.13　各種策略的關鍵特色彙總

關鍵特色	單一合約	固定風險	固定資本	固定比率	固定單位	威廉斯固定風險	固定百分率	固定波動性
達成資金管理的關鍵目標？								
虧損的時候減少交易以保本和將破產極小化？	X	X	✓	✓	X	✓	✓	✓
獲利的時候增加交易以追求幾何利潤？	X	X	✓	✓	✓	✓	✓	✓
要求每一口合約有同等的貢獻？	X	X	X	✓	X	X	X	X
管理災難性虧損？	✓	✓	X	✓	✓	✓	✓	✓
管理小額帳戶？	✓	✓	✓	✓	✓	X	X	X
管理個別交易風險？	X	✓	X	X	✓	X	X	X
管理市場波動性？	X	X	X	X	X	X	X	✓
破產機率最低？	X	X	X	X	X	X	✓	✓

去它們的光芒。這是因為它們累增合約是根據越來越小的利潤貢獻——當災難性虧損發生在較高的合約水準，它們並沒有累積的利潤可以依賴。

表8.14列示了每一種策略如何因應災難性風險。

固定資本因為能以最快的速度累增合約，看起來似乎是獲利明星，但這是因為每一口額外的合約只需貢獻最少的利潤。因此，固定資本在災難性虧損發生時，會帶來一場浩劫，也就是產

表8.14　各種策略的災難性虧損彙總

	帳戶餘額	合約口數	每口合約的災難性虧損	總虧損	賠損百分率	不對稱槓桿	回補合約數
單一合約	$255,100	1	−$10,000	−$10,000	−4%	4%	1
固定風險	$151,538	1	−$10,000	−$10,000	−7%	7%	1
固定資本	$120,000	7	−$10,000	−$70,000	−58%	140%	3
固定比率	$524,000	7	−$10,000	−$70,000	−13%	15%	7
固定單位	$160,000	7	−$10,000	−$70,000	−44%	78%	7
威廉斯固定風險	$205,000	7	−$10,000	−$70,000	−34%	52%	5
固定百分率	$200,000	7	−$10,000	−$70,000	−35%	54%	5
固定波動性	$300,000	7	−$10,000	−$70,000	−23%	30%	6

生58%的賠損，需要靠一口合約賺取140%的利潤，才能靠不對稱槓桿回補虧損。因此，固定資本或許不應該在你的考慮之列。

到了這個階段，策略選擇縮小到固定比率、固定單位、威廉斯固定風險、固定百分率和固定波動性。

固定單位也會因為災難性虧損而受害，但它仍保有完整的七口合約，也能夠藉交易，在合理的時間內，擺脫賠損。

其餘的策略都能在災難性虧損之後存活下來，但固定比率和固定波動性存活的狀況比較好。它們分別只需要15%和30%的獲利，就能從不對稱槓桿中回補虧損，低於固定百分率需要獲利的54%和威廉斯固定風險的52%。

如果你是小額交易人，帳戶只有10,000美元，你會發現很難使用威廉斯固定風險、固定百分率或固定波動性資金管理策略去交易。你幾乎不可能找到夠小的單一交易，或者市場波動性夠低的時候，允許你去交易。因此，如果你是小額交易人，固定比率和固定單位似乎是比較適合你採行的策略。而如果你偏愛聚焦在風險控制上，那麼固定比率會優於固定單位，因為它從災難性虧損遭受到的賠損較小，而且個別交易的成果波動性較低。唯一的缺點是，固定比率只產生150萬美元，而固定單位高達2,200萬美元。這從來不是容易的決定。但是，正確的保守選擇，會是選固定比率勝過固定單位。務請記住，身為專業風險管理人，你的目標是生存，不是賺得厚利。而當你的帳戶成長，你接著可能考慮改為使用威廉斯固定風險、固定百分率或固定波動性。

固定比率為何能將災難性虧損處理得那麼好，這點值得了解。和其他策略不同，它要求每一口合約貢獻相等的利潤。固定比率為它的多口合約，創造堅實的基礎。雖然在連續虧損發生的情況下，它會賠錢，但它的每一口合約賺進的利潤多於其他的任

何策略，讓它能將災難性虧損處理得更好。

但是，固定比率不是處理漫長的連續虧損交易的最好策略。它和固定百分率不同，無助於管理單一交易的個別風險，而是期望接收所有訊號。此外，它不允許在長期的一連串虧損交易期間，降低金額風險。在滑落到較低的合約水準時，只能縮減合約口數。除非你加快減少合約口數的速率，否則固定比率會以比較緩慢的速度，縮減和降低每筆交易的金額風險。

雖然檢視每種策略如何在災難性虧損之後存活下來，是個有用的做法，但它並沒有真正反映交易人和資金管理策略經常身處的一般市場狀況。最有可能出現的情形是，你會經歷一長串的虧損交易，而不是發生災難性虧損。如果是這樣，威廉斯固定風險、固定百分率以及固定波動性會優於固定比率。因為它們是極小化破產風險的最佳策略，而這正是為什麼專業交易人偏愛選擇固定百分率的原因，因為它在這方面表現最好。

最大合約限制

我為每種策略能夠交易的最大合約口數設定了上限。這是要讓分析更為務實。這種做法的缺點是限制了每種策略的全部潛力。這項限制對每種策略的成果產生顯著的影響。舉例來說，大部分金額賠損的規模類似，因為它們發生在大部分策略已經到達100口合約的限制，或者正交易100口合約時。因此，這項限制消除了大部分策略在金額賠損上的任何差異，掩蓋了你可以學到的任何真實資訊。因此，我認為最好是從許多個不同的角度，觀察它們的績效。

到達合約限制的速度

表8.15顯示每一種策略能以多快的速度到達100口最大合約限制。

如圖8.15所示,固定單位率先到達100口合約限制,在26%的資料樣本集時達成。如果你尋找的是最激進的策略、以最快的速度累增合約,那麼可以考慮使用固定單位。如果你格外保守,並且偏愛延後擴增部位規模,那麼可以考慮固定波動性,因為它到達合約限制的速度最慢,在76%的資料樣本集時達成。如果你偏愛比固定波動性更快,但比固定單位慢,你或許可以選擇使用威廉斯固定風險或固定百分率為你喜愛的資金管理策略。

無限制時的完全潛力

去除100口合約的限制之後,每種資金管理策略的完全成果,如表8.16所示。

結果如何呢?贏家是固定單位,成果荒謬到有如瞞天大謊,高達4,360億美元!但是付出的代價不小。賠損為83%,標準差

表8.15　到達100口合約的速度

	交易總筆數	允許的最多合約數	到達的最大合約數	到達最大合約數時的交易部位	
				交易筆數	交易%
單一合約	362	100	1	NA	
固定風險	167	100	4	NA	
固定資本	362	100	100	121	33%
固定比率	362	100	13	NA	
固定單位	361	100	100	93	26%
威廉斯固定風險	362	100	100	207	57%
固定百分率	361	100	100	153	42%
固定波動性	362	100	100	275	76%

表8.16　沒有100口合約限制下，各種策略的完全潛力

	初始餘額	淨利	最大賠損金額	最大賠損百分率	淨利/賠損	拒絕交易數	追繳保證金通知數	最大合約數	標準差獲利/虧損
單一合約	$20,000	$255,100	−$13,638	−9%	19	0	0	1	2.3%
固定風險	$20,000	$151,538	−$4,725	−5%	32	195	0	4	2.7%
固定資本	$20,000	$12,144,227,375	−$4,194,172,650	−61%	3	0	0	866,672	13.8%
固定比率	$20,000	$1,585,188	−$162,413	−12%	10	0	0	13	3.8%
固定單位	$20,000	$436,291,722,113	−$186,714,403,862	−83%	2	1	12	68,602,176	23.8%
威廉斯固定風險	$30,000	$100,591,275	−$22,762,050	−42%	4	4	0	4,084	7.9%
固定百分率	$30,000	$699,003,363	−$198,115,237	−40%	4	1	0	62,588	8.8%
固定波動性	$30,000	$12,188,113	−$2,332,475	−29%	5	0	0	607	5.2%

為23.8％，而且必須在資料樣本集找到6,800萬口合約去交易。我告訴過你，這些資金管理策略有可能失控！

有趣的是，這些完全的成果可能讓你更了解策略的賠損和波動性。雖然固定單位是贏家，83%的賠損卻有如自殺，而且獲利和虧損波動極大。它也需要交易不切實際的6,800萬口合約。今天世界上沒有一個交易所一天的高流動性期貨合約交易量高達6,800萬口合約。

固定資本也有相同的缺點，賠損高達61%、波動性高，交易合約口數也不切實際。

優良的風險管理人會轉而採行威廉斯固定風險、固定百分率和固定波動性，因為它們的獲利和賠損組合相當好，而且固定波動性具備最高的淨利相對於賠損比率。

如果你把交易看成是一場馬拉松，我建議你在固定百分率和固定波動性之間作一選擇，因為它們有最高的利潤，賠損卻在可管理的範圍之內。

但是，不需要把交易看成是馬拉松，你也不需要獨立看待這些策略，只選擇其中一個，其他全部捨去。你不妨創造一個混合式方案，以滿足你的需求，例如在交易之初較激進，加快帳戶成長，然後變得比較保守，在可能賠掉更多錢時，拿較少的錢冒險。

我們現在從利潤目標的觀點來看各種策略。

利潤目標：10萬美元

假設有個交易人的第一個利潤目標是賺到10萬美元。表8.17列示每一種策略達到目標的速度。

如你所料，固定單位率先在4%的資料樣本集內，達成賺進10萬美元的利潤。表8.18彙總了每一種策略在10萬美元利潤標竿的績效。

這就有趣了。這個假設性的資料集顯示，固定單位的6%

表8.17　**到達10萬美元的速度**

	交易總筆數	利潤為10萬美元時的交易部位	
		交易筆數	交易%
初始帳戶餘額為2萬美元			
單一合約	362	150	41%
固定風險	362	176	49%
固定資本	362	68	19%
固定比率	362	128	35%
固定單位	362	15	4%
初始帳戶餘額為3萬美元			
威廉斯固定風險	362	119	33%
固定百分率	362	32	9%
固定波動性	362	67	19%

表8.18　利潤10萬美元時各種策略的績效彙總

	初始餘額	淨利	最大賠損金額	最大賠損百分率	淨利/賠損	拒絕交易數	追繳保證金通知數	最大合約數	標準差獲利/虧損
單一合約	$20,000	$103,163	-$4,187	-9%	25	0	0	1	3.1%
固定風險	$20,000	$101,250	-$4,200	-5%	24	62	0	4	3.7%
固定資本	$20,000	$101,150	-$14,750	-22%	7	0	0	7	6.9%
固定比率	$20,000	$121,213	-$5,625	-9%	22	0	0	3	4.2%
固定單位	$20,000	$126,013	-$3,163	-6%	40	1	1	11	22.8%
威廉斯固定風險	$30,000	$120,063	-$9,738	-14%	12	12	0	4	4.1%
固定百分率	$30,000	$102,600	-$14,163	-12%	7	1	0	15	10.3%
固定波動性	$30,000	$112,038	-$12,263	-13%	9	0	0	7	5.4%

賠損是第二低的百分率，但卻有最高的波動性，標準差高達22.8%。但是這樣的波動性並不是壞事，因為高標準差是由不計其數利潤較高的交易而來！根據這個資料樣本集，初期往10萬美元的利潤目標衝刺，固定單位是率先達到目標的突出策略，創造最多利潤、最低賠損，以及最高淨利相對於賠損比率。

利潤目標：100萬美元

現在假設一位交易人的獲利目標不是賺10萬美元，而是賺100萬美元。表8.19列示各項策略達成這個新高目標的速度。

如你所料，固定單位再次在25%的資料樣本集內，率先達成100萬美元的利潤。表8.20彙總每一種策略在100萬美元利潤目標的績效。

現在，績效指標有了變化。固定單位現在有最高的金額和百分率賠損，但它一樣贏得這場比賽，只是承受較多的痛苦！

使用這個資料樣本，如果目標是賺進100萬美元的利潤，交

表8.19　到達100萬美元的速度

	交易總筆數	利潤為100萬美元時的交易部位	
		交易筆數	交易%
初始帳戶餘額為2萬美元			
單一合約	362	NA	NA
固定風險	362	NA	NA
固定資本	362	132	36%
固定比率	362	269	74%
固定單位	362	89	25%
初始帳戶餘額為3萬美元			
威廉斯固定風險	362	180	50%
固定百分率	362	122	34%
固定波動性	362	204	56%

易人會考慮威廉斯固定風險、固定百分率或固定波動性。但是，如果速度是必要的，那麼固定百分率會比較理想，因為它在34%的資料樣本集中，賺進100萬美元，而威廉斯固定風險和固定波動性需要超過50%的交易，才能達成目標。

　　但是，如同我說過的，你不必非得只選擇一種策略，放棄其

表8.20　利潤100萬美元時各種策略的績效彙總

	初始餘額	淨利	最大賠損金額	最大賠損百分率	淨利/賠損	拒絕交易數	追繳保證金通知數	最大合約數	標準差獲利/虧損
單一合約	$20,000	$255,100	−$13,638	−9%	19	0	0	1	2.3%
固定風險	$20,000	$151,538	−$4,725	−5%	32	195	0	4	2.7%
固定資本	$20,000	$1,075,263	−$54,275	−22%	20	0	0	61	9.6%
固定比率	$20,000	$998,050	−$66,250	−9%	15	0	0	10	4.2%
固定單位	$20,000	$1,069,613	−$105,438	−32%	10	1	4	100	14.7%
威廉斯固定風險	$30,000	$1,038,713	−$85,500	−14%	12	12	0	38	6.3%
固定百分率	$30,000	$1,106,788	−$100,475	−19%	11	1	0	81	8.9%
固定波動性	$30,000	$1,040,563	−$58,850	−13%	18	0	0	27	5.2%

他所有策略。你還是可以根據帳戶規模，依偏好混合搭配。我認為，如果交易人偏好在一開始時較激進，可以用固定比率或固定單位交易，因為賠掉的錢較少，然後在帳戶規模擴增之後，轉為比較保守，因為這時可能賠掉更多錢。

沒有萬用策略

交易人各不相同，有不同的風險忍受水準，也對所用方法的帳戶淨值曲線能否維持穩定，抱持不同的信心水準。他們對於個別風險和市場波動性應該如何管理，有不同的看法。交易人的帳戶規模也不同。然而，儘管有這些差異，這裡提供的資訊，應該能夠協助你選擇你偏愛的資金管理策略。

如果你的帳戶規模小，你可能會傾向於採用固定比率或固定單位。固定比率的保守方法下，所有合約均需貢獻同等利潤。採用固定單位，累增合約的速度比較快，產生更多利潤，且能確保你至少擁有20個資金單位交易，藉以盡可能保護你免於破產。它的危險在於如果期望值轉為負數，而交易連續很長一段時間賠錢時。固定比率可能不會給你夠多的機會，藉交易以脫離困境。固定單位可能在你剛經歷連續15次虧損，而且減少到最後5個資金單位時，挑戰你的信心。

如果你的帳戶規模大，你可以考慮採用威廉斯固定風險、固定百分率或固定波動性。如果你限制每一筆交易的虧損為帳戶餘額的一個很小百分率，那麼固定百分率既具備較低的破產風險，也允許你以穩定的步調累增合約，並且賺取幾何利潤。此外，固定百分率在實施100口合約的限制時，能夠產生媲美於威廉斯固定風險和固定波動性的最高利潤，賠損相當溫和，只有19%，而且它確實產生最高的淨利相對於賠損比率14。

對各種策略更熟悉和更放心的最好方式，是在你的交易資料集上，測試每一種策略。你應該檢視每種策略對關鍵變數的敏感度。你也應該測試每種策略的災難性虧損。

蒙地卡羅模擬

蒙地卡羅（Monte Carlo）模擬是協助選擇過程的工具。這項技術有助於提高分析的穩健性。

雖然你可能已經發展出一套穩健的方法，擁有穩定的帳戶淨值曲線，你對各種策略在交易歷史資料上看起來的樣貌也感到放心，你卻無法肯定將來的交易資料會以相同的順序重複出現。蒙地卡羅模擬允許你對各種資金管理策略作徹底的上路測試。它以隨機的方式，混合交易歷史資料，你愛模擬多少次，就模擬多少次，並且記錄賠損和價值報償比率（淨利相對於賠損）等關鍵特徵的每一個順序。它接著計算平均值和標準差，檢視成果的分布狀況。從這些成果，你可以對策和方法的配適度更有信心。但是務請了解，它確實有其限制。它仍然有賴於將來發生相同的個別交易成果，而如果帳戶淨值曲線保持穩定，那就不會有問題。但是，如果你所用系統的成果開始惡化，那麼做多少次模擬都無關緊要，你的真實成果還是會很差。

關於蒙地卡羅模擬的進一步資訊，你可以透過我的網站www.IndexTrader.com.au，和我聯絡。

交易淨值動量

你現在知道適當的資金管理有多重要，你也知道它的限制。雖然資金管理能將期望值普通的方法化為賺錢機器，卻無法將負

期望值的方法化為正期望值的方法。它也不能告訴你所用的方法何時發生致命的出軌，或者正期望值何時轉為負數。雖然資金管理是對抗破產風險的第一武器，它卻未能提供早期警訊。這就是交易淨值動量（trading equity momentum）上場的時候了。

監視策略的淨值動量，可以給你早期的警訊，得知策略的淨值曲線是否開始變得不穩定。它會在策略完全行不通之前，提醒你注意。它會在策略的績效惡化到使你所有的風險資本消失一空之前，允許你退場觀望。

換句話說，為何你應該等你所用的資金管理策略告訴你何時停止交易？難道不應該有個更聰明、更早期的警訊，能夠協助你退場觀望？把錢賠光似乎是一條極端的路，但如果你所用方法的期望值轉為負數，這正是資金管理的最後處境。

你不必等到損失財務邊界的 10,000 美元風險資本，才知道你在賠掉 5,000 美元時就可能知道的事。有個早期警訊，例如在 3,000 美元時，就讓你知道你開始陷入麻煩，這是件好事。

你不只應該以正期望值方法交易，更應該以正淨值動量方法交易，或者換句話說，以淨值曲線穩定的方法去交易。如果以單一合約基礎計算的淨值曲線開始下挫，就應該準備退居場外，並且停止交易，直到正淨值動量回來。

關於這一點，我的意思是你的方法要設定停損點。交易要有停損點，交易方法也要有停損點，換句話說，就是系統停損點。

系統停損點

就像你在交易時使用停損點那樣，你也應該為交易設定系統停損點。即使你可能相信自己已經發展出穩健的正期望值方法，而且使用 TEST 程序，正確驗證這一點，還是不能保證你所用的

方法在將來某個時間，期望值不會轉為負數。使用系統停損點是必要的風險管理工具。

即使我知道我所用的策略擁有優勢，卻不能保證它們將來會繼續擁有優勢。我當然希望它們是這樣，而如果它們做不到，我會瞠目結舌，但我仍然必須尊重市場的最大逆境，並且準備迎接最糟的狀況。衡量帳戶淨值動量，有助於確定我所用策略的期望值是否開始滑落。我的每一種策略都使用系統停損點，防止我輸個精光。

設定系統停損點有三個目標。第一，確認所用方法的停損金額，也就是你所用系統停損點的規模。你可以藉此得知應該準備投資（或者說損失）多少錢（風險資本）於你所用的方法。第二，確認所用方法的帳戶淨值動量何時搖搖欲墜，並通知何時停止交易。第三，確認所用方法的帳戶淨值動量何時恢復，並通知何時重新開始交易。

秘訣就在於選擇一個有效的系統停損點。正如你在交易時，有多種不同的停損點可以使用，系統停損點可以使用的觀念也是應有盡有。良好的系統停損點一方面容允足夠的交易空間，一方面不致於空間大到傷害風險資本。

正如我說過的，千萬不要忘了一個事實，那就是如果你交易成功，並不是因為你是優秀的交易人；相反的，那是因為你是生存者，你是優良的風險管理人，而優良的風險管理人會做好準備，迎接所用的方法在將來某個時點失去優勢的可能性。

圖8.25顯示，新方法才剛開始交易，帳戶淨值曲線就下挫，由於帳戶淨值動量喪失，達到財務邊界的10,000美元風險資本限制，迫使交易人停止交易。在財務邊界風險資本喪失之前，停止交易，顯然是理想的做法，這是交易帳戶淨值動量派上用場的地

方。系統停損點會在交易人損失10,000美元風險資本之前,提醒他們。

系統停損點並不限於機械型交易人使用。不管你的交易方法是機械型,還是自由裁量型,你都應該設計、採用和執行系統停損點。雖然這對自由裁量型交易人來說比較困難,卻還是有可能辦到。

你需要建構單一合約帳戶淨值曲線,如此才能讓你覆蓋你的系統停損點。它應該包含三個部分:

・假設性的交易歷史
・在驗證期間蒐集的30筆用電子郵件寄出的模擬交易(TEST)
・實況假設性成果。

計算實況假設性成果時,忽略市場會在你實際交易時給你的滑價。這是因為你對所用方法能否維持它的優勢和帳戶淨值動

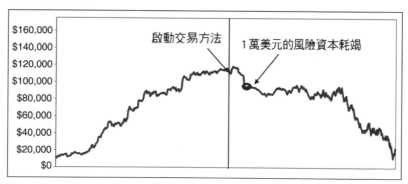

圖8.25　**沒設系統停損點就進場交易**

量比較感興趣，而不是想知道市場交易得多快，以及因此產生的滑價。雖然交易時會有即時的成果，忽視它們卻有利於假設性成果。

不管你是機械型交易人，還是自由裁量型交易人，你所用方法的帳戶淨值曲線，都應該持續不斷更新，並且保持「實況」。此外，你必須記得，淨值曲線是根據單一合約的交易而來，並且不涉及任何資金管理。你應該關注的是，在單一合約的基礎上（或者固定部位規模），你所用方法的原始優勢、它的期望值、它持續壯大淨值或者維持淨值動量的能力。如果應用資金管理策略，這些事情可能就看不到。

系統停損點沒有正確或錯誤的問題。箇中秘訣在於發展你覺得有道理的一個，然後堅守不懈。合適的系統停損點可能包括在賠損超過下列各項時，限制賠損：

- 財務邊界的10,000美元風險資本限制
- 以前的賠損
- 以前賠損的某個百分率
- 在以前的淨值擺盪低點之下的擺盪停損點（swing stop）
- 你的帳戶淨值的移動平均數
- 你的帳戶淨值的通路突破點
- 你的平均每月獲利倍數

由此可見，系統停損點的構想形形色色，可以盡情發想。要點是系統停損點能夠衡量帳戶淨值動量，尤其是在它搖搖欲墜，以及稍後回升時。

圖8.26中，我建構了一條利潤通路，追蹤40筆交易回顧

期（lookback period）的最低帳戶淨值曲線。40筆交易帳戶淨值曲線的最低點，可以做為有效的系統停損點。它會緊貼你所用的方法，在它持續寫下帳戶淨值新高之際，給它很大的賠損空間。

淨值曲線和追蹤利潤通路之間的距離，代表你所用系統停損點的金額大小。如果太大，你可以尋找比較接近帳戶淨值曲線的替代性系統停損點，或者你可以等待淨值動量減緩下來，使得淨值曲線和系統停損點之間的缺口夠小，才投入風險資本。圖8.26顯示，如果淨值曲線下挫到低於系統停損點，它會發出淨值動量喪失的訊號，並且指示應該停止訊號或格局的交易。如果單一合約淨值曲線能從虧損回升，而且交易高於利潤通路（系統停損點），它會指示你恢復交易。此時，利潤通路會恢復40筆交易的最低淨值，給你所用的方法恢復淨值攀升的空間。

這只是系統停損點的構想之一。還有其他許多構想可以探討。所有這些構想都需要一點努力，加上一點想像力。有一點很重要，也有必要了解，那就是系統停損點和交易停損點一樣，也有令人氣惱的相仿點。當離系統停損點太近時，即使一整年獲利

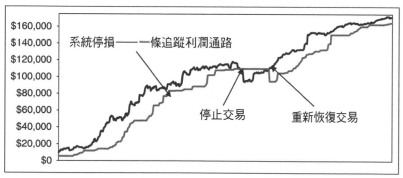

圖8.26　利潤通路系統停損

最多的交易當頭，它還是會停止用你的方法交易！系統停損點沒有對或錯。雖然系統停損點很有可能讓你錯過一些絕佳的交易，但這是成為優良風險管理人必須付出的一點小代價。

另一件必需了解的重要事情，是使用系統停損點的目的並不在追求最大利潤。使用系統停損點會降低獲利力，因為它會在策略開始脫離賠損時，要你退場觀望。你會錯過早期的淨值動量正向恢復走勢，而令你備感挫折。但是，由於系統停損點設計的目的不在追求最大利潤，所以沒有關係。系統停損點是設計來保本用的。我相信，錯過某些獲利機會的代價相當值得，因為你因此可以保存交易風險資本。

我相信，如果你能結合所用的方法和系統停損點，以及合適的資金管理策略，你就能創造我所說的更聰明的資金管理方案。

小結

至此，成功交易的第五項通則（三大交易支柱）中的第一根支柱已經完成。

你已經知道，資金管理是對抗破產風險的關鍵武器。由於交易的目標是生存，所以需要了解、執行適當的資金管理策略。如果你不能理解資金管理的精義，很可能被排除在10%的贏家圈之外。

檢視各種資金管理策略之後，我們曉得適當的資金管理對於生存和壯大有多重要。我們也討論了交易淨值動量加上有效的系統停損點的重要性。

我們討論了下述策略：

- 固定風險
- 固定資本
- 固定比率
- 固定單位
- 威廉斯固定風險
- 固定百分率
- 固定波動性

視個人的帳戶規模、風險忍受度、對個別交易風險的看法、對市場波動性的看法，以及對破產的厭惡程度，上述策略之一將協助你達成適當的資金管理。大部分策略會在你賠錢時強迫交易較少的合約，而在你獲利時交易更多合約，也就是在你賺錢時增加部位規模，賠錢時減少部位規模。

交易人在設計和選擇系統停損點時，可以充分發揮想像力，而有效的系統停損點應該能夠：

- 提供系統停損金額
- 確認帳戶淨值動量喪失，以停止交易
- 確認帳戶淨值動量恢復，以重新交易

結合系統停損點和適當的資金管理策略，就能打造更聰明的資金管理。下一章我會探討實務交易三大支柱中的第二根支柱：交易方法。

第9章

第二支柱：交易方法

　　交易方法即日常戰鬥指令，詳細說明如何透過交易，獲取期望值。交易方法包含兩個部分：一是**交易格局**（setups）；二是**交易計畫**。交易格局指找出將來可能有支撐或阻力的區域。它們指出你應該採取的交易取向——你應該尋求買進或賣出。交易計畫應該告訴你如何利用格局。對於如何進場、下停損點和出場，它應該要有明確的指示。

　　交易方法應該簡單、合乎邏輯。正如我說過的，它應該能夠通過麥當勞測試。也就是，一個十來歲的小孩能用你的方法去交易嗎？如果不能，那就表示它可能太過複雜、太過深奧，十之八九會垮。

　　一旦設計好方法，下一步就是使用TEST程序驗證期望值。如果結果為正值，淨值曲線相當平穩，利潤不需要依賴一兩筆出色的交易，這就是一套良好的方法。

　　最後一步是計算破產風險。資金管理策略和交易方法將在此

結合。從TEST結果可以得知所用交易方法經過驗證的準確率，和平均獲利相對於平均虧損的報償。這些再加上資金管理策略，就能使用我的破產風險模擬器（見附錄A和B）或者類似的方法模擬，估計統計上的破產風險。如果估計出來的破產風險是0%，你便能對所用方法抱持信心。如果不然，便需要回頭重新擬定。

這一章要探討交易方法的架構。當你研究各種市場行為與交易方法的理論時，把交易程序界定清楚，有助於提供堅實的邊界做為依據。

選擇交易方法的第一步，是決定追尋什麼類型的交易方式：自由裁量型或機械型交易。

自由裁量型或機械型交易

交易人通常分為三類：

· 自由裁量型交易人
· 機械型（或系統型）交易人
· 自由裁量機械型交易人

自由裁量型交易人採行富有彈性的交易計畫。他們發展出以準則為基礎的策略，具備寬廣的自由度，以決定要採取的行動。他們通常有一條準則是，如果不知道何去何從，或者對自己的格局沒有信心，不交易也可以。他們交易什麼和如何交易是有彈性的；他們也保留是否交易的最後決定權。

機械型交易人則遵循嚴格的交易計畫。他們發展出以準則為

基礎、絕不妥協的策略，也絕不偏離。他們不能任意決定要如何交易。他們會在每一個格局出現時，自動而有系統地交易。他們不去思考為何要交易，只想到執行交易。機械型交易人不能任意決定要執行哪些交易，系統產生的每個訊號，他們都必須交易。我自己就是機械型交易人。

顧名思義，**自由裁量機械型交易人**是自由裁量型和機械型交易人的混合型。他們發展出非常結構化的交易計畫，並據此交易。但他們會自行裁量什麼時候要遵循交易計畫。當他們決定交易，則會一絲不苟地遵循交易計畫。

分處兩端的自由裁量型和機械型交易，在情緒的層級上大不相同。機械型交易人在交易的時候，不必做任何決定。他們只要更新走勢圖、遵循他們的準則，並在見到訊號的時候執行交易就行。自由裁量型交易人總是必須做決定。自由裁量型交易人越是結構化，必須做的決定越少。自由裁量型比起機械型交易人，在情緒上總是比較吃力。

大部分交易人一開始時是自由裁量型交易人，而隨著時間過去，經由經驗和失望，他們在自由裁量型交易上，變得更為結構化和簡化。機械型方法有助於交易人在比較平衡的情緒層級上，取得一致和紀律。

如果你是交易新人，我勸你考慮一開始就用機械型交易方法，或者採用非常結構化而嚴格的自由裁量型交易計畫。你不必在整個交易生涯都當機械型交易人；但是，它會提供一個堅實的基礎，讓你決定最後要走哪一條路。

成功執行交易計畫的關鍵要素是一致和紀律，而機械型方法在這個領域提供絕佳的訓練。此外，由於有各式各樣的套裝軟體可用，機械型方法通常比較容易設計和執行初期的測試。我們來

看看一個完整交易方法的架構。

建立交易方法

交易方法指的是交易機制。追根究底，交易很簡單，就只是確認潛在的支撐和阻力水準，允許交易人：

- 下精確的停損點，一旦觸發，表示潛在的支撐或阻力水準失敗的證據浮現
- 當潛在的支撐或阻力水準守住，便享有獲利

這些務必謹記在心。力求簡單——不要把交易複雜化。身為交易人，你只要設法確認潛在的支撐和阻力水準就行。你的目標應該是，在你相信潛在的支撐或阻力水準成立並有利可圖時執行交易。不要讓市場理論或分析學派主宰你的想法，以至於忘掉了這一點。

交易風格

我說過，交易方法有兩種基本交易風格：

- 順勢交易
- 逆勢交易；或稱短線波段交易

我曾經建議你起初將精力集中在發展良好的順勢交易方法上，因為順勢交易最為安全。但是，假以時日，累積成功的經驗之後，你也應該發展互補的逆勢或短線波段交易方法。當順勢交

易方法開始發生虧損（由於市場不是時時都有趨勢所致），逆勢或短線波段交易方法會開始享有不錯的利潤。發展和交易順勢與逆勢交易方法，能享有更為平穩的帳戶淨值曲線。此外，隨著操作成功和經驗累增，也應該設法進一步分散策略，跨越多重時間架構，發展順勢與逆勢方法。你可以發展比較短期或比較長期的方法，和現有策略互補。目標是以跨越多重時間架構、不重複但彼此互補的多樣化交易方法組合去交易。你所用的每一種方法，核心都會是交易格局。

交易格局

交易格局應該確認潛在的支撐或阻力水準。良好的支撐水準不只存在於上漲趨勢；它也應該證實上漲趨勢。良好的阻力水準不只存在於下跌趨勢；它也應該證實下跌趨勢。格局是透過市場分析而發現。箇中秘訣在於決定使用何種分析學派，以確認潛在的支撐和阻力水準。 如圖9.1所示，要確認潛在的支撐和阻力水準時，有許多分析領域可以選擇。

大部分交易人把大多數時間花在鑽研市場行為的各種理論，想藉此尋找完美的進場技術。雖然這可能傷害他們的錢包和心靈，卻可能是他們在交易生涯中最迷人和富創意的經驗。尋找難以捉摸的優勢，總是令人振奮不已。相較於交易時寫出和下重複性的市場委託單，設計交易方法遠遠更富創意和令人滿足。

現在我不會花太多時間討論各種相互競爭的分析學派，因為我的重點是放在教你了解我的成功交易通則。在「方法」中檢討「格局」只是三大支柱的一部分，而三大支柱只是我的六個成功交易必要通則中的一個。但是我會簡單介紹這些交易分析學派在整體脈絡裡的位置。

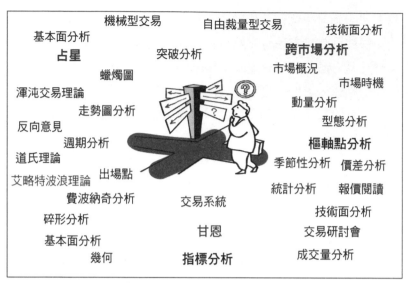

圖9.1　支撐與阻力的技術分析大觀園

　　假以時日，你很快就會發現，要找到擁有優勢、能夠確認潛在支撐和阻力水準的分析方法並不容易。看看市場上供售的種種方法，我相信你應該開放心胸，擁抱你擁有的選擇。你應該學習將你可能對某些技術面分析學派持有的偏見放到一旁，並且張開雙手，歡迎和交易有關的所有觀念。但是正如我在前面鼓勵你的，你要保留決定權，判斷一種觀念在你手中是否有價值。務請時時記住：你看過或聽過的某個交易觀念，不見得就適用於你。你聽過或看過的某些交易技術，不見得就是正確的選項。我或其他作者可能寫到某個交易觀念，但不見得因為這樣它就是真理。只有透過你自己的獨立驗證，交易觀念才能對你有用。而這包括我在本書寫的每一件事。你要像海棉那樣盡你所能吸收所有的觀念，但在此同時，請記住保持懷疑之心，並且準備自己做功課，

獨立驗證那個觀念，看看那個觀念能否獨立為你的交易策略提供期望值。而且在此同時，務必不斷問自己：那個觀念是否將有助於你確認潛在的支撐和阻力水準。

必須謹記在心的另一點，是你會聽到交易上什麼行得通的許多聲音。這些聲音從書籍和數位多功能影音光碟（DVDs），到演說和研討會都有。所有這些聲音會熱衷於談論他們特殊的分析學派。在你保持心胸開放，盡你所能傾聽許多聲音的同時，要不斷提醒你自己，在交易上什麼行得通，不可能每一種聲音都對。有些人是對的，有些人是錯的。不可能所有的人都對。你要做的就是確定哪種聲音對你而言最有道理，而且在你手中能給你最多的價值。請記住：在你能獨立驗證某種「聲音」將有所報償之前，務必保持懷疑之心。

在你搜尋喜愛的交易方法時，有一件事很重要，務必記住，那就是在你選定的分析未能確認潛在的支撐和阻力水準時、當你的TEST程序一直跑出負值時，絕對不要因此心灰意冷。至少你可以說，你已經找到一種分析學派，在你手中無法提供任何優勢，而在交易上，知道什麼對你不適用，幾乎和知道什麼對你適用一樣好！

打開交易的「潘朵拉盒子」

你應該相信哪個市場行為理論？確認潛在支撐和阻力水準的市場行為理論，或者技術面分析，形形色色，我將它們分成三大類：**預測者、夢想者**和**務實者**。

》預測者

「預測者」包括：

- 占星術
- 週期分析
- 艾略特波浪理論
- 碎形分析
- 基本面分析
- 幾何
- 甘恩

　　這些分析學派吸引了許多追隨者。它們的實踐者相信，它們能夠確定市場的走向。這些方法的一個中心主題是市場時機，知道何時在市場的重要轉折點進場和出場。其中兩個出名的理論是艾略特波浪和甘恩。

　　預測者有兩大缺點。第一，為了尋找將來的轉折點，鼓勵交易人去抓頭部和底部。如同我提過的，這是所有的新進交易人常犯的一個錯誤。雖然你可能不會這麼做，但是展望將來和使用你的分析去確認機率很高的轉折點，卻會鼓動你去交易。一個轉折點累積的證據越多，你對自己的看法越有信心，因此你會更熱切地想要利用它們。你不知不覺就會在市場中掛單，等候你的分析證明正確。

　　第二個缺點是，當交易人開始將注意焦點放在未來，就會忘了現在。當你忙著搜尋市場可能的走向，很可能完全忘了眼前的交易機會。在你找到將來一個重要的日期和價格水準時，你就會完全忽視其他所有事情。這種分心，會限制你的交易機會。

　　那麼多交易人被吸引到預測者身邊的原因，是因為他們持有一個相當吸引人的概念，那就是你能夠知道市場的未來走向，因此控制你自身的交易命運。他們讓人感覺未來是確定的。預測者

端出一個知識幻覺，進而創造控制的假象。這些假象造成過度的樂觀和信心。

此外，交易人可能掉進我所說的知識陷阱。他們被知識的吸引力和解開市場謎團的挑戰吸引，因為他們相信複雜是最好的。預測者喜歡複雜。

艾略特波浪和甘恩之中，後者可能最令新進交易人感興趣，因為他們急於尋找新奇的方法。雖然我研究過甘恩，透過我對幾何的研究，熟悉它的許多要素。圍繞甘恩的「神秘氛圍」，吸引許多新手投向它的懷抱。因此，許多幾乎沒有交易經驗但長於行銷、銷售和演說技巧的交易促銷者，受到吸引而促銷甘恩的交易技術。

圍繞著甘恩的狂熱通常可見於如下的文字：

了解甘恩和市場時機

甘恩是有史以來最偉大的交易人之一。他能夠抓準市場的轉折點，直到如今仍是個傳奇。他在商品和股票市場的獲利交易突破驚人的90％！二十世紀上半，他的交易利潤估計高達令人驚異不已的5,000萬美元。世界各地研究他所用技巧的交易人大獲成功。

（資料來源：www.wdgann.com）

誰不想向有史以來最偉大的交易人學習？任何人只要準確率超過90％和賺進5,000萬美元，一定有什麼價值可取！

遺憾的是，甘恩似乎是神化的行銷素材多於現實。備受尊崇的市場參與者亞歷山大・艾爾德（Alexander Elder）在他所寫的《操作生涯不是夢》（*Trading for a Living*）一書中檢視了甘恩傳

、奇。艾爾德表示：

> 各式各樣的投機份子銷售「甘恩課程」和「甘恩軟體」。他
> 們宣稱甘恩是有史以來最優秀的交易人，留下 5,000 萬美元
> 的遺產等等。我訪問了甘恩的兒子，他是波士頓一家銀行的
> 分析師。他說，他那有名的父親靠交易根本養不活家人。他
> 是靠寫作和銷售教材維生。甘恩在 1950 年代去世時，他的
> 遺產，包括房子，價值只略高於 10 萬美元。甘恩這位交易
> 巨擘的傳奇，是那些銷售課程和其他產品的人編造且延續下
> 來的，目的是說給那些容易受騙上當的顧客聽。

拉里·威廉斯在他寫的《選對時機買對股》（*The Right Stock at the Right Time*）一書進一步寫到：

> 我研究了甘恩、艾略特，以及其他幾位知名星象家等的研
> 究，結果發現根本是浪費時間。我很幸運，最後見到了甘恩
> 的兒子。他是紐約市的一位營業員。他向我解釋：他父親只
> 是會畫走勢圖。他反問，如果他父親真的像每個人所說的那
> 麼好，為什麼兒子還要「滿臉堆笑，撥電話打給客戶，要他
> 們多多交易」？他似乎有點為父親的盛名所累，因為許多人
> 來找他尋求聖杯。如果甘恩真有聖杯，那麼他顯然從來沒傳
> 給兒子。
> 在此同時，我也見了薩契爾（F.B. Thatcher）。他是甘恩的促
> 銷者和推廣者。他在生前最後五年的通訊中向我保證，甘恩
> 只是個很好的宣傳題材，不見得是優秀的股票交易人。

我自己的「甘恩」經驗類似。自1983年我在美國銀行開始進入市場以來，遇過數以百計的交易人，其中許多是甘恩的學生。在所有我曾經認識和今天知道的甘恩交易人中，我要說，沒有一個人，我再說一次，沒有一個人因為根據甘恩的理論，積極交易而持續不斷賺到錢。事實就是如此。當然，許多甘恩的「分析師」能夠選擇性地應用甘恩的技術，事後驗證市場的轉折點。但是事後使用甘恩的許多技巧──不管是角度、程度、震動、折返、預估、週年紀念日或者九的平方點，這件事做起來並不困難。如果甘恩的一個工具行不通，他們通常能夠找到行得通的工具。不過，持平而論，並不是只有甘恩這個交易學派，遭到這種「曲線配適」的批評。大部分分析學派有很高的自由度，分析師因此通常能提出不同的技術，以證明他們所說的正確。

我知道，單單一個人的觀察，並不具統計顯著性，而且不能就此蓋棺論定甘恩的好壞。但也請記住：這些只是我個人的經驗。如果你的體驗恰好相反，那麼太棒了，我只能鼓勵你和其他的甘恩學生分享你個人的甘恩經驗。我知道會有很多人想要學習你如何成功解開甘恩的交易「秘密」。但是在你這麼做的時候，記住要端出你的即時積極交易成果。

如果你想要學習甘恩並且參加甘恩的研討會，我只能勸你向促銷商要一份即時交易的報表。如果你能看到即時交易記錄，你也應該請對於在研討會結束後，向你解釋每一筆甘恩的交易。這是非常合理的要求，因為對方願意教你甘恩，而他自己也已經靠甘恩賺到錢（不是嗎？）

看來，今日的甘恩支持者似乎只是在追隨他的腳步，不見得是成為優良的交易人，致力於揭露「贏的秘密」，而是承襲甘恩不錯的促銷工作，並且從銷售課程賺錢。圍繞著甘恩技巧的過度

狂熱，以及過高的收費，可能讓人分心，沒有考慮到甘恩的那些要素是否值得一試。

如果你對甘恩感興趣，你應該去研究它，或者研究其他任何預測者的方法，並且觀察它能否持續不斷協助你找到潛在的支撐和阻力水準。如果是，而且你能透過TEST程序去驗證你所用方法的期望值，那麼你就應該使用它。

預測者提供給你的分析，是你所能遇到最有趣的，即使可能不是最賺錢的。我要在這裡承認：在我的交易生涯的頭十五年，我是艾略特波浪的信徒，而在那段期間稍後，我又加上幾何。我必須說，對我而言，那段期間是我在分析市場所享有最具創意和歡樂的時光。沒有什麼事情比得上它。1998年之後，我成了無聊的機械型交易人。我向你保證，機械型交易人擁有的樂趣或歡笑，不及使用艾略特波浪和幾何跨越多重時間架構去分析市場價格和時間的一半。但是就我來說，我沒辦法使用艾略特波浪賺取利潤，而且我從經驗得知，對我而言，交易本是無趣的工作！

》夢想者

夢想者是指使用下列指標、但不限於這些指標的交易人：

- 平均動向指數（average directional index：ADX）
- 動向指數（directional movement index；DMI）
- 包絡線（envelopes）
- 比率分析（ratio analysis）
- 移動平均分合指標（Moving Average Convergence/Divergence；MACD）
- 移動平均數（moving averages）

· 價格變動率（rate of price change）
· 相對強弱指標（relative strength indicator：RSI）
· 隨機擺盪指標（stochastic oscillator）

　　我把這些交易人稱為夢想者，是因為大部分指標都是從價格衍生出來的，包含可調整的參數。因此，它們代表二手的曲線配適資訊。我覺得，交易人如果相信他們交易這種二手可調整資料會賺錢，他們就是夢想者。雖然這只是概括而言，對所有的指標來說不一定成立，但大部分指標確實落後市場的價格行動，並且允許交易人依賴太多的彈性去賺錢。

　　但是，如果指標確實吸引你的注意力，那麼你應該去研究。大體而言，最好是使用比較少的指標。此外，你不應該讓指標的選擇壓垮你。指標應可以辨識以下各點：

· 價格
· 趨勢
· 折返
· 動量
· 人氣
· 波動性
· 成交量

　　或者以上的組合。箇中秘訣是為每一個市場結構領域選擇一個指標，並且避免加倍。如果指標的選擇有助於你持續不斷確認潛在的支撐和阻力水準，而且你能使用 TEST 程序驗證你所用方法的期望值，那麼你應該使用它們。

》務實者

務實者是指使用下列某種分析形式的交易人：

· 突破分析
· 走勢圖分析
· 道氏理論
· 跨市場分析
· 市場概況
· 型態分析
· 樞軸點分析
· 季節性
· 價差分析
· 統計分析
· 報價閱讀
· 成交量分析

務實者的注意焦點放在原始價格和原始成交量上。他們對自己無法控制的事情沒有興趣，對於展望未來也不感興趣。他們寧可不和指標等代用品打交道，而是專注於真材實料的東西，那就是價格。

根據我的經驗，你會在務實者這個類別找到最多的成功交易人。1983年以來，我時進時出這些不同的類別。自1998年起，我加入務實者的陣營。但在那之前，我花了整整十五年的時間當預測者，其中有十二年是使用艾略特波浪，接下來三年是用幾何。那段期間，我有時會跳進夢想者的陣營，被電腦螢幕上五顏

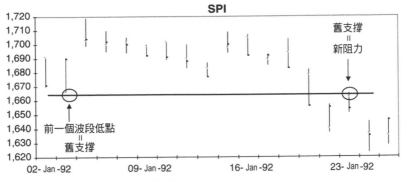

圖9.2　確認支撐與阻力的簡單概念

六色的色彩所催眠。

　　到頭來,你必須找到對你有用、能夠持續不斷確認潛在支撐與阻力水準的方法。只要你所用的方法管用,而且能夠使用TEST程序加以獨立驗證,就不必限制蒐尋範圍。

　　你應該對這些選擇保持開放,並享受你的調查之旅。圖9.2說明確認潛在支撐與阻力水準的簡單觀念。

　　這張圖顯示務實者陣營以簡單的方式使用價格和走勢圖分析的情形——前一個波段低點被用來確認潛在阻力水準。舊的支撐水準往往搖身一變而為新的阻力。這個例子中,阻力水準不只出現在下跌趨勢中,也因為見到市場越走越低,而證實下跌曲線的走勢。

交易計畫

　　你的交易計畫應該告訴你如何掌握利用你的格局。它應該明確指示在何處:

- 進場交易
- 下停損點
- 獲利交易出場

　　進場交易、下停損點，以及部位出場，有許多技術可用。我想跟你分享一個強有力的觀念，它比最佳的進場、停損或出場技術更重要，卻遭到大多數交易人忽視。這個觀念就是：有效的交易計畫應該支持並證實你的交易格局。

　　如果你的格局找到一個潛在的支撐水準，你的交易計畫應該在你投入一筆交易之前，預期市場會走高。同樣的，如果你找到一個潛在的阻力水準，你的交易計畫應該等價格下跌，才投入市場。也就是說。如果有支撐，進場價格應該高一點。如果有阻力，進場價格應該低一點。交易的時候，一個好做法是，在市場證明你的格局正確之前，先假設它是錯的。

　　證實格局的交易計畫，會給市場它應得的尊重。這是如此簡單卻有力的概念，許多交易人卻未能了解。格局不會給你市場可

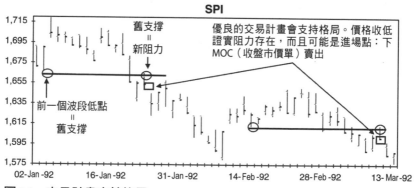

圖9.3　交易計畫支持格局

能的走向,而且它們不會時時都對。良好的交易計畫不會盲目遵循你的格局。太多交易人未能區分交易格局和交易計畫,將技術面分析和交易混為一談。有個交易計畫等著市場證實你的格局,並不能保證市場會持續往你的方向走;但是,它能防止你執行許多邊際交易。

本質上,優良的交易計畫應該要你付出較高的價格以作多,賣出較低的價格以放空。圖9.3即是一例。

這張走勢圖畫出圖9.2看到的阻力水準。它畫出舊支撐成了新阻力。這個例子中,有兩個格局確認了潛在的阻力。優良的交易計畫不會只在阻力點設個價格掛單賣出,而是等到市場接近收盤才行動。如果市場顯得疲弱,有效的交易計畫會設法進場交易。如果市場收盤價格低於前一天的收盤價,也低於當天的開盤價,優良的交易計畫會承認市場綻露疲態,並且設法放空,在市場收盤時賣出。每個例子中,阻力水準不只存在於下跌趨勢中,它們也因為見到市場越走越低,而證實跌勢展開。

市場結構中的許多點,可以用來做為證實交易格局的進場水準。如果你的格局確認了一個潛在的支撐水準,交易計畫能在進場之前,藉檢查下列各點是否存在,而證實市場展現強勢:

· 當天的收盤價高於開盤價
· 當天的收盤價高於前一天的收盤價
· 當天的收盤價高於前二天、三天、四天或五天的收盤價
· 市場衝破前一天的收盤價或最高價
· 市場衝破前一週的收盤價或最高價
· 市場衝破前一個月的收盤價或最高價

反過來說，對潛在的阻力水準而言也是一樣。在決定你的進場水準時，你想怎麼樣就怎麼樣。至於停損和出場水準，有各式各樣的觀念可以利用，而且同樣的，你想怎麼樣就怎麼樣。

設計交易方法，樂趣通常遠遠不及交易本身。但是，不要任令想像力如脫韁野馬，製造出複雜的系統。簡單的方法才經得起時間的考驗。備受尊重的市場參與者湯姆‧狄馬克（Tom DeMark）曾經和市場怪傑傑保羅‧都德‧鍾斯（Paul Tudor Jones）共事，目前是SAC資本（SAC Capital）史蒂夫‧柯恩（Steve Cohen）的顧問。SAC資本是個160億美元的投資基金。他在亞特‧柯林斯（Art Collins）所寫的《贏得市場》（*Market Beaters*）一書說：

> 歸根究底，在十七名程式設計師和四、五年的測試之後，基本的四、五個系統運作得最好。

也如同克提斯‧費斯（Curtis Faith）在《海龜投資法則》（*Way of the Turtle*）一書中所寫：

> 力求簡單。經過時間考驗的簡單方法，如果執行良好，每一次都會擊敗時髦且複雜的方法。

在設計你的格局和交易計畫時，有許多一般性的原則可以遵循，包括：

· 力求簡單勝過複雜
· 確保方法合乎邏輯，不要依賴隨機拼湊的構想大雜燴

- 將可調整變數的參數數目減到最少，減低曲線配適的風險
- 使用起始、損益兩平和追蹤停損點的組合
- 在合適的時候使用時間停損點
- 偏愛動態停損點甚於固定的金額停損點
- 對獲利目標提高警覺，因為它們通常會減低獲利力
- 以追蹤停損點做為獲利部位出場的有效方法

進場和出場都重要

是的，沒錯。如果你在市場待得夠久，你可能會聽到一種信念，說進場沒有那麼重要；出場才重要。支持者會指著市場趨勢強勁的一張走勢圖說，這麼大的波動，進場根本無關緊要；什麼時候出場，以確保交易人捕捉趨勢的一大段，才重要。而且，沒錯，事後來看，你能夠理解他們觀察到的事情。一段大波動之後，出場會很重要，而且相對於進場更為重要，以確保交易人將盡可能多的利潤落袋。沒人樂於將利潤吐回去。但這都是事後之見。支持者在談這件事的時候，都會拿出一張非常完美的走勢圖，上面顯示市場已經展開強烈的趨勢。當我讀到或聽到這種事，自然而然就會懷疑那個人的交易信用。

其實進場極其重要。它們直接界定停損點、起始風險和潛在虧損。虧損大小相對於獲利，直接影響期望值！請記住，進場交易是為了掌握賺得期望值的機會。

當你進場交易，你根本不知道那筆交易會不會享有強勁的趨勢。當你進場交易，你並沒有先見之明。你手上沒有一顆水晶球。你無法當事後諸葛。你擁有的只是現在，而現在要考慮的只是控制風險，以及藉交易以掌握賺取期望值的機會。

此外，由於進場界定了起始風險，也直接影響部位規模資金管理策略。起始停損點越小，可以建立的部位規模越大。請記住，資金管理是生存和賺取厚利的秘密。進場因此極其重要，不管你的時間架構為何。而這對準確率非常低的長線交易人來說格外重要，意思是說，一旦他們終於逮到一筆獲利的交易，他們需要最大的部位規模，才能彌補67%的虧損交易！

所以我向來懷疑一些人表示進場沒那麼重要、而且比出場更不重要的說法。我認為，進場極其重要！它們直接影響起始風險，進而影響資金管理部位規模，而這直接影響生存和賺取厚利的潛力。總之，進場極其重要。

避免大停損點的致命吸引力

讓交易方法看起來會獲利最簡單的技術，是使用大停損點。大停損點容允交易方法很大的空間和時間，以達到獲利目標或出場點。但是，我認為，大停損點遲早會出事而傷害你。

交易人通常會不斷加大停損點規模，直到他們所用的方法產生看起來可以接受的假設性淨值曲線。他們不知不覺將他們的方法以曲線配適的方式套用到歷史資料上。增加停損點規模，就能避免發生一連串的虧損交易，避免讓他們的交易方法看起來績效很差。他們相信，自己發現了最適當的停損點。但他們所做的事，不過是拿所用的方法去和資料作曲線配適。

由於市場的最大逆境，他們開始交易時，市場會給他們始料未及的一連串異常虧損，無一例外。虧損如此之大，他們不是打消念頭，不再交易，就是虧損損害他們的帳戶到無法修補的地步，迫使他們不得不停止交易。他們會到達破產點。

此外，大停損點會妨礙資金管理策略增加部位規模的能力。

停損點直接界定起始風險。起始風險直接影響部位規模資金管理策略。起始停損點越小，你能建立的部位規模越大。停損點越大，起始風險越大，部位規模就越小。請記住，資金管理是生存和賺取厚利的秘密。

這件事極其重要。請仔細聽好。根據假設，一種方法操作單一合約，成果看起來相當好，產生不錯的正期望值。但是，當你應用你偏好的資金管理策略時，你總是會發現，所用方法的績效受到妨礙。大停損點會拖累資金管理策略累積合約或增加部位規模的能力。

應用資金管理時，一種方法如果使用較小的停損點，有較低的期望值，所賺的錢會遠多於使用較大的停損點，期望值較高的方法。較大的停損點會毀了資金管理的績效。較大的停損點會毀了厚利。如果資金管理是高額利潤背後的秘密（事實上就是如此），那麼小停損點是極可觀利潤背後的秘密。

季節性交易的支持者通常鼓吹使用大停損點，有時超過市場波動的3%。許多季節性格局需要極大的停損點，好讓「季節性」傾向因為高準確率，看起來很可靠。但是它們的高準確率往往是來自所用的大停損點，和市場的季節性無關。務必提防和避免使用大停損點。大停損點會害人。

透過 TEST 證實期望值

一旦你設計好交易格局，以確認潛在的支撐和阻力水準，並且發展一套交易計畫以證實和利用格局，你接下來的一步是使用TEST程序，驗證你所用方法的期望值。

如果期望值是正數，而且淨值曲線相當穩定，不必依賴一兩次可觀的交易，你就可以滿懷信心地相信自己已經發展出一套不

錯的方法。

你的最後一步，是結合你偏愛的資金管理策略和你所用經過驗證的交易方法，並且使用來自TEST結果的準確率和平均獲利相對於平均虧損的報償比率，計算你的破產風險。你的目標是以統計上的0%破產風險去接觸市場。請記住，能生存，交易就會成功。

理論是如此，但這是個好理論，而且根據我的經驗，這是正確的。但是我現在想花點時間討論交易方法在順勢交易方面的實務意涵。

順勢交易

雖然理論不錯，但我相信，看看交易方法的某些實務意涵也有幫助——尤其交易方法是期望值的支撐，而期望值是對抗破產風險的關鍵武器之一。就目前為止討論過的每一件事來說，我相信除了實際上的成功交易，交易人面對的最大挑戰，是發展穩健的正期望值方法。交易方法其實就是期望值，只是換個不一樣的名字而已，因此我覺得花點時間探究影響方法的一些關鍵問題，十分重要。

首先，我要討論關於順勢交易的四大重要事實。接著，我會繼續討論任何優良的順勢交易方法的核心目標，也就是尋找支撐和阻力水準。再來，我會用一些篇幅描述為何順勢交易應該求其簡單。再下來，我會提醒你為什麼要交易（而不是為何要獲利），然後深入探討許多人覺得順勢交易之所以困難的原因。這會帶出一些關鍵問題。

但願如此詳細討論發展交易方法的實務意涵，能給你一個

有用的架構，發展順勢交易策略。希望你能藉此找到一些標竿，能夠用以調整自己的想法。此外，也願你能從中得到一些真知灼見，管窺你目前所用的方法（如果有的話）為何不如你希望的那麼成功，以及你對此可以怎麼做。

四大重要事實

我們先來談順勢交易的四大重要事實：

· 事實一：順勢交易是最安全的交易方式
· 事實二：趨勢帶動市場，是所有利潤的基礎
· 事實三：順勢交易人很可憐，因為67%的交易會虧損！
· 事實四：順勢交易有兩種方式
 　—突破交易
 　—折返交易

第一，順勢交易是最安全的交易方式。反其道而行，也就是逆勢交易，會使你置身於設法抓頭部和抓底部的處境，或者成為短線波段交易人。我並不是說逆勢交易或短線波段交易行不通，因為它確實行得通。只是很難執行成功，而且本質上相當危險，因為你是逆勢交易。我不建議掙扎求生的交易人採行這種策略。逆勢交易確實需要更多的知識和技能。依我的看法，順勢交易是比較容易攀爬的山。

第二，市場因為趨勢而動。趨勢會帶動市場，這是所有利潤的基礎。抱牢順勢交易的時間越長，賺取厚利的潛力越大。當日沖銷交易人使盡力氣也很難賺取厚利，因為他們受限於市場在一天之中所能波動的幅度。順勢交易人則可以抱牢交易幾個星期到

幾個月或更長的時間。

　　第三，順勢交易矛盾的地方在於，雖然它是最安全的交易方式，卻也是最可憐的交易方式。由於市場很少出現趨勢，順勢交易人通常只能預期三分之一的交易能夠獲利。因此，他們平均有67%的時間在賠錢！如果你想做順勢交易（我也希望你這麼做），那麼你必須接受這種交易的悲慘事實。你的交易會有67%賠錢。你不會知道利潤何時到來。你的大部分時間會花在賠損上。這將相當痛苦，令人沮喪。這會很難受。沒有如果，沒有但是，沒得商量。順勢交易令人難受。

　　但是，如果你能接受這三個事實，那麼你會站在很好的位置，可望成為成功的順勢交易人。如果不能接受，那麼你需要重新評估你對交易的興趣。最後，順勢交易有兩種基本的方法，兩者都行得通：

　　　　·往趨勢的方向執行突破交易
　　　　　　—絕不錯失大趨勢
　　　　　　—使用大停損點
　　　　·在趨勢方向折返時交易
　　　　　　—可能錯失大趨勢
　　　　　　—使用小停損點。

　　在趨勢方向的較高價格或較低價格突破時進場交易，例如著名的海龜通路突破策略，是成功的順勢交易策略。突破策略不等上漲趨勢折返或拉回時才進場作多。它們也不等下跌趨勢跌深反彈或者折返，才進場放空。它們會在上漲趨勢價格高出很多的地方買進，並在下跌趨勢價格低了許多的地方賣出。突破交易的優

點是，交易人絕不會錯過重大的趨勢。缺點則是突破順勢交易需要比折返順勢交易較大的停損點。

折返順勢交易需要市場在上漲趨勢中暫停，並且拉回，或者在下跌趨勢中跌深反彈，再進場交易。折返順勢交易的缺點是，有時強勁的趨勢市場並不提供折返機會讓交易人進場。折返順勢交易能夠且確實錯失一些大趨勢。但是折返順勢交易的一個優點是，它允許交易人下小得多的起始停損點。

由於我相信你的交易目標是當個優秀的風險管理人，並生存下去，因此我將把重點放在折返順勢交易。它會給你較小的停損點，因此是最低的起始風險。

支撐與阻力是王道

究其核心，實務上的折返順勢交易，是在尋找支撐區以買進，以及尋找阻力區以賣出。這並不是深奧的火箭科學。

除非你相信市場已經找到支撐，否則為何要買？除非相信市場已經遇到阻力，否則為何要賣？這兩種情況，如果不相信，你都不會進場交易。交易不只是確認支撐和阻力水準，更是在確認良好的支撐和良好的阻力水準。良好的支撐水準存在於上漲趨勢

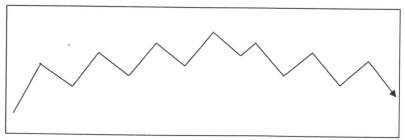

圖9.4　價格的非線性

中，並且證實上漲趨勢確實在行進之中。良好的阻力水準存在於下跌趨勢中，並且證實下跌趨勢正在行進之中。

這些定義一針見血，點出了成功的折返順勢交易的精義。上漲趨勢中，交易人應該只設法確認良好的支撐水準，以進場作多。下跌趨勢中，他們應該只確認良好的阻力區，以進場放空。

此外，交易人需要接受價格波動的一個核心信念：價格不會直線移動。它們會上下起伏，不會走直線，如圖9.4所示。

價格會時而向上，時而向下，而且不管漲或跌，都不會以相等且十分清楚的線性量數，往一個方向行進。上漲趨勢會有彈升和拉回（折返）。下跌趨勢會有價格下跌和跌深反彈（折返）。

市場不會毫不停頓地往一個方向行進。成功的折返順勢交易如圖9.5所示，會見到交易人在上漲趨勢拉回之後建立多頭部位，以及在下跌趨勢跌深反彈之後建立空頭部位。

折返順勢交易人取得成功的一個重要因素，是他們耐心等候拉回和跌深反彈，也就是上個價格趨勢的折返。他們曉得，在上漲趨勢中，市場需要先回跌，才再上漲。他們曉得，在下跌趨勢

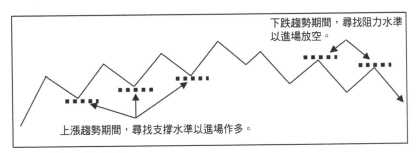

圖9.5　折返順勢交易

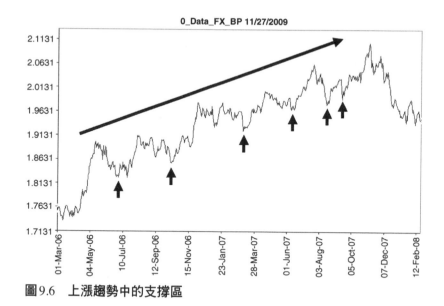

图9.6　上漲趨勢中的支撐區

中，市場需要先上漲，然後再下跌。實務上，折返順勢交易只需要做一件事，那就是耐心等候市場在上漲趨勢中下跌到支撐區，才進場作多，以及在下跌趨勢中等候跌深反彈，找到阻力區以賣出。實務上的折返順勢交易恰恰如同上面所說，不多也不少。若有任何人表示你要做的事情不只如此，請勿聽從。

　　如圖9.6所示，當市場處於上漲趨勢，耐性十足的折返順勢交易人會等候價格拉回到支撐區，才設法進場，捕捉持續進行的趨勢。所以箇中秘訣是學習如何確認真正的支撐區和阻力區。這才是困難的部分！從現在開始，我將把折返順勢交易一詞簡稱為「順勢交易」。

力求簡單

順勢交易應該很簡單，但許多人覺得很難。順勢交易就是如此簡單，並且可以分成三個定義明確而相輔相成的部分：

- 哲學
- 目標
- 執行

曉得這些，你就知道如何順勢交易！很簡單！順勢交易的哲學就是相信：

- 上漲趨勢中，價格需要下跌再上漲。
- 下跌趨勢中，價格需要上漲再下跌。

目標是：

- 如果市場處於上漲趨勢，那麼交易人需要確定良好的支撐水準位於何處，以建立多頭部位，並且捕捉上漲趨勢的持續走勢。
- 如果市場處於下跌趨勢，那麼交易人需要確定良好的阻力水準位於何處，以建立空頭部位，並且捕捉下跌趨勢的持續走勢。

執行包括兩個步驟：

- ‧ 確定交易格局的位置：
    - ─確認趨勢
    - ─等候折返水準
    - ─等候折返型態
- ‧ 執行交易計畫：
    - ─等候證實用的進場訊號
    - ─進入市場
    - ─下停損點
    - ─管理交易
    - ─可望獲利了結

順勢交易就是這麼簡單，不多也不少。如果任何人有其他說法，他們只是在扯後腿。

告訴你順勢交易的容易之後，我要提醒你，你為何要交易。許多人誤以為交易的目標是靠抓對市場的走向賺錢。事實不然。這種說法其實距真相太遠。這是我要提醒你的。

回到交易的初衷

現在是我該提醒你為何要交易的時候了。在我告訴過你為何順勢交易應該很容易之後，我不想讓你覺得你能很快就開始交易，開始期待憑空收進大把鈔票。

我要告訴你，順勢交易不見得表示你真的要順勢交易。雖然順著你相信是趨勢的方向去交易，應該是你的偏好，但基於實務上的理由，你的趨勢方向可能是錯的。市場的最大逆境，會盡其所能，掩飾它的真正方向，而你只能往你認為它正在走的方向去

交易。結果，67%的時候，你會賺不到錢，在停損出場之後，數算自己的虧損！記住：順勢交易人的生活是很難受的。

所以我覺得這是提醒你交易初衷的好時機。我認為，你應該只為了掌握賺取期望值的機會而交易。你不應該為了立刻獲利以求滿足而交易。你不應該為了證明你所做的市場分析正確而交易。你不應該為了行動的快感而交易。你只應該為了掌握賺取期望值的機會而交易，透過你所用方法的期望值，而不是它的準確率，在比較長的時間內賺錢。

雖然你會試著往市場趨勢的方向交易，但你交易不是為了預測市場的趨勢。順勢交易只是合理而穩健的交易主張。順勢交易和試著正確抓取市場趨勢不同。你當然希望市場繼續往你相信趨勢應該走的方向持續下去，但你不該依賴這件事。你進場交易的目的，是要掌握賺取期望值、賺錢的機會，而且你知道，順勢交易是明智的交易方向。

現在要談一個嚴峻的事實，提醒你順勢交易人的痛苦。

市場很少有趨勢。它們大部分時間在箱形區間內上下起伏，將順勢交易人沖來洗去。哀嘆聲之後還是哀嘆。這對順勢交易人的意義，就是賠錢的次數多於賺錢。順勢交易人頂多只能期望在平均三分之一的交易中獲利。順勢交易人的生活很辛苦。但是，他們沒有賠掉全部錢的原因，在於他們順著趨勢的方向交易，平均獲利通常遠高於平均虧損。厚利彌補了許多較小的虧損仍有餘。所以順勢交易非常符合你為何要交易的目的。雖然準確率低得讓人難過，卻有正期望值，而且能獲利。

你需要記住稍早學到的期望值公式，如圖9.7所示。

身為順勢交易人，你在內心深處一定要時時記住：你交易只是為了掌握賺取期望值的機會，不是為了立即獲利，不是為了

$$\text{每一塊錢的}\atop\text{期望報酬} = \left(\text{獲利機率} \times \frac{\text{平均獲利}}{\text{平均虧損}}\right) - \left(\text{虧損機率} \times \frac{\text{平均虧損}}{\text{平均虧損}}\right)$$

圖9.7　期望值公式

證明你做對了。你進場交易，不是要抓市場的方向。你交易是為了掌握賺取期望值的機會，而惟有在一段很長的期間內執行許多交易，才能辦到。只有一路上承受許多虧損之後，才能得到。期望值是從你的獲利和虧損交易而來。而且，身為順勢交易人，若你起碼能在三分之一的交易上賺錢，賺錢時平均獲利起碼是平均虧損金額的3倍，那麼你可以預期每投入交易1元，就能賺得32分。你可以預期賺得正期望值。你可以預期每拿1元在交易上冒險，就能賺得32分（見圖9.8）。

因此，身為順勢交易人，你可望賺到錢，投入交易的每1元賺得32分，既是正數，數值也不差！但是這32分不是真正的錢，它是期望值。它是考慮了你的獲利和虧損，在你拿1元去交易冒險，而產生的淨32分。它不是立即賺得的利潤。它是一段很長的期間內，執行許多筆交易，其中只有少數賺到錢，卻有許

準確率	33%
平均獲利	3
平均虧損	1
每冒險一元的期望值	
E(R) = [33% × (3/1)] − [67% × (1/1)]	
= 32%	

圖9.8　32%的期望值

準確率	50%
平均獲利	3
平均虧損	1
每冒險一元的期望值	
E(R) = [50% × (3/1)] − [50% × (1/1)]	
= 100%	

圖9.9　100%的期望值

多賠錢，如此累積下來的期望值！

　　現在，如果你能提高你的準確率到50%，以及維持你的高獲利相對於虧損的比率，那麼如圖9.9所示，你可望每1元賺得100分（1元）。

　　如果獲利相對於虧損的比率不能維持，下挫到2:1，那麼你還是可以預期從投入交易的每1元賺得50分，如圖9.10所示。

　　但是，如果你的準確率下挫到33%，而獲利相對於虧損的比率維持為2:1，那麼你可以預期每投入交易1元，就會損失1分，如圖9.11所示。

　　務必切記，你的期望值來自遵循程序。這個程序就是應用獲利順勢交易策略，在一段很長的期間內執行許多筆交易。那些交易中，會有許多令人難受的虧損。那許多令人難受的虧損當中，會有兩三筆極其穩健的厚利，利潤高到足以彌補所有的虧損還有餘，因此你最後還是賺到錢。但是請記住，你賺的不是錢，而是期望值，從獲利和虧損交易兩者產生的。

　　現在，為了設定明智的順勢交易邊界，你永遠應該試著維持你的準確率和獲利相對於虧損比率至少分別等於或高於33%和3:1。

準確率	50%
平均獲利	2
平均虧損	1
每冒險一元的期望值	

$$E(R) = [50\% \times (2/1)] - [50\% \times (1/1)]$$
$$= 50\%$$

圖9.10　50%的期望值

準確率	33%
平均獲利	2
平均虧損	1
每冒險一元的期望值	

$$E(R) = [33\% \times (2/1)] - [67\% \times (1/1)]$$
$$= -1\%$$

圖9.11　負1%的期望值

很抱歉要在這裡再三叮嚀；但我覺得必須讓你牢牢記住。請讓我再說一遍。順勢交易時，務必記住這個簡單的目標。你進場交易不是為了立即獲利。你進場交易不是為了證明自己正確。你進場交易不是為了證明你的市場分析正確。你進場交易不是為了抓市場走向。你進場交易不是為了行動或進入市場的快感。你只往你相信是市場的趨勢走向去交易，以掌握賺取期望值的機會，而這至少需要你維持準確率和平均獲利相對於虧損比率分別高於33%和3:1。

表9.1總結了順勢交易人應該守住的交易邊界。

我要你牢牢記住這一點，是因為我不希望見到你發展出一個令人滿意的順勢交易方法之後，因為蒙受一長串的連續虧損 —— 不管是10筆、20筆，或者30筆虧損之後，將它丟棄一邊。這種事情會發生，不要認為它不會發生在你身上。請記住，順勢交易是很難受的。

我寧可見到，當你身處伸手不見五指的黑暗之地，所有的順勢交易人通常止步不前之際，你能夠記住順勢交易之所以會成功，是因為努力追求生存、避開破產風險，以及遵循良好的交易程序。此外，一個重要程序就是賺取期望值，而這不會在少數幾筆交易之後，就送上門來。你可能得花上一整年的時間，才能賺

表9.1　**期望值邊界**

準確率	平均獲利	平均虧損	每冒險1元的期望值
33%	3	1	32%
50%	3	1	100%
50%	2	1	50%
33%	2	1	−1%

取期望值，因為你不知道哪個市場會展開趨勢，而且你不會知道它什麼時候決定展開趨勢。你必須從程序思考，並且記住：交易就只是積極接觸市場，享受它帶來的機會，讓你賺取期望值。期望值不會在一個星期、一個月或者一季中發生。我希望你能了解這一點，並且記住我所說的事情。你的順勢交易策略也許未能在短短幾個月的交易之後，帶給你立即的利潤，請不要單單因為這樣就棄它如敝屣。不要那麼蠢，不要那麼笨，我再次為嘮叨不休而道歉，但我覺得這件事太過重要，不能只是隨便看過就好。

我已經將順勢交易成功的必要步驟化整為零，讓你看到它有多麼簡單。我也提醒你交易的真正目的，以及為什麼你的最低目標應該是達成33%的準確率，同時維持你的平均獲利相對於平均虧損於3:1。如果你能做到這些，那麼你會每拿1元投入交易去冒險，就賺得32分。在我解釋過為何順勢交易應該很簡單之後，我想要深入探討為何那麼多交易人覺得它很難做到。

順勢交易之難

如果順勢交易那麼簡單，為什麼有那麼多人覺得那麼困難？如果你接受順勢交易確實能夠賺錢，但它賠錢的次數多於賺錢，而且順勢交易簡單到只要找到趨勢、等候折返水準和折返型態，以及等候證實用的進場訊號，那麼為什麼那麼多交易人仍然賠錢？好問題，而且我很高興你問了這個問題。

你現在知道順勢交易應該如同下述所說的那麼簡單：

· 首先，找到交易格局的位置：
　　—確認趨勢

—等候折返水準

—等候折返型態

・然後，執行交易，以利用格局：

—等候確認進場訊號

—進入市場

—下停損點

—管理交易

—獲利了結（理想上）

我們來逐步審視，觀察能否找到答案。我將檢視範圍限於交易格局和交易計畫，不觸及失敗的其他原因，因為前面幾章已深入討論過它們。且看我們是否能從交易人覺得順勢交易困難的原因，揭露更多真理。

確認趨勢

我如果問你，成功的交易最常被人引用的口頭禪是什麼，你如何回答？是的，沒錯：「……順勢交易，趨勢是你的朋友……」而且這是成功的順勢交易第一個執行準則。

我們現在保守一點。假設只有60%的積極型交易人聽過且了解這個訊息（雖然我相信比率高得多）。如果是這樣的話，為什麼超過90%的積極型交易人仍然賠錢？沒錯，如果大多數積極型交易人知道成功交易的第一執行準則是順勢交易，為什麼會有那麼多積極型交易人賠錢？相當耐人尋味，是吧？

如果你相信超過60%的積極型交易人知道應該順勢交易，卻有超過90%的積極型交易人失敗，你不認為這聽起來相當矛

盾嗎？如果所有交易人都像他們認為的那麼聰明，大部分交易人會停止交易，回到家裡，過他們在進入市場之前的生活。他們會離開螢幕，停止交易；因為大多數人都知道要順勢交易，卻做不到，事情必有蹊蹺。如果我像我很久以前認為的那樣聰明，我早就離開交易了。在大部分人知道該做什麼事，可是卻做不到，市場一定被動了手腳。是的，我樂於承認自己不是場內最聰明的人，所以我堅持交易下去，可是這讓我長時間經歷太多的虧損，記憶中留下許多瘀傷、沮喪、失望，思考市場在什麼地方動手腳對付我。我花了約十五年的光陰，才研究出市場的最大逆境往我這邊丟出的哪顆骰子灌了鉛。竟然灌了鉛對付我！

是的，就是現在，大多數交易人正用灌鉛骰子在交易，雖然這些工具看起來像是設計來協助交易人的，實際上卻是在拋出市場的最大逆境。說起來很難過，卻不得不說：大部分方法在運作時都違背交易人的最佳利益。

但是請讓我回到原來想要傳達的訊息。你曉得大部分交易人懂得要順勢交易，你也知道大部分積極型交易人失敗了。我們必須問的問題是：為什麼？現在你知道交易人失敗的原因有許多，但是在這裡，我們將相關的討論限制在交易成功的三大支柱上。

- **資金管理不良**：大部分人的帳戶都過度交易，未能使用明智的資金管理。這使得破產風險高於0%，並且走上財務破產之途。
- **交易方法不良**：大部分交易人並沒有一套擁有正期望值的穩定策略。大多數人擁有的是負期望值策略，使得破產風險高於0%，並且走上財務破產之途。
- **交易心態不當**：大部分交易人不能遵循他們所用的方法，

即使那些方法不錯。他們未能正確驗證他們的方法，而且對所用策略產生信心。他們無法緊緊盯住老虎的眼睛。他們缺乏信心、專注、一致和紀律。

由於這一章是談交易方法，因此我也以此為討論重點。

大部分人都渾然不知自己在用不良的方法交易。如果你和我一樣，認同成功的順勢交易只要確認趨勢和保持足夠的耐性，等候走勢折返，那麼順勢交易可以分解成兩個詞：趨勢和折返。如果大多數交易人都在用不良的交易方法，那麼我可以說，大部分交易方法都用了不良的趨勢和折返確認工具？對吧？簡單說就是，垃圾進，垃圾出。

如果成功的順勢交易方法背後的核心價值動因，是趨勢和折返確認工具，那麼交易方法不良其實反映了兩大價值動因有問題：不良的趨勢工具，和不良的折返工具。

我要再一次遺憾地說，大部分交易人使用的趨勢和折返工具，大多數都不佳。在我看來，他們不應該採用它們。因為它們難以正確確認趨勢。大多數交易人相信自己已經透過各種工具確認趨勢時，就會進入市場，卻偏偏發現價格反轉！這樣的發展令人備感挫折。

所以這是技術面分析的真正困境。技術面分析有一大部分的知識著眼於確認趨勢，因為這是成功的順勢交易的第一執行準則。可是有那麼多順勢交易人賠了錢。我不想過度簡化，因為賠錢有許多原因，如同前面說過的。我只是指出另一個重大原因，是趨勢和折返確認技術本身出問題。沒錯，如果大部分趨勢和折返技術良好，那麼獲利的積極型交易人難道不會超過10％嗎？

趨勢工具不良

今天的交易人所用的最流行趨勢工具可能包括下列幾種：

- 移動平均數指標（moving average indicator）
- MACD〔移動平均數分合（Moving Average Convergence Divergence）〕指標
- ADX〔平均動向指數（Average Directional Index）〕指標
- 趨勢線（trend lines）

我認為它們是不良的趨勢工具。但是，在解釋為什麼之前，我要承認幾件事。第一，我個人認為，簡單的移動平均數指標可能是最佳趨勢指標之一。它在確認趨勢方面，效果相當不錯。第二，我個人在我的中線順勢交易上使用移動平均數。我使用比較長期的200日簡單移動平均數，以確認我所說的主趨勢（dominant trend）。我用它來防止自己對於我相信的長期趨勢，執行中線的順勢交易。但是，雖然我確實使用移動平均數指標，卻沒有在自己的交易格局或交易計畫中採用它。我用它只是因為我寧可不要違背它而交易。所以我並不使用移動平均數於決定趨勢。我不使用移動平均數於確認折返水準。我不使用移動平均數於確認進場水準。我不使用移動平均數於確認停損水準。我不使用移動平均數於確認出場點。我不這麼用。而且，如果我將200日移動平均數從我的機械型模式中移除，它們實際上反而賺更多錢。然而，當我這麼做，每筆交易的平均利潤卻下降，所以當我對趨勢的看法和用200日移動平均數衡量的主趨勢一致，對我來說，交易確實划得來。

我也應該指出，我之所以使用200日，並不是因為它有何神奇之處。我總是用它，也不知道它是不是最適當的平均數，可是我不在意。我就是這樣用。

所以說，雖然我認為移動平均數可能是交易人能用的最佳指標之一，而且儘管我個人確實使用200日簡單移動平均數，我仍然相信它是不良的趨勢工具，而且批評不是沒有道理。我現在要更仔細地探討移動平均數指標，並且和你分享為什麼我相信它是不良的工具。此外，我的批評也適用於我提過的其他趨勢指標。

》移動平均數指標

所以我們來看看如圖9.12所示的簡單移動平均數指標。這是今天交易人能夠使用的最簡單、也可能是最有效的指標之一。移動平均數指標有一個變數。趨勢的解讀取決於這個變數的值。這個指標將價格平滑化，當價格高於移動平均數，我們認為趨勢向上。當價格跌到低於移動平均數，我們認為趨勢向下。也就是說，移動平均數可以和它前一天的數值比較，如果上升，趨勢就被解讀為上漲。如果低於前一天，那麼趨勢被解讀為下跌。就那麼簡單。

唯一的問題是確定要使用的移動平均數長度，你應該使用10日、20日、40日或者100日？

圖9.12顯示兩條移動平均線，代表變數的兩個不同值。其一是40日的數值，另一是200日的數值。價格高於移動平均線，趨勢被視為向上。價格如果低於移動平均線，趨勢被視為向下。根據200日移動平均線，走勢圖顯示的整個期間內，趨勢被視為向上。根據比較短的40日移動平均線，由於價格忽而在40日移動平均線之上，忽而在它之下，趨勢有時向上，有時向下。這是我

認為移動平均數指標是不良趨勢工具的原因。

我可以找三個相同的交易人，要他們各自獨坐在隔音間中。他們無法彼此商量，也聽不到別人說的話。這些交易人可能各有二十年的交易經驗。他們的身高相同，髮色相同，眼睛顏色相同，而且持有相同的護照。他們都畢業於相同的大學，擁有相同的碩士學位。接下來，我拿相同期間內相同的走勢圖給他們看，並給他們相同的單一工具，也就是移動平均數指標。接著，我會問他們同一個問題：「今天我要在你的電腦螢幕上顯示的那個市場交易，你能告訴我趨勢嗎？」

現在，依他們置入移動平均指標的數值而定，我可能拿到三份不同的趨勢解讀——有個人可能說趨勢向上，另一個說向下，第三個說不上不下，他們的說法完全取決於變數的值。但是等等，你一定會說：「布倫特，但是難道你不應該把你偏愛的時間架構告訴這三位交易人嗎？這不是非常重要的事嗎？」

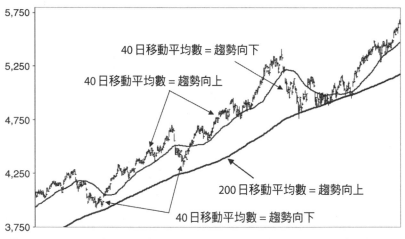

圖9.12　不同變數值的影響

我的回答是：交易不是辯論。市場並不關心我的時間架構是什麼。它並不在意我的需求。而且我問這三位交易人完全相同的問題：「今天我要在你的電腦螢幕上顯示的那個市場交易，你能告訴我趨勢嗎？」

市場並不在意我的時間架構是什麼。我也不在意。我只想知道趨勢是向上、向下或者走平？我用自己偏愛的時間架構去掌握趨勢做交易，是我自己的事。我只想知道趨勢是什麼。正如我告訴這三位交易人的，我想要進入市場交易，這其實是個簡單的問題，不需要過度分析、討論、剖析、辯論。請不要把交易問題過度複雜化。

我那有效的論點依然存在。即使三位交易人都獨立使用很緊的區間，變數值介於18日到28日之間，我還是可能接到三份不同的趨勢解讀。誰能說哪個交易人的意見是對或錯？誰能說某個交易人的意見優於另一個，所以我應該聽哪一個的話？沒人能說這種話。他們都相同，所以不能任意選擇。他們都對，也都不對，取決於他們置入移動平均數指標的值而定。而且，誰能說使用介於18日到28日之間的區間是正確的？誰能說使用介於35日到45日的區間沒有比較好？沒人能這樣說。沒有一個統一的考試委員會有標準正確答案，因為這樣的委員會並不存在。唯一的主宰是市場本身，而市場透過最大逆境隱藏了真正趨勢意圖。市場喜歡保有一切秘密，讓人去做各式各樣的猜測。

所以這是我的難題，也是使用移動平均指標每一位交易人的難題：我要相信誰？變數應該使用哪個值？我的移動平均指標應該使用哪個數值？這可是個大問題。

移動平均指標有個變數。趨勢的解讀取決於變數的值。變數的存在，使得指標以及因此而來的趨勢解讀變得主觀，所以我認

為這個工具太不可靠，不能用來解讀趨勢。

》移動平均指標只是你的應聲蟲

這裡有個非常少交易人懂的矛盾。所以，請務必留神。你期待移動平均指標這個工具協助你解讀趨勢，於是俯身看著它說：「指標啊指標，你能幫我確定趨勢嗎？」

移動平均數這個小指標樂意效勞，於是一臉無辜仰望著你說：「是的，交易人先生，我樂意助你解讀趨勢。請給我的移動平均變數一個值。你要什麼，我就給你什麼⋯⋯」

所以你輸入變數值，據此獲得相對應的趨勢解讀。如果你給低數值，它會給你短期趨勢解讀。如果你輸入較大值，它會給你較長期的趨勢解讀。如果你給它中等值，它會給你較中期的解讀。你要什麼，它就給你什麼，而且讓你一目瞭然，但是不會有你還不知道的事。你問什麼，它就給你什麼，但它不會給你客觀、公正、獨立的建議。

這個工具會自我實現，針對你的投入，給你正回饋。這就像在你面前放張鏡子，映射出你給的數值。這裡的矛盾就是你尋求工具協助你，自己卻在不知不覺間反倒成了工具！移動平均工具只是在偽裝你，卻偽裝得很不好。你對它的解讀結果有很大的影響力。你輸入數值，它將數值反射回來，只是用不同的方式偽裝。這是一面有趣的鏡子，就像你在狂歡節上看到會扭曲影像的哈哈鏡。這個工具只是將你對變數值的看法反射回來。你可能認不出自己的影像，但是相信我，那就是你，千真萬確。在你以主觀方式選擇數值，而且工具很好心且準確地將它反射給你，那個影像百分之百就是你。

更大的諷刺是，你可能渾然不覺。在你要求移動平均工具協

助你解讀趨勢時，你根本不知道其實你是在跟自己講話。

在我看來，移動平均工具太過依賴你，沒辦法給你獨立的趨勢解讀，它太過依賴你，沒辦法做為有效的趨勢確定工具。你不知道它在決定趨勢上的有效，是因為它本身技術特殊，還是因為你運氣不錯，輸入一個不錯的變數值。它太過依賴你給的變數值。而這也是其他流行趨勢工具的缺點：它們都有一個需要主觀設定的變數。它們不過是你自身的扭曲反射，因為你才是它們解讀趨勢時的主宰。在我看來，它們的趨勢解讀都太過依賴你，以至於不可靠（見表9.2）。

移動平均指標是交易人可用的最佳趨勢工具之一，因為它只有一個變數。影響趨勢解讀的自由度較小。它只有一個變數，而MACD、ADX多達三個！三個變數會給你太多的自由度，去影響它們的趨勢解讀。三個變數給你太大的彈性、太多發言權、太多影響力，以及太大的操縱空間，做出獲利向上傾斜的歷史性淨值曲線。光是一個變數（遑論三個），已給你太多的自由度，拿你的方法去和歷史資料做曲線配適。

這就是為什麼這些趨勢工具都不好，不同的變數值會給你不同的趨勢解讀。變數越多，趨勢解讀的差異空間越大。差異越大，操弄空間越大，趨勢解讀便越不可靠。

表9.2　各種趨勢工具的變數數量

趨勢工具	變數數量
移動平均數	1
MACD	3
ADX	3
趨勢線	2

有變數的工具過於主觀，太有彈性。它們只是你自己的電子傳真，成了樂意為你效勞的僕人，它們將你放進去的東西，分毫不差地反射回去。它們無法讓你知道新的東西，只是將你給它們的東西偽裝一下就送出來。它們不夠客觀或獨立，不值得依賴。它們成了樂意效勞的協作者，幫助你將你所用方法和歷史資料作曲線配適。

》客觀與獨立是關鍵

現在來談談趨勢工具的幾個關鍵議題（請記住，這裡的論述純屬我的個人意見，你的看法儘管有所不同，不用擔心。只要記得找到客觀的證據，支持你的立場就行）。優良的趨勢工具應該獨立於交易人之外。優良的趨勢工具應該百分之百客觀，而且不依賴任何主觀的解讀或投入。優良的趨勢工具應該獨立自主，不需要來自交易人的任何主觀訊息才能運作。優良的趨勢工具沒有交易人參與其中，交易人不會影響它的趨勢解讀。一旦趨勢工具能夠表現這些特徵，我才相信它可以列入趨勢解讀的選項。趨勢工具要先能獨立自主於交易人之外，才能來談實用性。它不需要任何變數的操弄，使它看起來似乎可行。就這麼簡單。

需要交易人任何投入意見的趨勢工具，都不客觀，也不獨立。解讀趨勢時，不應該考慮這種工具。在我看來，任何工具或觀念如果是主觀的，用在交易上會太危險。我相信任何「主觀的」工具都很危險。我相信「主觀」會毀了交易人。

我們應該只考慮客觀和獨立的工具。你用來協助做交易決策的任何東西，都應該通過客觀和獨立的測試。通過客觀獨立測試的工具，可能有用，也可能行不通。如果它們在簡單且客觀的交易計畫上行得通，你就有了一個可資依賴的工具。

身為交易人，你知道你需要協助，所以你尋找能夠協助你的各種工具。在你的交易生涯之初，你相信你用的畫圖套裝軟體中包含的工具會有幫助，但是你並不了解，工具的彈性其實反而構成障礙，而不是嘉惠你。你可能要到很久以後才知道這個道理，在那之前只是百思不解、備感挫折，並且付出不少代價。

就交易人能用的最佳技術指標之一來說，我們很容易了解移動平均指標有多主觀，趨勢解讀的差異有多大、多不可靠。交易人使用常見的趨勢工具卻陷入苦戰，因此也就不足為奇。

移動平均數、MACD和ADX指標等趨勢工具，都被批評為過於主觀。交易相同市場的兩個人，使用的變數不同，會出現兩組不同的趨勢解讀。傳統的趨勢線也招致相同的批評，因為兩個不同的交易人看同一張走勢圖，視選擇的擺盪點可以畫出兩條不同的趨勢線。你為什麼要使用趨勢解讀如此不一致的工具？當一種工具的趨勢解讀可以因為不同的交易人而有那麼大的差異，你如何能客觀評量它的效果？這些工具就像經濟學家，解釋過去發生的事時頭頭是道，但在客觀分析未來時，卻一無是處。

以上批評也同樣適用於更受歡迎的折返工具。

等候折返水準

一旦確認某個趨勢，接下來就要保持耐性，等候折返水準自己浮現。遺憾的是，傳統的折返工具遭到和傳統的趨勢工具相同的批評。它們也依賴變數的參數。類似的交易人可能做成截然相反的結論，因為結論取決於對變數所用的數值。由於「主觀的」折返水準取決於「主觀的」趨勢確認，甚至讓問題雪上加霜！怪不得大部分順勢交易人都未能成功。

折返工具不良

用於確認折返水準的一些常用方法包括：

· 買超或賣超情況
· 背離
· 走勢圖型態
· 折返百分率

衡量買超和賣超情況的指標包括：

· ROC〔變動率（rate of change）〕指標
· RSI〔相對強弱指數（relative strength index）〕指標
· 隨機擺盪指標（stochastic oscillator indicator）

　　背離用於確認動能的喪失，發出價格即將反轉或者折返階段結束的訊號。衡量背離有賴於使用許多買超和賣超指標中的一個。

　　折返量數和它們的趨勢表兄弟一樣，有依賴變數的缺點。一旦引進一個變數，結果就變得主觀和不可靠，因而不穩定。試圖使用它們以順勢交易的人更加落居劣勢。和趨勢的兩難類似，最好能找到一個「固定的」折返量數，不受操弄。

　　身為交易人，你應該使用較少的主觀工具，運用更多百分之百客觀的工具，協助你執行交易。你要立下新格言：「……不再有迴旋餘地，不再有迴旋餘地……」

　　為建構交易方法檢視各種交易工具和觀念時，你要變得十分

嚴苛。你會學習排除主觀而不可靠的工具。你會再次見到，順勢交易人要找可靠的折返水準有多困難。常用的工具有太多的變數和數值，使得它們太過主觀、太過不穩定，以及太過不可靠。

表9.3彙總了許多常用折返工具的變數數量。

不同的變數數量會給交易人不同的折返解讀。變數越多，折返解讀的變異空間越大。變異越大，迴旋空間越大，折返解讀也越不可靠。

》負負不會得正

這裡你有兩個「負」：負趨勢工具和負折返工具。遺憾的是，交易時，負負不會得正，只會令人失望。表9.4彙總了一般交易人最常見的趨勢和折返工具。

我點出了這些工具的弱點，也就是它們的變數。一個工具的變數越多，操弄工具以配適資料的迴旋空間或彈性越大。迴旋空間越大，解讀越不可靠。此外，這些不良的趨勢和折返指標是從價格衍生出來的，也落後於價格，使得它們很慢才確認趨勢的變動或折返的完成。即這些工具個別來看不是那麼差，結合成一套交易方法，則有致命的危險。

表9.3 折返工具的變數

工具種類	折返工具	變數數量
折返百分率	費波納奇比率（Fibonacci ratios）	4
	調和比率（Harmonic ratios）	2
	算術比率（Arithmetic ratios）	2
買超和賣超指標	RSI	3
反轉走勢圖型態	隨機擺盪指標	4
	雙重底/雙重頭	2

表9.4　趨勢與折返工具

趨勢工具	變數	迴旋空間	折返工具	變數	迴旋空間
移動平均數	1	較小	費波納奇比率	4	極高
MACD	3	高	RSI	3	高
ADX	3	高	隨機	4	極高
趨勢線	2	中	雙重頂/雙重底	3	中

》致命的危險

表9.5彙總了運用常見趨勢和折返工具的方法。

我們來看系統一。它是往趨勢的方向交易,而趨勢是在以RSI衡量的折返之後,以簡單移動平均數確認。移動平均數本身通常相當溫和,因為它只有一個變數限制它的自由度。但是,當它和有三個變數的RSI結合,整個方法就成了包含四個變數的交易策略。即使像這樣的簡單策略,也有極大的彈性和迴旋空間,允許交易人有極大影響力,操弄變數數值,以配適歷史資料。有這麼多變數,好看的淨值曲線將來未必會維持穩定。

如果你覺得這個簡單的方法還不夠糟糕,那麼我們來看看第三個系統。在某個層次上,我讚賞這種方法。它設計保守,在尋找格局之前執行雙重確認。如果以ADX指標衡量的趨勢被視為強勁,那麼這套策略只會往移動平均數衡量的趨勢方向去交易。我喜歡這種保守態度。它接著會很有耐性地等候費波納奇(Fibonacci)折返百分率和低RSI讀數所確認的折返。需要兩個獨立折返工具取得一致看法的這種保守態度,我還是很欣賞。所以從保守的角度來說,我喜歡第三個系統的雙重確認方式。但是,我的喜歡僅止於此。

我不喜歡的是,兩種工具結合後,交易策略包含十一個變

表9.5　各種方法及其變數彙總

系統	趨勢與折返		變數	迴旋空間
系統一	移動平均數		1	
	RSI		3	
		合計	4	極高
系統二	MACD		3	
	隨機		4	
		合計	7	極高
系統三	移動平均數		1	
	ADX		3	
	費波納奇比率		4	
	RSI		3	
		合計	11	極高

數！在我看來，這是高得非常危險的水準。這裡面存在太大的空間，欺騙自己相信你已經發展出贏家優勢。

有個交易學派認為，只要策略在廣泛範圍的變數值下行得通，使用變數是可以的。我不同意這種看法，除非只有幾個變數，例如一個。

只有單一變數時，如果它在廣泛範圍的數值下行得通，我們很容易看出它是否有價值。但是，超過一個變數時，就沒那麼容易，尤其是對包含十一個變數的策略來說！在你固定十個變數，並在廣泛範圍內更動第十一個變數的值，這件事只能告訴你，有個變數似乎有價值，或者支持其他十個值固定的變數。但是，一旦你改變其他十個變數之中的一個值，你第一次測試所做的工作就失效，因為之前固定的十個變數不再固定。我不是數學家，但是當一條公式裡面有十一個自變數，而且一個交易方法其實就是一條公式，我可以想像你必須測試將近無限個可能變數組合，對十一個變數做無限次徹底的壓力測試，將它們各自獨立取自由

度（變數數值的範圍），在另外十個變數值保持固定和變動下做組合。單單用想的，我的頭就痛！

我認為，要對彼此有關聯的十一個自變數做壓力測試，根本是不可能的事。移動的部分太多，你根本不可能有把握已經取得正確的變數值。

如果你不相信我說的話，請看看你身邊的人就知道。幾乎每一套畫圖套裝軟體都有這些流行的趨勢和折返工具——所以每個人都採納它們。它們出現在許多書籍、DVD和研討會中。可是，超過90%的積極型交易人都賠錢，而且大部分交易人的淨值曲線在開始採用新的聖杯交易系統後不久就下挫。為什麼？因為他們使用太多依賴變數的指標。他們透過操弄個別的變數值，找到正確的值，成功地將曲線配適到歷史資料上，產生好看的歷史性淨值曲線。但這是不穩定的淨值曲線，在開始交易後不久立即下滑。

這些常用工具結合成一套交易策略後，變得比它們的個別部分更為主觀、更有彈性、更不穩定，也更不可靠。這是大多數交易計畫失敗的原因，因為它們不是百分之百客觀，沒有獨立於交易人之外。

》主觀工具陷阱處處

可憐的順勢交易人，儘管知道要順勢交易，知道趨勢是他們的朋友，卻因為確認趨勢和折返的工具不良，未能順勢交易成功。難怪他們會失敗。這就是典型的垃圾進，垃圾出。毀掉交易人的是主觀工具。

這些工具以它們的靈活彈性為訴求，引誘不知情的交易人上當。它們支持交易人的意見，不會威脅交易人脆弱的自我。它

們讓人覺得親切而樂於合作。它們像是溫暖而安全的盟友。工具和交易人一搭一唱，描繪明亮的未來：主觀的工具有不費力的彈性，加上無所不知的聰明交易人。

交易人也是凡人，容易被交易螢幕的明亮光線誘惑。無知的交易人甘心當個快樂的傻瓜，深深信任那些工具。我在交易生涯的頭十五年，也是快樂和無知的傻瓜，以主觀的方法交易，因為相同的誘惑而受害。

》客觀工具不受交易人左右

你最好是選擇內部具有某種保護機制的趨勢和折返量數，防止人為操縱。擁有內建保護的最佳量數，沒有參數或可調整的變數。最佳的量數是客觀而獨立的。最佳的量數是固定的。任何有變數的指標都是負債。可調整的參數會產生可調整的結果。可調整的結果在做交易決策上不可靠。

箇中觀念是選擇客觀和「固定」的量數，以確定趨勢方向和折返水準。它們在使用時，沒有任何個人解讀的空間。十二歲小孩解讀量數應該和你一樣，否則就應該捨棄它。這裡面沒有迴旋空間。它必須是固定的。就這麼簡單。不是黑，就是白，沒有灰色地帶。一旦你找到這種量數，把它們組合起來成為策略，並且應用簡單和客觀的交易計畫。也就是，當你經由客觀趨勢和客觀折返工具，發現客觀格局，接著就應用客觀的進場、停損和出場標準。這套策略可能會賺錢，也可能不會。再下來是透過TEST程序，驗證期望值。如果它賺錢，你就上路，不然就重回畫圖桌。

再下來的挑戰是：找到交易時使用的客觀量數。這些量數雖然不完美，卻不會一直改變意見；不能調整；不能操弄：可以很

容易地應用和解讀，而且可以應用到簡單和客觀的交易計畫；可望產生正期望值，而且最後能夠透過TEST程序加以驗證。

你需要使用「免交易人」的工具，也就是交易人對於趨勢或折返的解讀不具影響力，然後工具不是行得通，就是行不通。它們需要獨立自主，不需要透過你操弄變數以協助。遺憾的是，在我看來，大部分指標都不值一顧。你透過變數對它們的影響太大。你需要創造一套「免交易人區」策略，防止交易人影響淨值曲線。

當然，發展策略時是百分之百主觀；這是不得不為。少了主觀的自由裁量和創造性構想，你將一無所有。你是創造者，所以你會使用百分之百的創意和主觀想法，打造交易方法。但是，一旦你打造出自己的策略，它必須不受交易人影響。它必須包含客觀的工具。你不能影響它的內部運作，你的方法中不能有任何軟性變數，你不能在其中操弄某個變數。

我們的順勢交易之旅走到現在，討論了順勢交易的兩大價值動因——找到趨勢，等候折返水準。雖然它們可能已經含括順勢交易人80%的工作，但順勢交易還有步驟要走。

在此再次回顧一下，執行順勢交易是包含兩個步驟的程序。第一，找到交易格局的位置，而這又包含三個部分：

· 確認趨勢
· 等候折返水準
· 等候折返型態

第二，執行交易計畫，包含五個部分：

- 等候確認進場訊號
- 進入市場
- 下停損點
- 管理交易
- 獲利了結（理想上）

我們接著討論等候折返型態。

等候折返型態

極少順勢交易人真的會等折返型態出現，並且確認折返水準。大部分交易人視折返水準（不管它可能是什麼）為折返型態。基本上，折返形態是指市場在拉回或者跌深反彈時，走勢停頓，價格盤整，之後趨勢才繼續進行。

折返形態代表價格集中在一起的區域，而且包括傳統的走勢圖形態，例如旗形、長三角形和三角形等。順勢交易人要解決的問題，就是以主觀的方式確認特定的走勢圖型態。

圖9.13是黃金價格的走勢圖。

走勢圖的解讀並不容易。如果交易人在他們的交易格局內使用傳統的折返型態，那麼他們必須使用自己訓練有素的眼睛，確認密集的折返型態。這是主觀的任務，做起來並不容易。我在圖9.14中盡我所能找出我所能看到的傳統密集走勢圖型態。在完成時，我想到如圖9.15所示的三角形謎題。

你以前可能見過這道謎題。現在，花點時間計算圖9.15有多少個三角形，把答案寫下來。不要作弊。不用過度分析，以最快的速度數算。

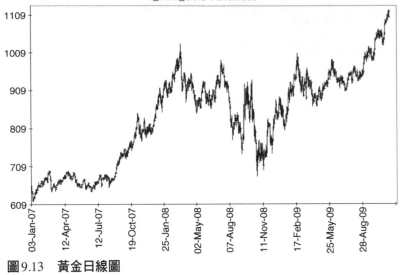

圖9.13　黃金日線圖

　　解決這道視覺謎題的方法，很像試著確認傳統的圖形型態。
這很主觀，取決於個人感知。如果再數一遍，你可能會見到更多
或更少的三角形。

　　圖9.16是一位朋友挑出我漏掉的折返型態。

　　圖9.17是另一位朋友指出我漏掉的其他折返型態。我也要求
對方看了一下這張走勢圖。現在你應該知道使用主觀工具的問題
出在哪裡了。

　　正如我說過的，走勢圖的解讀沒有那麼容易，而且市場可能
做了一些嘗試，才完成一個型態。此外，型態可能各有不同。舉
例來說，三角形可能對稱、上升或下降。

　　再說一次，確認折返形態的主觀性質，使得它們不穩定且不
可靠，妨礙順勢交易人的成功。

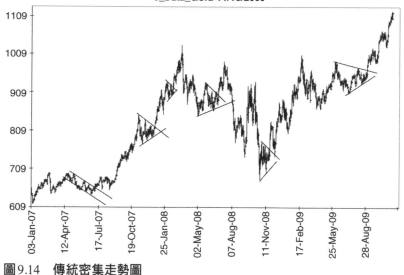

圖9.14　傳統密集走勢圖

　　　如果你不相信，何不回頭看圖9.15，再數一次三角形？結果
是否不同？你確定自己正確嗎？再數一遍看看？這道謎題像是給
小孩子玩的遊戲。如果這道謎題的答案已經讓你絞盡腦汁，你要
如何準確辨識真正（但難以捉摸）的圖形型態，拿真正的錢，即
時去真正的市場交易？你需要尋找、運用客觀的折返型態。

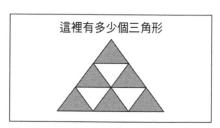

圖9.15　三角形謎題

圖9.16　比較傳統的走勢圖型態

圖9.17　確認傳統走勢圖型態的困難

執行交易計畫

等候確認進場訊號

根據我的經驗，不管是順勢交易人，還是短線波段交易人，大多數交易人都未能在進場交易之前，等候確認訊號（confirming signal）。他們一旦發現格局，就會立即進場。舉例來說，許多人會很單純地在折返50%的水準買進。聰明的交易人會依賴市場先證明他們的格局正確，才進場往格局的走向執行交易。如果他們需要50%折返發生，他們會先等候，然後如果市場接下來能夠開始上揚，就會設法作多，可能是在突破前一個、二個或三個長條高點時買進。少了這道確認程序，順勢交易人的工作當然會變得更難。

進入市場

這是每個順勢交易人，不管成功與否，都能走的一步。

下停損點

今天有那麼多交易書籍和研討會，我相信大部分交易人都知道要用停損點去交易。如果他們還沒採用，引進停損點絕對可以改善他們的績效。

管理交易

我認為，管理交易涉及使用追蹤停損點，這關乎調整停損點和在趨勢持續進行時鎖住利潤。沒有人喜歡把還沒到手的利潤吐回去。

獲利了結

顯然沒有很多交易人把這件事做得夠好而獲利。

克服主觀

你應該看得出來，順勢交易雖然只是個簡單的程序，卻受許多問題所苦。決定趨勢、尋找折返水準，還有依賴有變數的指標或主觀的圖形去解讀，以確認折返形態。他們都受害於主觀的意見。等候確認進場訊號需要經驗，而進場、下停損點、管理交易以及獲利了結，都需要紀律和一致。

遺憾的是，順勢交易計畫的三大價值動因——確定趨勢、尋找折返水準，以及確認折返型態，在整個交易程序中最為主觀。所以，那麼多順勢交易人失敗，並不足為奇！我們要回答的是這個問題：怎麼辦？在一個理想的世界，順勢交易者只用最佳的趨勢確認和折返量數工具。可惜，世界並不完美，市場的最大困境就是確據。

就我所知，這個世界上沒有完美的趨勢工具、完美的折返量數或完美的折返型態，每次都挖到黃金。交易隱含機率，沒有十拿九穩的事，所以尋找完美的趨勢和折返工具是沒有意義的：因為它們根本不存在。但是我相信，和依賴變數、指標與傳統的走勢圖型態等主觀工具比起來，交易人在確定趨勢、尋找折返水準，以及確認折返型態方面，可以做得更好。

答案就是確認並矯正傳統順勢交易的重大缺點。如同我說過的，這三大價值動因共有的關鍵缺點在於「主觀」。它們都依賴主觀意見指定變數值，或解讀走勢圖型態。我相信，如果能以客

觀取代主觀，順勢交易人的績效就會大幅改善。切記，客觀並不表示完美。交易上沒有完美。

交易人在趨勢、折返水準和折返型態的解讀上，需要獨立且百分之百客觀的建議。優良的趨勢和折返工具不需要靠交易人的投入才看起來行得通。優良的趨勢和折返水準獨立自主，以本身的價值接受評量，行得通或行不通，一翻兩瞪眼。優良的趨勢和折返工具具獨立性且有用，可以做為交易依據。

獨立

這是妨礙大多數交易方法的關鍵問題。它們太過依賴交易人使它們看起來行得通，如圖9.18所示。

圖9.18表示實務交易的三大支柱（資金管理、交易方法和交易心理），其中的方法面需要多個變數投入，可能是需要交易人設定一個主觀的變數值，也可能是對折返型態進行主觀的解讀。這些工具根本成了交易人的分身。諷刺的是，當交易人尋求這些主觀的工具協助時，他們只不過是在鏡子裡面看到自己。交易人需要的是獨立客觀的工具。

只有在交易人能夠不影響工具的解讀時，才能夠依賴工具的效能。如果這些工具結合客觀的交易計畫，能夠創造正期望值的歷史淨值曲線，才能可能成為贏家的方法。這時他們就能以TEST程序驗證策略。

交易人需要發展出一套獨立於他們之外的方法。當然，他們打造的方法絕對百分之百主觀，但一旦發展出來，就必須能夠獨立自主，而且獨立於交易人之外，不需要透過具可塑性的變數，進行任何操弄。交易人需要獨立的策略，如圖9.19所示。

不用丟太多球到空中，交易已經夠難的了。我寧可在交易時

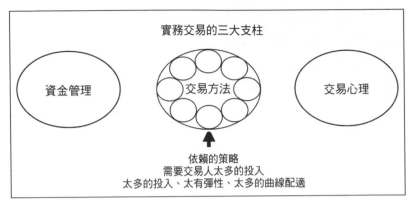

圖9.18　依賴的策略不可靠

只應付三顆球，如圖9.19所示，在執行我的客觀和獨立方法時，繼續保持專注和一致，應用明智的資金管理。我討厭像圖9.18那樣，丟三顆以上的球到空中，因為我必須擔心我給的變數值是否正確。我也會一直憂慮我所用的方法是否只代表歷史資料配適曲線成功，而不是有效的策略。我會不斷伸手找交易心理藥丸，躺在交易教練沙發上的時間，可能多於坐在交易桌前。不管什麼時候，我只要 接三顆球，而不是十顆！

　　我就是這樣的人，在本書中，我只能根據自己的經驗和你分享我的想法。

　　但願這樣的討論能讓你洞徹，為何大多數方法未能在即時交易中表現良好。我也想讓你知道，儘管我對主觀工具的容忍度為零，但並不是所有的主觀工具都不好。

主觀客觀都用 TEST 把關

　　我曉得我的意見很極端。大體來說，我確實將交易世界視為非黑即白。我很單純地相信交易是數字遊戲：了解數字、定義客

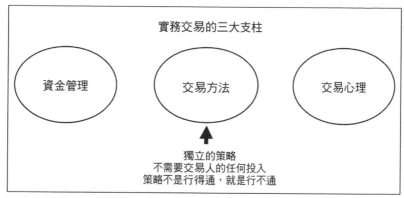

圖9.19　**獨立的策略**

觀優勢、小額交易、以一致的方式交易、保持耐性交易，就能從
風險資本賺得不錯的報酬。未能了解數字，交易的破產風險會高
於0%；交易會有負期望值；帳戶會過度交易；交易時會沒耐性；
交易時經常處於緊張和猶疑不決；交易時不遵循交易計畫。交易
會失敗。

　　但那是我的個人觀點。我也不留給主觀工具和以指標為基礎
的方法任何餘地。但那是我的看法，而你也許不一樣；你可能偏
愛指標或其他的主觀工具。若是如此，我想讓你知道，並不是所
有那樣的方法都會賠錢，因為我確實知道有些成功的指標基礎方
法。但我要告訴你的是，它們也都是簡單的方法，而且最成功的
只使用只有一個變數的單一指標。它就是那麼簡單。這套策略在
範圍廣泛的變數值都能賺錢。所以請不要對所有的指標都失去信
心，因為有一些是好的，而且確實擁有優勢。但是它們的效果有
賴於簡單的策略。

　　如果你的交易方法偏向主觀工具或分析，也沒關係。我只
是認為，你會發現它們較難建立可交易的優勢。但你當然可以放

手打造任何方法,只是在用它交易之前,還是需要透過TEST程序,去驗證方法的期望值。這是最後一道門、最後一關、你所用方法是否有效的最終仲裁者。

此外,選擇主觀工具的一個方法,是找出交易人已經成功使用多年的主觀工具。一種工具能長期幫交易人即時從市場獲利,它就能永存不朽。

另一種方法可能是為自由裁量型方法尋找軟體解決方案,軟體程式將獨立提供分析和尋找交易格局。你甚至可以納入以指標為基礎的方法。但是這裡的訣竅,是不去動變數的出廠設定值。你將必須視它們為固定的,因為當你操弄變數值,方法就不再獨立於你,也不再保持客觀。從那時起,它就變得太過主觀、太有彈性、太過不穩定,也太過不可靠,以至於不能依賴。這個的觀念是接受軟體或一組指標的原貌,你要和它們保持距離。

舉例來說,對艾略特波浪有興趣的交易人,可以考慮Advanced GET之類的程式,它會根據它對市場的艾略特波浪的解讀,獨立找到交易格局。你不要改變程式中的任何變數。你必須讓它自己去算波浪,然後提出它自己的分析。接著你需要看看交易格局是否能用TEST程序去驗證,以確定那種方法在你手中是否行得通。Advanced GET會隨著市場的變動而改變它計算的波浪數和交易格局,這點是挫折感所在,但至少是一致而獨立。這正是關鍵。它對市場狀況的解讀,前後一致。雖然這種方法相當主觀,交付的卻是客觀結果。只要你會去干預任何變數設定,它就會獨立且一致。你只要讓程式在電腦上跑,讓它做自己的事就行。你必須讓它獨立於你之外。請記住,不要插手操弄。我不知道它找到的交易格局是否足以獲利。你需要確定自己和交易夥伴都獨立使用TEST程序。但是,我喜歡它的地方,在於它是湯

姆‧約瑟夫（Tom Joseph）在1981和1986年之間寫的老程式，之後才在1986年公諸於世。它已經存在很久的時間。如果你能讓變數保持出廠設定值，並且成功使用TEST程序去驗證交易訊號，那麼你可能給自己找到了一個經過驗證且客觀的（由於這個軟體確實獨立於你之外做分析）主觀交易方法（艾略特波浪是主觀的）。以上提供你參考及思索。

提醒你，如果你幸運找到一種正期望值方法，裡面包含主觀的工具，而且能用TEST程序驗證，你必須了解，和簡單而絕對客觀獨立的方法比起來，主觀方法的穩定度較低。這是因為簡單方法的活動組件較少，出錯的機會也較低。

雖然有掃興之虞，我還是想分享柯林斯的《贏得市場》一書中，提及查理‧賴特（Charlie Wright）的觀察：

> 我們的研究發現一事足堪玩味，那就是指標到頭來一無是處。

這個觀察來自經營一家成功基金管理企業的賴特。他是涉足市場三十餘年的機械型交易人。他透過在市場交易、研究、發展和基金管理的那些年頭，相信指標一點都不重要。這雖然只是賴特的個人意見，但他有資格說這些話，因為他經驗豐富而且交易非常成功。此外，這只是概述，而任何原則都有例外。

以不變應市場萬應

有支強大的交易思想學派，相信交易方法需要保持彈性，以因應不斷變動的市場狀況。他們表示，市場會變動，所以交易人所用的方法也應該跟著變動，以因應新狀況。

他們說得沒錯。市場確實會在你相信自己理出頭緒之後不斷

且經常變動。市場不斷在多頭走勢和空頭走勢期間，從箱型區間起伏不定，走向擴張和展現趨勢。所以市場表面上確實在變動。而且持平而論，如果市場一直在變動，交易人怎麼能用一種方法應對所有市場狀況？我聽過這種說法，但我不同意。

我相信，一個好方法面對所有市場狀況都行得通。我不是說一種方法應該能在每一年的每個市場中都賺到錢。這幾乎不可能。但我確實相信，設計良好的簡單方法，應該能在長期內，在出現各種市場狀況（多頭走勢、空頭走勢、價格密集的箱型區間交易，或是一清二楚的順勢交易）的許多市場交易中獲得利潤。

誰對誰錯？都對，也都錯。經驗非常豐富的交易人能夠辨識訊號，知道何時將策略從空頭市場模式切換到多頭市場模式，從箱型區間擺盪交易，切換到清楚的折返和突破順勢交易。但他們經驗非常豐富，而且不是每次都對。他們是交易界的精英，非常接近交易光譜的登峰造極之境，一般交易人根本無法望其項背。他們幾乎是神隱、神話般的交易人。他們是傳奇。

較平凡的交易人則喜歡一以貫之，不管面對什麼情況，都用簡單而客觀的穩健方法去交易，並且依賴資金管理、一致性、紀律和毅力而成功。例如我不久之後就要討論的，使用遠近馳名的海龜交易策略的那些人。至於一般交易人，我建議他們採用一種不錯的方法，在所有的市場狀況中交易，直到他們發展出必要的專門知識技能，而這是很難取得的。

方法可以互補加乘

你可以考慮另一種方法，就是發展兩個獨立且互補的順勢與逆勢（短線波段）交易方法。

理想情況下，它們都百分之百客觀且獨立，而且在許多市場

裡，不管遇到什麼市場狀況都行得通。它們可以獲利，並且能夠獨立自主運作。但是當你結合它們的淨值曲線，你會看到曲線呈現較平滑的帳戶餘額走勢。當順勢交易方法顛簸難行，逆勢方法仍可望享有利潤，反之亦然。

你的目標是發展、結合相輔相成且獨立的方法。一旦做到這一點，你也應該橫跨時間架構，進一步分散策略。你應該發展較短期或較長期的順勢與逆勢交易方法。我就是這麼做。我橫跨多個時間架構，在全球指數與貨幣市場，交易一個機械型順勢與逆勢方法的組合。

談過我對順勢交易方法為何大多失敗的看法後，現在要討論贏家方法的基本屬性。本章的目標之一就是提供框架，讓你得以在裡面發展你自己的交易方法。傳統的順勢與折返工具為何對大部分交易人無所助益，希望你已經了解其中究竟。現在就來看看優良策略的構成元素。

贏家方法的基本屬性

優良的策略具備兩個簡單要件：一是**協助交易人避開致命的錯誤**；二是**顧及成功交易的基本策略要素**。

表9.6概括了人部分交易人犯下的致命錯誤。

優良的方法能確保交易人在交易規模上維持保守態度，任何一筆交易，都只拿帳戶的一小部分去冒險。優良的方法會很快就軋平賠錢的交易。它通常會使用相當小的起始停損點，在部位移動有利於交易人的方向時，跟著調整並跟緊市場。一般來說，良好的方法會遲遲軋平賺錢的交易，允許市場告訴你所用的方法何時獲利了結。一般來說，優良的方法不會運用獲利目標。優良的

方法通常會橫跨一個市場組合運作。優良的方法通常是客觀的，允許任何人用它去交易，並且享有相同的成果。一般而言，優良的方法極少運用包含主觀變數的任何工具。

根據我的經驗，贏家方法有些通性。說通性是因為總有例外。有些成功的交易人，很快就獲利了結。還有些交易人，使用的方法只在兩三個市場行得通。也有些交易人，使用的方法用到主觀的工具。更有些交易人，確實運用獲利目標。但是，如同我說過的，他們是例外。

成功的方法也顧及成功交易通則的基本策略要素，如圖9.20所示。

贏家方法不是隨機而生。它們有結構，是一套有邏輯的信念，關乎市場如何運作。折返順勢交易相信市場在往趨勢行進的過程中，會穿越平均反轉值而上下波動。雖然市場並非時時都有趨勢，但一旦展現趨勢，它們會往前衝刺和停頓；它們會擴張和

表9.6　大部分交易人犯下的致命錯誤

過度自信，每筆交易拿太多錢去冒險
不良的輸家，不肯迅速認賠
- 不使用停損點
- 不尊重停損點
- 不使用小停損點
- 不調整停損點
不良的贏家太快獲利了結
- 太專注於一兩個市場
- 太過相信
- 太過主觀
- 使用太多依賴變數的落後指標
- 沒有驗證構想

經由折返而收縮，之後再度擴張，繼續往趨勢的方向行進。折返順勢交易相信，交易人會有很多機會補捉到折返拉回之後，趨勢持續進行的走勢。

再舉個例子，艾略特波浪相信市場趨勢通常包含五波上升，折返通常包含三波拉回。你也能在許多市場看到許多例子。

贏家方法通常都很簡單。它們不複雜。簡單就可以少出錯。簡單能確保贏家方法維持穩健。複雜的策略有太多活動組件、在空中有太多球，所以邏輯上而言，它們「掉球」的機會比較高，導致所用方法失去它的優勢。策略一複雜，可能出錯的東西就變得比較多。

備受敬重的市場分析師與交易人狄馬克，曾經和市場怪傑鍾

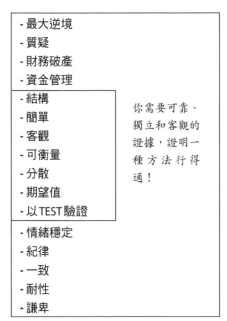

圖9.20　成功交易的特性

斯共事，現在則輔佐160億美元投資基金SAC資本的柯恩。他說了我閱聽過的最佳名言之一。他在柯林斯所寫《贏得市場》一書中說：

> ……在十七名程式設計師和四、五年的測試之後，基本的四、五個系統運作得最好……

說到你能從我寫的這本書得到什麼東西，要是你沒有把狄馬克觀察到的事情複製下來，貼到交易螢幕上方牆壁非常顯眼的位置，那麼你算是不合格的讀者。這是狄馬克給交易人的極其寶貴貢獻，因為他分享了一個洞見，讓我們知道一個重大研究發展專案的結果。鍾斯在四到五年的時間中，請得起十七名程式設計師，進行密集的市場與策略研究，這樣的交易人並不多見。單單雇用一位程式設計師就很昂貴，更別提在四到五年的期間內，雇用十七位。這是非常昂貴的研究。

我們應該謹記狄馬克的觀察。在投入那麼多時間和心力之後，狄馬克的基本或簡單的四或五個系統（策略）運作得最好。你可以不相信我，但請相信狄馬克，請不要逆勢而為，想要推倒重來。簡單的東西就是行得通。

順帶一提，就在昨天晚上，我和朋友談到安排雙方家人來個披薩聚會。而且如同以往，我們的話題聊到市場。朋友擁有並經營一家成功的絕對報酬基金管理事業。他管理的資金高達數億美元。我們提到另一位交易人的觀察。那是針對市場所做的簡單觀察。雖然簡單，卻十分有力。我們兩人都說，簡單是最少人知道的交易秘密之一。簡單就是行得通。

贏家方法既簡單且客觀，不需要主觀的解讀。十名交易人遵

循相同的簡單方法，應該會找到相同的格局。客觀的方法才能夠衡量，才會有簡單的交易計畫以決定方法的歷史期望值、衡量所有賺賠交易。贏家方法具正期望值，在多個市場都行得通。

這些是贏家方法的關鍵屬性。它們簡單且客觀，期望值可以衡量。我相信這是你需要的：可靠、獨立且客觀的證據，證明它行得通！有了這些，你就往成功的交易人又接近一步。力求方法簡單，再怎麼強調也不為過。

簡單就是美

除了發展穩健的獲利方法，策略力求簡單還有許多好處。

》啟蒙

發展、接納簡單的交易方法，表示你已經接受關於交易的一個重要事實。這意味著你已經達到「禪」的心境，了解這個世界上沒有所謂的聖杯交易解決方案。這意味著你不再覺得需要繼續永無止盡地搜尋下一個最好的交易構想。接納簡單，能讓你開竅和帶來心靈上的平靜。

這意味著你現在了解、接受沒人能斷言市場的未來走向。你已經了解，你在交易上能夠控制的，就只是採用健全的交易邏輯和良好的資金管理策略。現在你了解，不必對市場未來走向瞭若指掌，也能在交易上賺錢。這些是你接納簡單而有的體悟。

》容易

簡單的方法沒有複雜的東西。沒有指標需要解讀，不需要畫角度，不必計算波浪數，不需要找週期，也不必計算折返百分率。統統不必。簡單，做起來就容易。

》客觀

簡單會使方法變得客觀。簡單意味著沒有東西可以操弄、修補，或者動手腳。簡單意味著格局的有無直截了當，沒有什麼好解讀的。

》穩健

穩健是指所用方法能夠長期即時獲利。你所用的方法持續增加交易帳戶的時間越長，就越穩健。採用指標等主觀變數的方法不穩健。簡單的方法通常排除使用變數，這有助於它們維持穩健。穩健意味著出錯較少。活動組件越少，方法越穩健。

》情緒穩定

和主觀的自由裁量型交易比起來，簡單的方法在情緒上比較容易交易。自由裁量型交易遠具彈性，且遠為依賴交易人做所有的決策。不管是確認格局、決定是否進行交易，還是決定在哪裡下最好的停損點、獲利了結，所有的決策都取決於交易人。採用簡單方法的交易人，在市場開盤之前，就知道格局是否存在。如果有交易格局，就知道要在哪裡進場和下停損點。他們的交易簡單到就像把點連成圖。他們知道在哪裡進場、在哪裡下停損點，以及在哪裡獲利了結。他們不需要做決策。由於不必持續做決策，簡單而百分之百客觀的交易方法，執行起來較能心平氣和。

》時間管理

交易人用簡單的方法交易，時間管理也能做得更好。由於必須做的事很少，交易人有較多自由時間可以運用。他們不必成為

市場的奴隸，持續搜尋格局、決定是否交易。簡單比較快。

簡單的矛盾

我也應該告訴你，發展簡單的交易方法有個強烈的矛盾點。沒錯，依我的經驗，策略越簡單，便越穩健，而越穩健，越好。矛盾的是，一般來說，方法越簡單，淨值曲線越是起伏不定。淨值曲線越是起伏不定，則越難交易！

這是因為越簡單的策略，越有可能是真正的策略。簡單的策略不會運用依賴變數的指標，藉以取巧跳過大賠的交易，或者避開持續不利的交易區間。交易人很容易選擇可用的指標，引進一個過濾器，以避開若干市場狀況。交易人很容易發展複雜的指標基礎策略，產生看起來平滑的淨值曲線。

因此矛盾由此而生。簡單通常伴隨著淨值曲線起伏不定，使得交易極具挑戰性，因為非常真實且十分正常的賠損期間會發生。所以說，雖然簡單最好，通常卻最難交易！

講完不要做哪些事情，以及為何你應該採用百分之百客觀且獨立的工具，以打造簡單的方法之後，我想舉個例子說明我的論點才合乎公允。我應該讓你看一個簡單、百分之百客觀且獨立的交易方法，也就是贏家策略。

贏家方法實例：海龜交易策略

「海龜」是理查・丹尼斯和他的合夥人比爾・艾克哈特（Bill Eckhardt）1980年代主持訓練的一個知名交易人團體。他們因為傑克・史華格（Jack D. Schwager）寫的《金融怪傑》（*Market Wizards*）而受矚目。今天，許多海龜繼續成功管理資金，而且毫

無疑問，仍然使用二十多年前他們所學到某個版本的原始海龜交易策略。

曾經是海龜的克提斯‧費斯，在他寫的《海龜投資法則》一書中，彙總了他們所用的策略。這是順勢交易使用突破的贏家方法實例。我將它的基本策略彙總於圖9.21。

真的很簡單，不是嗎？這套策略現在有些細微調整，你可以在費斯的書中讀到，但本書在此的討論，基本策略就夠了。

丹尼斯並沒有發展相關的策略，而是理查‧唐契安（Richard Donchian）在1960年代做的，並於1970年代公開說明它的優點。現在稱之為唐契安四週（20根長條）突破通路（Donchian 4 Week (20 bar) Breakout Channel）策略。

這是贏家方法的絕佳例子。

它有結構，對市場如何運作，抱持合乎邏輯的信念。它相信趨勢起於動能或者價格的波動。上漲趨勢中，它相信高價會帶出更高的價格。下跌趨勢中，它相信低價會帶出更低的價格。就是這麼簡單。在最高的高價買進和最低的低價賣出，很少有策略比這還簡單。每天的價格並沒有變數。沒有人能夠真正影響過去20根交易長條的最高高價或最低低價。它是客觀的，所有的交易人都能數到20，並且確定最高的高價和最低的低價。現在，「20」日或「4」週準則是個變數，但自唐契安於1960年代發展這個觀念以來，它一直保持「出廠」設定。雖然「20」和「10」日都是變數，因為它們本來就是，但已經維持預設值超過四十年。此外，4週準則也可以被視為一個月的準則，不帶任何變數。所以我認為，突破進場準則既是固定也是客觀的準則。但是，如果交易人真要在一個廣泛的範圍內調整變數的值，我認為這套策略仍能賺錢，因為我所說的變化版本之一，包括比較大的通路突破。

<table>
<tr><td colspan="2">買進訊號</td></tr>
<tr><td>進場</td><td>在過去20根長條高價的最高點突破時買進。</td></tr>
<tr><td>起始停損點</td><td>固定波動性資金管理停損點。
限制風險於風險資本的2%。
波動性以20日ATR定義。</td></tr>
<tr><td>出場</td><td>在過去10根長條低價的最低點突破時賣出。</td></tr>
<tr><td colspan="2">賣出訊號</td></tr>
<tr><td>進場</td><td>在過去20根長條低價的最低點突破時賣出。</td></tr>
<tr><td>起始停損點</td><td>固定波動性資金管理停損點。
限制風險於風險資本的2%。
波動性以20日ATR定義。</td></tr>
<tr><td>出場</td><td>在過去10根長條高價的最高點突破時買進。</td></tr>
</table>

圖9.21　海龜交易準則

計算20日ATR並不困難，計算交易帳戶2%的金額是多少，也不難。這套策略的資金管理停損點在範圍廣泛的ATR值都有效。對現有的部位來說，交易人可以找到過去10根長條的最高高價和最低低價。我說過，它很簡單且客觀，意味著獲利率和期望值也容易衡量。

這套策略是最成功和最受人愛用的順勢交易策略之一，而且已經存在超過四十年。這是非常長的交易時間。我喜歡長時間，也希望它給你實務上的洞見，管窺贏家方法應該有的樣貌。

海龜交易策略唯一的問題，如同我在第五章說過的，是你必須用高額帳戶去交易。你需要高額帳戶有兩個原因，第一，為了交易很大的市場組合，第二，為了因應賠損。你需要高額帳戶才能交易由二十到三十個市場構成的組合，如此這套策略才能運作，因為市場極少出現趨勢。而且，如同我在第五章說過的，雖

然這套策略在2007年非常賺錢，卻在那一年承受75萬美元的賠損！所以，你也需要高額帳戶以因應確實會發生的賠損。但是做為贏家策略，它是此處討論的絕佳例子。

目前已經針對交易方法做了很多討論。我已經和你分享為何我相信折返順勢交易應該很簡單。我提醒你為何交易。我討論了那麼多交易人覺得難以順勢交易，原因在於不良的趨勢和折返工具。你也知道，我相信「主觀」和「依賴」是交易禁忌。我討論了贏家方法的基本屬性，並以海龜交易策略做為例子。

在我結束討論方法之前，想再和你分享兩個例子：一個讓你知道客觀的趨勢工具長什麼樣子，另一個告訴你為何使用主觀的折返工具很危險。

客觀的趨勢工具實例

你曉得，我相信任何趨勢工具只要帶有變數，例如移動平均指標，便太過主觀而不能依賴。我覺得有更好的選擇。一個替代方法可能是借助於價格（就像海龜交易策略那樣），以確定趨勢的方向。

使用價格的一個例子，是看擺盪走勢圖。擺盪走勢圖有助於平滑價格。使用擺盪走勢圖時：

- 上漲趨勢的定義是見到更高的擺盪低點。當擺盪低點越來越低，上漲趨勢就轉為下跌趨勢。
- 下跌趨勢的定義是見到更低的擺盪高點。當擺盪高點越來越高，下跌趨勢就轉為上漲趨勢。

我相信使用擺盪走勢圖，會比使用帶有主觀變數的工具，更能衡量趨勢的方向。波段是根據價格而來。它們可以根據每天、每週、每月、每季或每年的價格而定。擺盪點是根據價格，所以百分之百客觀，因為沒有交易人或機構可以影響每天、每週、每月、每季或每年的高價或低價。市場比任何個人或機構的影響力都要大。

擺盪點絕對客觀而獨立。解讀趨勢不容自由裁量。如果擺盪走勢圖正產生更高的擺盪低點，趨勢就是向上。如果擺盪走勢圖正產生更低的高點，趨勢就是向下。視你在決定趨勢方向時喜歡使用的時間架構而定，你可以使用擺盪週線圖（圖9.22）或月線圖（圖9.23）。

圖9.22是日線圖，重疊在每週擺盪上面。當每週擺盪的低點越來越高，週趨勢向上。當週擺盪使得高點越來越低，則週趨勢向下。你也可以用月擺盪圖確定趨勢。

圖9.23是日線圖，重疊在月擺盪上面。當月擺盪創下的低點越來越高，月趨勢為向上。當月擺盪創下的高點越來越低，則月趨勢向下。月擺盪可用於確定月趨勢，而且由於期間較長，有助於抓到大交易。

使用時間架構較高的擺盪走勢圖，是百分之百客觀趨勢工具的一個例子。接下來要舉例，說明為什麼不宜在順勢交易方法中使用主觀的折返工具。

費波納奇：實或虛

折返百分率是常用的折返工具。其中最常用或最廣為人知的是費波納奇比率。圖9.24彙總了所有公認好用的百分率。圖9.25

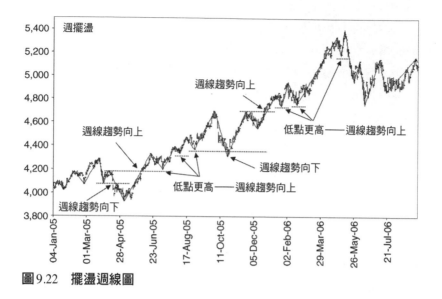

圖9.22　擺盪週線圖

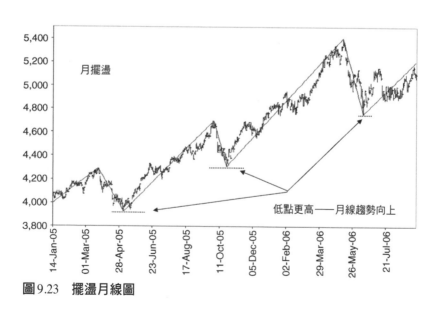

圖9.23　擺盪月線圖

費波納奇比率
　0.236, 0.382, 0.618, 0.786
調和比率
　0.50, 0.707
算術比率
　0.333, 0.667
甘恩八分比率
　0.125, 0.250, 0.375, 0.500
　0.625, 0.7500, 0.875

圖9.24　常用的折返百分率

則依數值大小彙總了各種比率。

　　折返百分率的一大缺點就是數字太多！它們不可能都對。那麼，哪一個才是對的？可惜，我當年初入行時，看到那麼多斬釘截鐵的比率和理論，還不懂得要先質疑。我在交易生涯的頭十五年是艾略特波浪的信徒。進入艾略特波浪等於進入費波納奇。但我似乎找不到正確的比率辨識支撐或阻力。由於我的背景包括艾略特波浪和費波納奇，所以我將集中討論它們的比率。

　　如圖9.25所示，常用的費波納奇比率有38.2%、61.8%和78.6%。50%折返水準雖然不是費波納奇比率，也被視為相當重要。交易人要使用哪個比率，確定折返已經找到支撐或阻力？這是很難回答的問題。有選擇，工具就變主觀。

　　然而，「選擇」是費波納奇交易人面對的兩個問題中較輕微的一個。儘管諸多文獻和軟體程式投入費波納奇，我的研究卻顯示，它在確認支撐或阻力水準方面，不比其他的百分點更占競爭優勢。

　　基本上，我根據資料製作擺盪圖，並且計算圖上所有的擺盪

折返	
0.875	甘恩
0.786	費波納奇
0.750	甘恩
0.707	調和
0.667	算術
0.625	甘恩
0.618	費波納奇
0.500	調和
0.500	甘恩
0.382	費波納奇
0.375	甘恩
0.333	算術
0.250	甘恩
0.236	費波納奇
0.125	甘恩

圖9.25 依數字順序列出常用的折返百分率

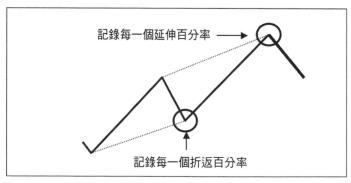

圖9.26 衡量折返百分率和延伸擺盪

百分率。如圖9.26所示，我記錄了所有的折返百分率，我也加進延伸百分率。如果費波納奇是確認支撐或阻力的可靠工具，那麼百分率樣本應該會充斥著38.2%、61.8%、78.6%，和161.8%，相對於非費波納奇比率，數量多得異常，呈現統計顯著性。

　　為了確保擺盪組盡可能納入所有費波納奇，我也在多個市場製作多個時間架構的擺盪圖。每個市場都回溯到1990年的每日資料，如圖9.27所示；再根據每日資料製作擺盪日線圖，如圖9.28所示。每日資料可彙整成每週資料，再據以製作擺盪週線圖，如圖9.29所示。接下來，依此類推，製作擺盪月線圖、擺盪季線圖和擺盪年線圖，分別如圖9.30、圖9.31和圖9.32所示。我希望我的研究涵蓋完整的多重時間架構擺盪。

圖9.27　日線圖

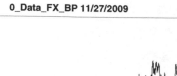

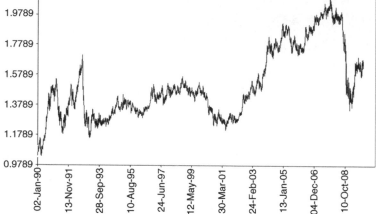

圖9.28 擺盪日線圖

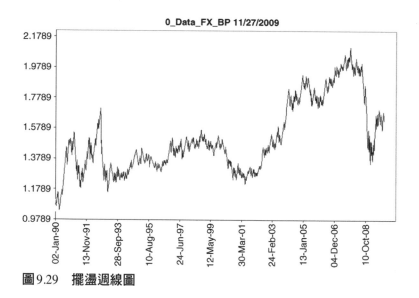

圖9.29 擺盪週線圖

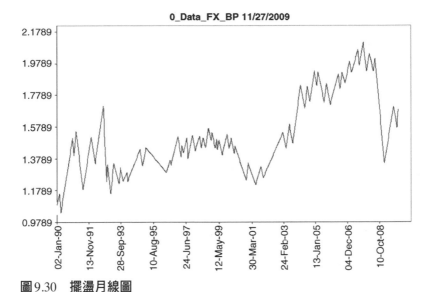

圖9.30　擺盪月線圖

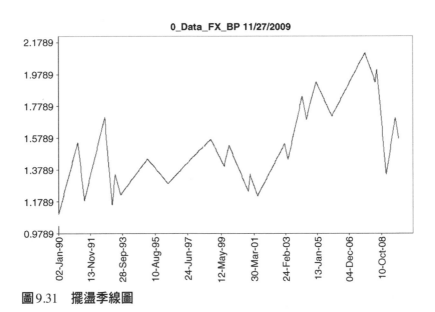

圖9.31　擺盪季線圖

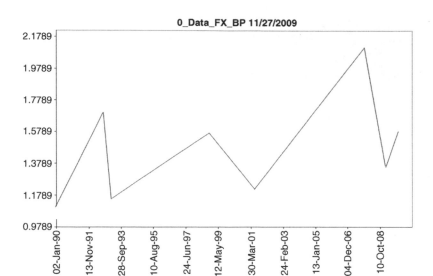

0_Data_FX_BP 11/27/2009

圖9.32　擺盪年線圖

　　現在，茲以五種主要貨幣（歐元、英鎊、日圓、瑞士法郎、澳元），加上黃金、原油，以及十一個主要指數市場（SPI、日經、台灣、恆生、SiMSCI、KLCI、Dax、Stoxx50、FTSE、Nasdaq、SP500），製作多重時間架構擺盪圖。我在這十八個市場總共蒐集到36,411個擺盪，圖9.33即是它們的分布直方圖，表9.7則是實際次數。如圖表所示，即使在38.2%、61.8%和78.6%的比率上，分別有228、248和222個折返點，但折返百分率大致呈常態分布。費波納奇比率並沒有突出之處。

　　但是交易界卻有一整個產業，倡導費波納奇是確認支撐與阻力水準的可靠交易工具！我但願自己在第一次見到費波納奇比率時，就持懷疑態度。它花了我約十五年的時間，才親自做功課驗證它們毫無意義。但願現在這個小小的練習，能向你證明，自己做功課驗證交易觀念有多重要。

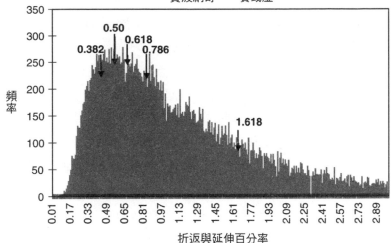

圖9.33　折返與延伸百分率直方圖

表9.7　費波納奇百分率出現次數

費波納奇比率（%）	出現次數	出現百分率（%）
38.2	228	0.6
50.0	249	0.7
61.8	248	0.7
78.6	222	0.6
161.8	87	0.2

服用安慰劑的交易人

　　經過前面的討論，我想我已經被每個費波納奇交易人從耶誕賀卡名單上剔除。但我接下來要說，或許可以緩和敵意。

　　雖然我做的研究證明，費波納奇比率沒有比其他百分率高明。但是，費波納奇支持者眾，如果再加上艾略特波浪交易

人，費波納奇粉絲可謂滿天下。艾略特波浪國際（Elliot Wave International）的羅伯·普萊契特（Robert Pretcher）可能擁有世界上最古老和最成功的新聞信之一（依發行量而言）。我何德何能，居然敢說他們採用費波納奇都沒賺到錢？想也知道，一定有人用費波納奇比率支撐交易格局，而且確實賺了錢。

這讓我想到一個關鍵問題。如果費波納奇比率在統計上不具顯著性，交易人遵循它並獲利，是否像在是吃安慰劑？這些人交易的成功，是歸因錯誤嗎？這些比率在統計上不是堅不可摧，但在費波納奇交易人心裡，卻代表市場結構的真理。這個真理給了他們信心，敢於投入市場，而且賺了錢，他們於是相信，他們的成功來自費波納奇比率，奠基於義大利數學家李奧納多·費波納奇（Leonardo Fibonacci）的理論。所以費波納奇比率是實？是虛？還是信念？我認為它顯然是信念，因為它在統計上站不住腳。我稱他們為服用安慰劑的交易人。

耐人尋味的是，他們不知道費波納奇或其他主觀工具在統計上不具顯著性，他們沒有意識到成功來自他們自身的技能。他們能夠賺錢，唯一真實的理由就是他們是極為優秀的交易人，交易金額小、迅速認賠，遲遲將利潤落袋。他們或許對費波納奇有所錯覺，但他們知道怎麼做才會交易成功。

同理，我是否也能大膽地問，所有交易人是不是都是服用安慰劑的交易人？我越來越相信大部分人都不理性。大部分人在情況支持他們的時候，喜歡認為自己很理性。但當情況不妙，有些人就變得不理性，開始找方法支持他們的決策。這就像確認偏誤（confirmation bias）。當交易人作多錯了，不但不停損出場，反而一面移動停損點，一面在網路上找資料，佐證他們建立的部位沒錯。任何意見相左的資訊，他們會視而不見。他們只看到能

確認他們所作所為是正確的資訊。

　　成功的交易人，儘管交易格局大異其趣，獲利是他們的共同點。進入市場後面臨的是真槍實彈的交易。實際的交易才真正重要。我個人喜歡將交易信心，植基於可量化和可衡量的事實，而不是根據信念。我希望你也一樣。這做起來比較容易。許多交易人都不如自己想像的那麼理性，例如費波納奇和類似方法的交易人。到頭來，交易是下列四項因素的函數：

　　・買進或賣出的偏見：交易格局
　　・明智的資金管理：確保採用適當的部位規模
　　・交易計畫：何處進場、下停損點和出場的準則
　　・意志力：根據交易計畫執行的能力。

　　以上四項全掌握在交易人手中。

　　接下來的這段話，我要甘犯自相矛盾的風險。雖然我主張使用客觀且獨立的工具，雖然我個人偏好以定義明確、客觀、獨立和可衡量的優勢進場交易，但如果你不這麼做，只要你是優秀的交易人，根據 TEST 程序，和你交易夥伴執行三十筆模擬交易，以驗證方法的期望值，和我不一樣也沒有什麼關係。

　　這裡的重點是三十筆 TEST 交易。TEST 程序是交易能力的最後仲裁者。不管是採用客觀或主觀方法，只要能通過 TEST 程序，其他可能都無關緊要。但是，如果你跳過三十筆 TEST 交易，交易心理會成為你必須克服的最大障礙，因為你必須和意識心靈比腕力，以協助你執行未獲證實可行的方法。這將是一場大戰。所有的交易教練都樂意靠它致富。

小結

本章耗費相當長的篇幅談論成功交易通則的第二部分，因為我相信交易方法是實務上交易三大支柱中第二重要的元素。交易方法定義了你的優勢，是你投入市場的正當理由。除非你有具備真正優勢的真正方法，否則根本不該交易。

本章解釋了常見的三種交易方法（自由裁量型、機械型以及自由裁量機械型）。大部分新手一開始都是自由裁量型交易人，最後慢慢走向結構化或機械型的方法。機械型交易大幅消除了自由裁量型交易的情緒混亂。所以有些專業交易人最後會成為自由裁量機械型交易人，即利用經驗和判斷，在極度結構化和機械化的交易格局中做選擇。他們相信自己能夠利用多年經驗，以自由裁量的方式，贏過機械型策略。

你可以用順勢方法和逆勢方法交易。完整的交易方法有兩部分：交易格局和交易計畫。格局應該只看潛在的支撐和阻力水準。技術面分析學派可以分為預測者、夢想者和務實者。交易計畫針對進場、停損點以及獲利交易的出場，訂定明確的準則。進場的重要在於它們直接影響期望值和部位規模。留意大停損點的致命吸引力，它們會毀了交易人。有效的交易計畫，應該在進場交易之前，就支持和證實某個格局，而方法需要TEST程序驗證優劣。你要將資金管理策略和經過驗證的方法結合，計算破產風險估計值。注意交易目標：不能在財務上破產，務必生存下去，交易時的破產風險不能高於0%。

順勢交易是明智且理想的交易方法。市場有趨勢，趨勢是所有利潤的基礎。順勢交易人的虧損交易比率高達67%。交易人可以執行突破或折返順勢交易。折返順勢交易允許交易人以較低的

風險建立部位,但付出的代價是有時會錯過大趨勢。突破順勢交易絕對不會錯過大趨勢,但代價是停損通常較大,賠損也較大。

我討論了使用折返順勢交易做為交易方法的實務意涵。你現在知道折返順勢交易應該簡單,我也提醒你為何要交易。你學到折返順勢交易不應該比單純地按部就班程序困難。

即使大部分交易人都知道順勢交易是最安全的交易方式,但還是有那麼多人失敗。常用的趨勢和折返工具,因為太過依賴交易人的主觀認定和解讀,太有彈性、不穩定及不可靠而成效不彰,不能做為交易的基礎。交易人的關鍵議題是使用既客觀且獨立的工具,趨勢和折返的解讀不受交易人影響。

並非所有的指標都不好。有些成功的方法使用指標。最成功的方法只使用單一指標,帶有單一變數,在範圍廣泛的變數值內行得通。

本章介紹了成功方法的基本屬性,海龜交易策略就是個好例子。方法應該力求簡單。時間架構較高的擺盪圖就是良好的客觀趨勢工具。我也分享了我的費波納奇研究,證明在採用主觀的折返工具之前,查證有多重要。

本章也思索所有交易人是否都只是服用安慰劑的交易人,在交易格局中依賴信念,以投入市場執行交易。不管是理性的客觀或非理性的主觀,交易人對格局所持有的信念都很重要。信念驅使交易人投入市場,有機會執行良好的交易技能。我的信念偏向根據事實,而不是虛構之物。

大多數人一開始都是自由裁量型交易人,絕大多數最後採用機械型方法。繼續交易的人終究會擅長於機械型交易,並成為市場常勝軍。真正優秀的交易人則繼續轉為自由裁量機械型交易人,借重多年經驗,選擇極結構化或機械性的格局。頂尖高手則

學習如何擊敗極結構化的方法。這是一般進程，但事情沒有絕
對，有些成功的交易人一直都是自由裁量型交易人。我建議剛起
步的交易人，先專注於發展機械型方法。在我看來，這是最容易
攀爬的交易之山。

　　下一章討論交易心理，完成三大支柱的建構。

第10章

第三支柱：交易心理

　　本章結束時，將完成探討實務交易的三個關鍵要素，也就是交易三大支柱：資金管理、交易方法、交易心理。我把交易心理放在資金管理和交易方法之後，並不是因為小看它。

　　不過，交易心理雖然重要，卻不會勝過知道每個交易人都有個人帳戶破產的統計機率；不會勝過以知識、用心和努力，研究發展簡單、客觀而獨立的交易方法；不會勝過以TEST程序驗證方法的期望值所需的知識、用心和努力；不會勝過降低交易人的破產風險到0%。此外，在「登板」以真正的錢投入市場之前，心理面都無關緊要。當你開始交易，心理面會有正面的促能影響力（positive enabling influence）。

　　交易心理對生存和成功的重要性是程度問題。如果資金管理和交易方法一開始就正確，有助於在意識和潛意識上感覺放心。交易方法的期望值若能通過TEST驗證，潛意識會感覺有機會成功完成試駕，而提升信心。資金管理和交易方法做得好，就能以

0%破產風險執行交易，潛意識也會舒暢無比。如果沒有做好，它會藉由焦慮和壓力，盡其所能阻止你交易。切記，如果你對交易感到壓力，就應該停止交易。請傾聽潛意識的聲音，它想告訴你每個人可能都知道的事情——你對交易實際的運作一無所知，很有可能失控！

交易心理的關鍵是管理三大情緒：**希望、貪婪**和**恐懼**。交易心理是讓資金管理和方法緊密結合的黏合劑。在開始之前，我先討論一下，關於交易心理的重要性，一般的看法是如何。此外，我必須坦承，我不是心理學家。我沒有受過正式的訓練，不曾讀過一本談交易心理的書。我只想讓你知道，我對這個討論熱烈的主題有何看法。至於要不要聽，由你決定。

一般觀點

一般相信，你需要了解潛意識所製造的限制，了解如何接入潛意識，以釋放潛力。也就是說，一切都存乎心。但是，我不認同。我認為，只有開始交易，心理面才重要。我不相信交易成功有賴於了解潛意識製造的限制。我不相信成功有賴於知道如何接入潛意識，以釋放潛力。我認為，「限制」和「釋放」潛力的說法，根本愚不可及。

相信心理面應該用於擊退潛意識的許多人會告訴你，要相信你的交易計畫、堅持到底、執行你的交易計畫。但我認為，潛意識如果不認為交易人真正意識到自己在做什麼，心理面就會成為障礙。就這麼簡單。

儘管上那麼多課程、研討會和講習班，儘管看過那麼多書，儘管在電腦安裝畫圖程式，大部分交易人仍然無知，而且潛意識

看得一清二楚，曉得交易人缺乏交易能力。這是為什麼它會盡其所能，阻止交易人進入市場。它使交易人的心跳加快、掌心冒汗、心悸、焦慮，偏離自己的交易計畫。

我相信，如果交易人採用明智的資金管理策略，結合簡單且穩健的交易方法，破產風險會是0%。如果做到這一點，潛意識會曉得他們有能力，而樂於待在後院不鬧事。

破除無知，回歸基本功

資金管理和正期望值策略，是防範破產風險的兩大關鍵武器。如果交易人做好功課，曉得如何將破產風險降為0%，並以簡單、客觀而獨立的方法，正確做到這件事，潛意識會知道這個人明白交易是數字遊戲，知道這個人押注的勝算對自己有利。這時，潛意識在交易時會變得放鬆，促成交易人遵循交易計畫，因為它知道交易人擁有交易優勢，以0%破產風險交易。它會要交易人去賺錢；它一點都不笨。因此，與其以某種心理緊身衣綁緊潛意識，我相信交易人應該傾聽並聽從潛意識的話！因為如果交易人能夠成功地將破產風險降到0%，潛意識就不會設置路障。

我相信資金管理在交易方法之上，而交易方法又在交易心理之上。但是，一旦開始交易，心理面會很重要，因為它對於交易人能否緊盯著老虎眼睛很重要。我認識澳大利亞一些交易金額超過十億美元的交易人，但若你和他們擦身而過，你不會知道他們在全球金融市場一週五天半交易那麼龐大的資金。你很可能會誤以為他們是住在郊區的普通專業人士，而非世界一流的超級交易人。他們看起來就像隨和的成功人士。他們不會無精打采，像個瘋子般。他們不會為遵循交易計畫而掙扎徬徨。他們不會一直和潛意識比腕力。他們不會躺在某個交易教練的躺椅上。他們神情

輕鬆，散發滿足的神色，他們相當富有，非常富有。我的論證就是根據前述觀察到的現象。

以上是我對心理面的簡略觀點。現在我們來探討交易心理，但是我不會過於深入。前文提過，交易心理主要是管理三大情緒：希望、貪婪和恐懼。

管理「希望」

當你發現自己希望一筆交易賺錢，這就是希望的情緒。我敢說，你希望交易有好成果的時候，十之八九是你賠錢的時候。「希望」是在一筆交易停損出場前最後的感覺，而且通常在市場距離停損點只有幾檔之處時放大！你希望賺錢，因為你厭倦賠錢，因為如果再賠，帳戶就會受傷。

希望的情緒有兩個源頭：沒有應用正確的資金管理，以及不知道期望值。這有如在黑暗中交易，而解決方案是停止交易，先讓破產風險降到0%。適當的資金管理能降低交易規模，進而減低對帳戶受傷的憂慮。如果你太過擔心某筆交易的結果，原因通常是在期望值、最糟賠損和帳戶規模之下，你拿太多錢去冒險。你的帳戶過度交易。發展簡單、客觀和獨立的方法，會給你擁有正期望值優勢的策略。結合明智的資金管理和正期望值方法，能達成0%的破產風險。使用TEST程序驗證方法，能確認優勢。你的潛意識會見到你做了功課，並促成你去交易。你不會再希望下一筆交易是贏家，你會開始希望你的方法找到額外的格局，給你更多賺進期望值的機會。你會開始專注於這個程序。

以TEST驗證你的期望值，將給你信心，相信真的知道自己正在做什麼事，以及在較長的期間內，以你所用的方法，每拿一

塊錢去冒險，應該期望賺得多少。你會停止希望，開始期待。

管理「貪婪」

在你開始想要更多時，這就是貪婪的情緒。貪婪會啟動不安全感，你會開始認為自己錯過了某些東西，因為你相信別人做得遠比你好。你會開始想要更多錢，而且相信交易越多，錢越多。想要更多會導致衝動交易，導致執行邊際交易、虧損累增，以及報復性交易的循環。這個循環會加速重複，直到你醒悟或者帳戶破產為止。

當你不滿於擁有的，貪婪就會出現。你應該停止操心做對或做錯。當情緒迷失方向，貪婪就會成為問題。情緒迷失方向是來自目標和期望有瑕疵。大部分交易人在起步時，目標都是達成100%的準確率，並期望超過50%或100%的報酬率。

第3章曾討論達成情緒定向的重要性。如果你能以溫和的期望，訂定自己的專業目標，就是邁出管理貪婪的一大步。務必接受沒有人能連年達成儘管符合統計卻不切實際的報酬率。沒有證據顯示有人能夠做到。務必滿足於你所擁有的。建立溫和的期望。為風險資本建立溫和的報酬目標，20%、30%或40%的報酬率都好。記住，期望值越高，風險越高，破產機率也越高！

要確知你偏愛的風險資本報酬率水準。你應該設想，在交易一年後，達成溫和的報酬率目標，那種美好的感覺。銘記那種感覺。你應該樂於堅守你的溫和報酬率期望值。

管理「恐懼」

在達成情緒定向以管理貪婪之後，你要學習如何管理賠錢的恐懼、失敗的恐懼。恐懼來自未知，害怕因未來不確定性而無法掌控一切。

管理恐懼很重要，你若置之不理，可能無法正確執行交易計畫，如未執行交易、移動停損點以及太早出場。你需要發展適當的心態，將恐懼丟到一邊，繼續用你的方法交易。

要克服虧損的恐懼，唯一的方式是面對它。面對恐懼，取得控制權。經由負期望（negative expectations），創造確定性，以消除將來的不確定性。期望最糟的事情會發生。如果你能做到這一點，就不必考慮是否要遵循所用方法發出的某個訊號。你會交易所有的格局、不可避免發生虧損，卻因為所用方法的正期望值，而在較長的期間內受益。務必記住：雖然交易相當簡單，卻不容易。

恐懼是個人的事，沒有一體適用的解決方案。在此分享我如何管理自己的恐懼，希望對你有所啟發。

我是全時的期貨交易人。撰寫本書時仍在交易。一個星期五天半、一天二十四個小時，我在九個全球指數市場交易五個主要的貨幣對（currency pairs）。我很少一天不在某個市場、世界上某個部分、某個地方交易。交易標的可能是指數期貨，可能是SPI、日經、臺灣、恆生、DAX、Stoxx50、FTSE、Mini Nasdaq或E-Mini S&P500。撰寫本段的現在，我在Mini Nasdaq和E-Mini S&P500下了兩張委託單，執行兩三筆短線逆勢交易。我目前在一筆中線順勢交易作多FTSE，而這筆交易我已經持有兩個星期。我的營業員會幫我移動追蹤停損點。在我交易的五大貨幣對

之一，我可能有個格局：可能是歐元、英鎊、日圓、瑞士法郎或者澳元期貨。但今天我沒有。平均而言，我通常一天執行兩筆交易，而且必須不斷面對自己害怕虧損的恐懼。我要和你分享的方法，有助於我管理恐懼。

雖然我所用的方法具有長期的正期望值，但我每天是抱著負短期和負中期期望在交易。我在交易時是悲觀主義者。

負短期期望值

我所說的負短期期望值，意指是每當我交易時，我總是期望會發生虧損。我總是假設我做錯了，毫無疑問會停損出場。因此，當我有個格局可以交易，我總是在市場開盤之前，先在我的損益試算表上，借記我的期望虧損。認列我的期望虧損，就能消除和交易有關的所有情緒！

我發現自己因此在交易時一點都不害怕！這聽起來可能有點奇怪，但在我每次交易時，預期會發生虧損，等於承認自己害怕虧損。承認我害怕，我就能征服它，而且能在我得到的每個格局都交易。由於預期會發生虧損，我就能消除未來的不確定性。我預期會發生虧損。我知道未來。我無所畏懼。我發現，如果我預期虧損，一旦虧損發生，它們對我的影響會比較小。此外，這有助於我成為優秀的輸家，而我知道這會讓我成為長期的贏家！

我建議你欣然迎接虧損。預期虧損發生，就能消除將來的不確定性，讓你心無恐懼或偏愛，交易所有格局。藉此，你不但能減輕虧損的刺痛，也會成為優秀的輸家和長期的贏家！

負中期期望值

我的負期望值不是起於和止於每一筆個別的交易。在格局出

現的那一天,我會預期發生虧損,而且我也相信我就要開始承受最長一串連續虧損的交易。如果我上一筆交易發生虧損,我相信自己正處於發生最糟賠損期間。

我相信我的最長連續虧損和最大的連續虧損就在前頭等著我。我絕對不會忘記市場的最大逆境。我必須這麼想,做好準備,以迎接始料未及的事,這表示我必須不斷思考「防守、防守、防守」。挺身面對害怕虧損的恐懼,就能克服它!

透過負短期和負中期期望值,創造確定性,以消除和交易有關的恐懼,助你恪遵自己的交易計畫,成為成功的交易人。

同場加映:管理「痛苦」

現在我要提出自己對交易心理面的貢獻。儘管許多人高聲疾呼,認同心理面是交易成功的最大障礙,卻很少聽到有人在談及「希望」、「恐懼」和「貪婪」之際,提到「痛苦」,我為此十分吃驚。我現在要來矯正這個缺失。

交易執行起來相當簡單,要成功卻很困難,而且越來越難。一旦實際交易,只會更加困難,因為那麼多的交易書籍、DVDs、研討會和講習班,都沒有提到交易帶來的痛苦。我認為「痛苦」的實務討論是第三支柱完美的平衡。如果無法處理交易的「痛苦」,前文所有成功交易通則都無關緊要。

痛苦管理(pain management)發生在心理面。所以你需要在潛意識中,推開希望、恐懼和貪婪,騰出空間給「痛苦」。

交易人的必經之路

交易是個痛苦世界。賠錢會心痛。賠錢賠好幾個月會心痛。

賺錢時，想到當初如果待在場內久一點可以多賺一點，心會痛。花了大量時間和精力，研究似是而非的交易理論，卻賺不到錢，心會痛。花了很多錢，上口碑不錯的講習班，卻因為執行學到的觀念而賠錢，心也會痛。花了大量的時間和精力，研究、發展、設計程式和測試某種觀念，卻得出負期望值，心還是會痛。當你和交易夥伴花了大量的時間和精力，透過TEST程序驗證期望值，卻告失靈，心會痛。花了多年時間和精力，努力改善你擁有的優勢，卻不見效果，失望之餘，心還會痛。順勢交易有67%的交易賠錢，心會痛。交易在大部分時間內發生賠損，即使所用方法的準確率較高，心會痛。退場觀望、等候下一筆交易，想到可能錯失下一波大走勢，除了焦慮，心還是痛。

成功的交易人都經歷過這些，但他們懂得如何管理痛苦。痛苦永遠不會消失，但是可以藉由經驗，學會如何緩解，以堅持下去。缺乏經驗的交易人則沒有做好接受痛苦的準備，甚至相信交易和賺錢應該很容易。他們沿著阻力最小的線移動，聽到關於交易的痛苦，就掩耳不聞。他們不知道，正因為征服痛苦，才會有持續成功的交易。

你需要學習如何因應那種痛苦。持續不斷的痛苦會挑戰你對交易計畫、所用方法的執著。你需要接受你可能經歷一長串連續虧損的交易，有些小，有些大得令人不安。你將需要學習如何因應那種痛徹心扉的痛苦，答案不是服用普拿疼。交易人的方法各不相同，取決本身處境而定。我將在此分享我的心得，期望你能有所得。

我的痛苦長征之旅

我征服痛苦的方式，就是成為系統型或機械型交易人。我藉

小規模交易征服痛苦：任何一筆交易，我不會拿帳戶很高比率的錢去冒險。我使用明智的資金管理策略。我的交易金額很小，任何個別交易的結果，我都不感興趣。任何個別交易的結果都不會影響我一整年的表現。我的交易金額很小，因此當我賠錢，那只不過是九牛一毛；它只會帶來很小的痛苦。我拿簡單、客觀和獨立的策略去交易，我曉得那些策略將來很有可能繼續保持穩健。雖然高低起伏不定的非優化淨值曲線，讓人交易起來相當痛苦，我卻知道我交易的是對我有利的真實市場結構。我知道，結合我那保守的資金管理策略和正期望值方法，我投入交易的破產風險是0%。我曉得我在交易上可長可久。雖然痛苦，卻會持續給我報酬；報酬高到足以接受交易經常不斷的痛苦。

每一天，我下委託單前，會在損益試算表上借記期望虧損金額，並且正面看待虧損。我所有的交易委託單，都下給一位傳統的顧問，他的經紀公司有一天二十四小時的交易櫃檯。我所有的委託單一下達，就會收到確認電子郵件，接下來我可以一整天都不管市場。我試著在那一天之中保持忙碌，防止心思飄到市場。我在那一天中不看市場，螢幕不開走勢圖。我不會去看市場一檔檔的跳動。忽視市場有助於我忽視預期會發生虧損的交易。保持忙碌，會使我的心思與交易保持距離。如果我能分心，不去理會交易，便能減輕交易的痛苦。寫書也是很棒的做法。分心能讓我不去注意市場的走勢，在幾乎沒有痛苦下交易！

機械型交易有助於我消除交易裡的情緒，緩解由交易而來的各種痛苦。我因此能將交易視為一種事業，或許不能讓你每分鐘笑一次，或許感覺失望多於勝利，但至少能讓你獲利，至少會獎勵認真經營交易事業的交易人。此外，它是一種事業，需要投入的心力，遠多於單純日復一日執行交易。

這就是我個人的緩解痛苦配方，希望也對你有幫助。但我也明白，即使我苦口婆心，還是會有很多人充耳不聞，帶著全部家當，一頭栽進交易，重蹈覆轍。這就是人性。因此，能夠換顆智慧腦袋的人，交易之路會更好走。

我對管理痛苦的想法，適用於接納本書通則的交易人，以及即將以0%的破產風險展開交易的人。但如果你是缺乏耐性的交易人，發現自己處於砲彈猛烈攻擊的傘兵坑中——請深呼吸，你所做的一切都很正常，都是學習曲線的一部分。大部分交易人都是過來人，包括我自己。但是，如果你缺乏耐性，請不要開立高額交易帳戶。一切保持溫和。

痛過才懂通則的重要

通常只有透過經驗和痛苦，交易人才會徹悟，簡單的觀念才行得通。只有透過經驗和痛苦，交易人才能欣賞、重視簡單。新手交易人因為無知，所以不理解，也不懂得欣賞。遺憾的是，大部分新手都誤信成功交易的答案只存於複雜。他們自然而然被艱深難懂和有趣的觀念所吸引。

就像經父母告誡不要碰火的小孩，得真的燙到了才學到教訓，儘管你真的想要傾聽和學習，卻必須走過屍橫遍野的交易失敗之路，體驗過交易的失敗和痛苦，才會敞開心胸，學習交易真正行得通的事情。在親身歷經傳統技術面分析失敗的苦頭之前，你對虛假的承諾沒有免疫力。這麼說令人遺憾，卻是事實。而一旦你體驗到失敗的痛苦，準備好接納成功交易通則，請記得本書，撥出時間溫習一些內容，真的開始傾聽。

我不想成為掃興的人。每個人都有希望；只是交易這條路可能不像到公園散步那麼簡單。但是，儘管交易成功是困難的事，

伴隨經常不斷的痛苦，請記得它也有獎酬，你終究會賺到錢。相對於所有的「痛苦」努力，獎酬並不差。

提醒：謙卑，再謙卑

市場最大逆境會為所欲為，給你許多痛苦，誘使你偏離選定的道路，無法成為成功的交易人。如果能保持謙卑、時時提防最大逆境，做好防禦工事，就足以不屈不撓，度過痛苦。不保持謙卑，不臣服於市場最大逆境，交易生涯會非常短暫。費斯在《海龜投資法則》一書中說得好：

> 想要成為出色的交易人，必須征服自尊，並且培養謙卑的態度。謙卑讓你接受將來是不可知的。謙卑會阻止你嘗試做預測。謙卑會阻止你在交易對你不利時，自行插手，最後虧損出場。謙卑會讓你接受交易是根據簡單的概念，因為你不需要知道任何祕密，好覺得自己很特別。

> 莫忘市場的頭號準則：最大逆境。

小結

交易心理面是交易實務三大支柱的最後部分，也是第五項成功交易通則的最終章。交易心理是交易生存和成功的要素。

我和絕大多數人對心理面的看法相左。我相信資金管理和交易方法的位階高於交易心理。我也相信，交易心理是資金管理和交易方法的重要黏合劑。而交易心理只不過是管理交易人的希

望、貪婪、恐懼和痛苦。

正確運用資金管理，正確地設計、發展和驗證交易方法，能大幅緩和希望所帶來的心理障礙。發展溫和的期望，能夠管理貪婪。如果在市場開盤前，先在損益試算表上借記期望虧損，挺身面對虧損，就是在管理虧損的恐懼上邁出一大步。此外，交易是充滿痛苦的世界，即使是頂尖交易人，痛苦也避無可避。我在本章分享我個人如何緩解本身的交易痛苦。能夠接受最大逆境的存在，就能做好痛苦管理。

我個人會將交易心理障礙管理要點彙整如下，印出來放在電腦螢幕上方。或許你也可以如法炮製。

- **管理「貪婪」**

  交易目標沒有對或錯，而是以溫和的期望，管理風險資本。

- **管理「恐懼」**

  我預期今天執行交易會發生虧損，而且是經歷歷年來虧損最長和賠損最糟的一連串交易。在我下委託單之前，我會將期望虧損借記在損益試算表上。我會正面看待所發生的虧損，因為我想要成為最優秀的輸家和長期的贏家。

- **管理「希望」**

  即使我今天賠錢，我也會有個美好的一天，因為我已經遵循交易計畫，而它有長期的正期望值。

- **管理「痛苦」**

  身為交易人，我知道我生活在一個痛苦世界。當我賠錢，心會痛。當我賺錢，想到錯失的機會，心會痛。當我不在

市場之中，我會因為相信自己錯失了下一波的大走勢而心痛。當我費心研究新觀念之後，才發現它們沒有用，心會痛。我知道最大逆境會使我的交易經驗充滿失望和痛苦。我知道它意圖減低我的風險資本，阻止我交易。我知道最大逆境存在，也曉得它的能耐。我會忍受它帶來的痛苦。我會不屈不撓。我會成功。

下一章要討論成功交易的最後一項通則——交易的實踐，融會貫通所有成功交易通則。

第11章

第六通則：交易的實踐

　　首先，恭喜你一路堅持，走到這裡。現在，終點近了！第六項、也是最後一個通則，是前五項成功交易通則的累積。

　　剛開始交易時，你會發現交易相當輕鬆簡單。但是，新鮮感退燒後，你可能開始覺得交易是重複、枯燥和痛苦的工作。這時不要洩氣，要滿足。因為這顯示你已經抵達正確的目的地。交易已經成為你的事業，是一份以專業方式執行的工作。你不再是為了刺激和興奮而交易。你交易是為了賺錢。可能有許多時候，你不喜歡自己正在做的事。當你開始厭惡交易，你應該感到振奮，因為這時你對任何個別交易結果已經無動於衷。這顯示你終於學會如何應用適當的資金管理策略。這時的你，專注於經營一個成功交易事業的程序，而不在意它們本身的成果。就在這時，你成為專業交易人。

融會貫通

當你開始交易，每天的例行工作應該如下所述。

交易方法

你的第一步是確認某個格局是否存在。如果存在，就決定交易計畫的進場水準、停損水準以及出場指令。從你估計的進場和停損水準，計算每口合約或部位規模的冒險金額。

資金管理

第一項生存任務是確定你是否仍處於財務邊界的風險資本上限之內。如果累積交易虧損已經超過風險資本上限，你就應該停止交易，轉身離去。

第二項生存任務是檢視系統停損點，觀察所用方法的淨值動量是否為正值。務請將系統停損點重疊在交易方法的假設單口合約淨值曲線上。淨值曲線有三部分：

- 假設性的交易歷史
- 在驗證期間蒐集的30筆TEST
- 假設性成果實況

如果交易方法的單口合約淨值曲線高於系統停損點，就下委託單，進場交易。反之，就不要交易，並繼續更新淨值曲線，等候它回到系統停損點之上，才恢復開始交易。

如果進場交易，你的第三項生存任務是計算在你的資金管理策略和帳戶規模之下，可以交易的合約口數，或者部位規模。一

旦算出部位或交易規模，就要正面看待虧損！

交易心理

如果你執行一筆交易，應該有發生虧損的預期。如同你已經知道的，交易的唯一真正秘密，在於最優秀的輸家是長期的贏家，所以你應該在損益試算表上借記期望虧損。接著將第10章從頭到尾看一遍，以助你管理希望、貪婪、恐懼和痛苦。一旦你有建立接受虧損的心理準備，下一步就是下委託單。

交易：下委託單

在這個階段，你應該完成下單前的檢核工作，請確認：

- ·格局是否存在
- ·進場和停損水準
- ·出場指令
- ·每口合約／部位規模的金額風險
- ·是否處於財務邊界的風險資本上限之內
- ·單口合約淨值曲線是否高於系統停損點
- ·部位或交易規模

接下來則是：

- ·在損益試算表上借記期望虧損
- ·接受期望虧損
- ·做好心理建設，管理希望、貪婪、恐懼和痛苦

之後就可以向顧問下委託單（包括設定進場和出場水準等條件）。一旦顧問確認收到且了解你的委託單，你就可以忘掉市場。使用電子交易平臺的人，應該將平臺接受委託單的畫面做截圖並儲存。

接著就是等候，等顧問通知委託單是否成交。如果是，就必須依照交易計畫管理部位。一旦部位軋平，就更新損益試算表和單口合約淨值曲線（不計滑價）。收到交易報表時，和交易紀錄相互對照。如有出入，聯絡顧問。

現在我們花點時間，討論寫委託單的正確方式。

如何正確下買單和賣單看起來不難，但由於有不少術語和委託單種類，新進交易人起初可能會一頭霧水。下委託單要了解的事情，遠多於單純的買進或賣出指示。以期貨、即期外匯、外匯保證金交易、外匯、選擇權和差價合約來說，有許多委託單種類和表示方式可用。委託單可以下給顧問，或者輸入線上電子交易平臺。我在此是假設是下單給顧問。

下期貨委託單的一個好習慣，就是確認想要交易的合約月份。雖然大部分期貨交易是以當月或即期合約月份執行。注意：外匯保證金交易、即期外匯、外匯和差價合約沒有到期日，所以不需要提及「合約月份」。接下來的例子都是指3月金融時報股價指數（FTSE）期貨合約。

直接委託單

直接委託單（straight orders）主要種類分述如後。

» 市價單（market）

你希望立即進入市場，而且不在意會以什麼價格成交時

使用。使用市價單等於指示顧問立即交易，不管市場現在報價如何。如果你正想賣出FTSE，顧問會以最接近的「買」（bid）價（最佳的買進價格）賣出。委託單內容：

市價賣出一口3月FTSE。

》最佳價單（best）

就像市價單，但允許顧問斟酌時間和價格，因為他或她必須幫你得到最好的價格。委託單內容是：最佳價賣出一口3月FTSE。

》限價單（limit）

在你找到特定交易價格，而且只想在那個價格完成交易時使用。例如，如果你想在FTSE從目前6,455的漲勢拉回（下跌）到6,445時買進，委託單內容：

限價6,445買進一口3月FTSE。

》到價單（stop）

用於防範走勢對某個部位不利時使用的市價單，只在符合某些「觸發」條件時執行。到價單通常用於限制交易的虧損，又稱為**停損單**（stop losses）。到價單水準代表你願意在交易上冒險的最多金額。

例如我想在6,425放空FTSE，而交易計畫顯示，如果FTSE

不跌反漲，價格漲到6,464，就要出場。委託單內容：

到價6,464買進一口3月FTSE。

如果FTSE繼續上揚，價格漲到6,464，我的顧問會替我以市價買進一口FTSE合約。顧問對於他們能夠拿到的價格不感興趣。顧問關心的是替我買進一口合約。

或者，交易人可以使用到價單建立部位。你可能發現價格在6,470有個關鍵的支撐或阻力，想在價格到達那個水準時，作多或買進FTSE，這時委託單會是：

到價6,470買進一口3月FTSE。

》到價限價單（stop limit）

它有兩個部分。第一部分是到價指令觸發條件，第二部分限制委託單的執行價格。例如你想要買進FTSE，因為它的交易綻現強勢，而且在6,600之上創下新的一年高峰。如此，委託單的內容如下：

到價6,600，限價6,602買進一口3月FTSE。

對顧問來說，這表示如果FTSE的交易價格上漲到6,600，你希望立即買進一口合約，但你不希望支付超過6,602。大部分情況中，你可能在6,600成交；但如果這是個關鍵阻力水準，市場有大量委託單湧入，FTSE可能一舉衝破6,600。

使用限價單的缺點是：FTSE的交易價格到了6,600之後，下一個價格可能是6,605；你雖然看對市場，卻因為限制買價而無法建立部位。

》觸價單（market if touched；MIT）

交易的成交量薄弱時，委託單不一定能以特定價格成交。舉例來說，市場價格可能走到你的到價限價水準後立即回軟，因此你的顧問無法完成執行委託單。這時，就算你的分析做對，卻無法建立部位。為了避免這種狀況，就可以用觸價單。

例如，如果你的分析顯示FTSE將在6,480遭遇強大的阻力，而且你希望在那個水準賣出FTSE，也強烈偏向於放空，不在意成交價格，那麼你可以使用MIT指令。委託單會像這樣：

MIT 6,480 賣出一口 3 月 FTSE。

一旦FTSE的交易價格到達6,480，你的顧問會進入市場執行放空。

》開盤市價單（market on open；MOO）

指示顧問在市場開盤時，以市價交易委託單。例如，昨夜從美國傳來某些正面消息，你想要進入市場買進。你對於必須支付什麼價格不感興趣，只想在市場一開盤時就作多FTSE，因為你預期一整天會有強勁漲勢。委託單會是：

MOO 買進一口 3 月 FTSE。

≫ 收盤市價單（market on close；MOC）

與MOO相反。MOC指示顧問在市場收盤時以市價交易委託單。例如你想在一天收盤時軋平部位，因為你對美國即將出爐的重要資料感到緊張。委託單為：

MOC 賣出一口 3 月 FTSE。

顧問會在FTSE於下午四點半收盤前最後一分鐘的交易，以市價為你賣出一口FTSE合約。

≫ 限收盤到價單（stop close only；SCO）

包含兩個部分，第一部分是觸發到價指令的條件水準，第二部分是到價條件只在收盤時啟動。例如，你已經在6,450作多FTSE，而你的分析顯示，你需要收盤盤勢強勁，才繼續作多，也就是收盤價格需要在6,461或更高。如果FTSE以6,460或更低的價格作收，你便不希望待在市場內。如此一來，委託單內容是：

SCO 以 6,460 賣出一口 3 月 FTSE。

如果FTSE看起來像是會以6,460或更低的價格收盤，你的顧問將必須在收盤時以市價軋平你的部位。例如，如果在FTSE交易的最後一分鐘，價格是6,455，由於低於6,460，你的顧問將為你以市價賣出一口FTSE合約。

» 全部撮合否則作廢單（fill or kill；FOK）

必須立即撮合或取消的限價單。若你想要在FTSE開低時賣出，例如低於6,450，那麼委託單會是：

如果3月FTSE開盤價是6,449或更低，
那麼FOK開盤以市價賣出一口3月FTSE。

如果FTSE的開盤價是6,449或更低，委託單會撮合；但如果FTSE以6,450或更高的價格開盤，委託單會取消或者「作廢」。

» 盡量撮合其餘作廢單（fill and kill；FAK）

必須盡可能撮合整筆交易的委託單，但如有任何未撮合的部分，便予取消。以前述的例子來說，如果你想要在市場開盤時賣出五口FTSE合約，委託單內容則是：

如果3月FTSE開盤價是6,449或更低，
那麼FAK開盤時以市價賣出五口9月FTSE。

如果FTSE以6,449或更低的價格開盤（如6,445），而且只有三口合約以開盤價交易，之後價格走軟，那麼委託單未能以6,445開盤價撮合的其餘部分就會取消。

有條件委託單

有條件委託單（conditional orders）需要某個事件發生，委託單才會觸發。下列是幾種常見的委託單種類。

≫ 擴展單（expansion order）

　　在市場開盤後，不管走勢向上或向下，走了一段距離之後，交易人進入市場之用。當交易人需要市場額外的資訊獲得確認（例如買進之前價格勁漲，或者賣出之前下跌），才使用這種委託單執行交易。例如說，你可能想要在FTSE開盤之後下跌10點，才想賣。但是，你不想在它開盤之後立即賣出，因為你認為價格可能上揚。你的委託單看起來會像這樣：

　　到價以開盤-10賣出一口3月FTSE。

　　你的顧問會觀察FTSE的走勢，如果在開盤之後下跌10點，就會為以市價賣出一口FTSE合約。

≫ 如果完成（if done）

　　此指令是取決於前一個被觸發的指令。以前述例子來說，如果委託單撮合，你可能想要下個停損單保護自己，以妨自己判斷錯誤。例如，即使FTSE上漲略高於你的賣出水準，你可能樂意繼續放空，但如果FTSE上漲20點，就會對你不利。如果你偏愛在FTSE開盤後下跌10點時賣出，但用20點的停損單保護自己，委託單如下：

　　到價以開盤-10賣出一口3月FTSE。
　　如果完成
　　到價以開盤+10買進一口3月FTSE。

「如果完成」的條件只在FTSE下跌10點時啟動，即顧問會執行第一個指令。之後，顧問會在FTSE彈升且交易價格高於當天開盤價10點時，以市價回補放空部位。

》二擇一單（one cancels others；OCO）

允許交易人同時下兩張委託單，但顧問在其中一張委託單的附帶條件先觸發時，會只執行那張委託單。

例如，你對FTSE的分析顯示兩個相互衝突的情境：如果FTSE開低，它會立即下跌；如果FTSE開高並且勁揚10點，則可能顯著上漲；也就是說，一切取決於FTSE的開盤狀況。這時，不錯失任何一個交易機會的方法，就是下OCO委託單。如果在你的分析中，開盤走軟是指價格下跌到6,420，而開盤強勁是指價格漲到6,460，那麼你可以遞出如下所述的條件委託單：

如果3月FTSE開盤價為6,420或更低，那麼以市價賣出一口3月FTSE。

OCO

如果3月FTSE開盤價是6,460或更高，那麼到價以開盤價+10買進一口3月FTSE。

再舉個例子。假設你作多FTSE，給顧問兩個目標，一個是利潤目標（你相信市場會走到某個水準，你樂於在那裡獲利了結），另一個是停損。例如，你在6,450作多FTSE，如果FTSE能夠漲到6480，你樂於獲利了結，但是如果市場跌到6,440，你希望停損出場，那麼你的委託單看起來會像這樣：

6,480 賣出一口 3 月 FTSE。

OCO

到價 6,440 賣出一口 3 月 FTSE。

顧問只會執行條件先被觸發的委託單。一旦如此，委託單的另一邊則取消。

委託單的有效期

委託單的有效時間長短也取決於你下的指令。

» 日效單

除非你給了不同的指示，否則所有委託單都是當日有效。一天結束時，沒有撮合或執行的委託單就失效。但你最好是先與顧問或電子交易平臺確認規則。

» 取消前有效單（good till cancelled；GTC）

在撮合或取消之前繼續運作和有效。如果你有一張停損單，不想每天都要下一次，就可以使用 GTC。如果你作多，而且有張在 6,400 軋平部位的停損單：到價 6,400 賣出一口 3 月 FTSE——GTC。你的顧問會保有這張委託單，直到你在 6,400 賣出，或者你取消這張委託單。

» 指定日前有效單（good till date；GTD）

是到指定日期之前都有效的委託單。例如，如果你想在市場中留下一張 6,450 的買單，而且樂於在一個月內以那個水準買進 FTSE：

6,450買進一口3月FTSE GTD 2008年3月14日。

完整的委託單

下進場委託單時，不管是買進或賣出FTSE，最好在「**如果完成**」（if done）的條件之後下停損單。絕對不要不下停損單就進場交易。例如，如果你想在FTSE下挫到6,400時買進，而且你只想冒20點的風險，委託單如下：

6,400買進一口3月FTSE MIT。
如果完成
到價6,380賣出一口3月FTSE。

一旦交易價格到達6,400，你的顧問會設法以市價買進FTSE。在你進場之後，如果價格下跌到6,380，顧問會自動設法以市價為你賣出一口3月FTSE。另外，如果你知道你的利潤水準，你可以把它包含在進場和停損指令之中。

關於委託單的種類

雖然我討論的委託單種類都很常見，但和新顧問往來時，應該確認清楚。委託單種類是交易人和顧問間的通用語言；但是向新顧問下單交易之初，難免有些混淆。

使用限價單也應該小心謹慎，風險管理應該勝於交易獲利。交易人所冒的最大風險，不是因為用停損單或MIT委託單進入市場而丟失數點的風險，而是因為限制進場水準而錯失好交易的風險。市場出現滑價通常是個好兆頭，因為這表示，對你而言，供給或需求並不存在，也意味著你站在正確的一邊。同樣的，你不

希望只因為你想限制出場價格，而套牢在賠錢的部位。

此外，我寧可不使用GTC委託單。我喜歡每天下單，即使我的獲利出場和停損水準沒有改變。這是我的風險管理策略的一部分，有助於確保委託單沒有變成漏網之魚。

委託單確認

不管你如何下單，務必確定你收到經紀公司的確認單，不管是經由線上電子平臺，還是顧問。確認單證實你的委託單將開始運作。

請記住，這一切都是為了管理風險。我會期待顧問回電子郵件，確認我的委託單總數。我通常是在每天上午九點收到。之後我就能放鬆心情，其他所有工作都由顧問去執行！

》交易通知

委託單一旦執行，顧問會通知撮合結果（包括數量和價格資訊）。一天結束時，經紀公司會寄給你一張交易報表，彙總你的交易明細、經紀費用、保證金動向以及未軋平部位。一天結束時，你也應該和顧問確認部位。當你發現你以為已經不在的部位還在，沒有什麼事比這讓人心跳更快！

月報表

你應該把交易視為事業，月報表能強化你將交易視為事業的承諾。按月編製一張單頁報告給交易夥伴看，有助於你嚴守紀律和保持一致。當你知道交易夥伴正盯著你，會比較難以偏離交易計畫。你的報告應該彙總財務標竿，包括但不限於：

- ·財務邊界風險資本上限
- ·溫和的期望
- ·資金管理準則
- ·系統停損點
- ·每月交易成果
- ·累積成果
- ·帳戶餘額

　　你會發現，執行交易是成為成功交易人的旅程中最短的一步。一旦在前面五項通則打好基礎，你會發現交易相當簡單。管理經常不斷發生的痛苦才是挑戰。

小結

　　至此，我完成了六項成功交易通則的討論。我但願有人在二十七年前就寫出這本書，我個人的旅程會平順得多！但願你現在更加透徹了解，真正區別贏家和輸家的因素：認識和接受交易成功的六大通則。

　　不管投入什麼市場，運用哪種時間架構、安全性或技術，頂尖交易人都不會偏離成功交易通則。成功交易通則有如一根金線，串連起頂尖交易人，使他們遠遠領先虧損的眾多交易人。你現在知道有這根金線，是否要將它編進你的交易計畫中，一切取決於你。但願你會這麼做。

　　圖11.1總結了六大成功交易通則構成的交易程序。接受六大成功交易通則，就能如圖11.2所示，搭起一座橋，避開大部分交易人常犯的錯誤，跨越陷阱的低谷，躋身進入10%的贏家圈內。

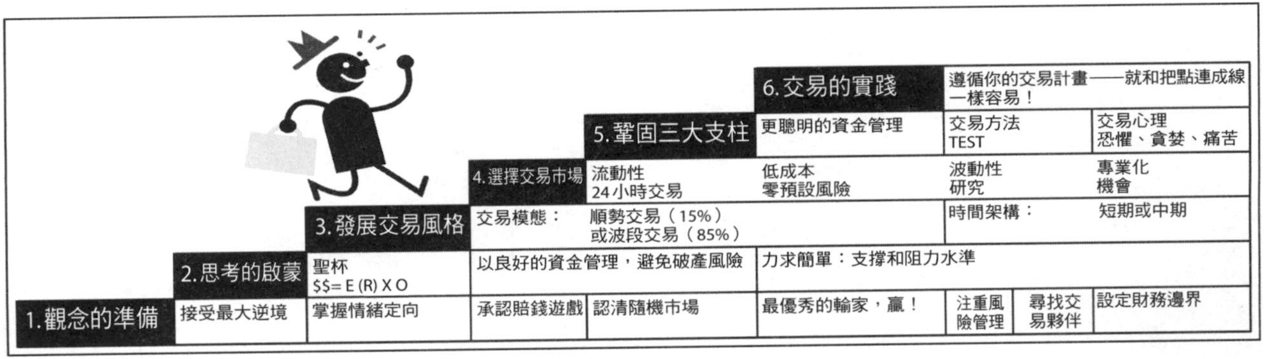

成功交易通則

1. 觀念的準備

2. 思考的啟蒙
接受最大逆境

3. 發展交易風格
聖杯
$$s= E (R) X O$$
掌握情緒定向

4. 選擇交易市場
交易模態：
以良好的資金管理，避免破產風險
承認賠錢遊戲
認清隨機市場

5. 鞏固三大支柱
流動性 24小時交易
順勢交易（15%）
敲波段交易（85%）

6. 交易的實踐
更聰明的資金管理
低成本 零預設風險
力求簡單：支撐和阻力水準
最優秀的輸家，贏！

遵循你的交易計畫 一樣容易！──就和把點擊連成直線

交易方法 TEST ── 交易心理 恐懼、貪婪、痛苦
波動性研究 ── 專業化機會
時間架構： 短期或中期
注重風險管理 ── 尋找交易夥伴 ── 設定財務邊界

圖11.1 成功交易通則

你現在可以決定是否要在交易生涯中往前邁步。對自己誠實的交易人會退出：他們發現自己無法負擔成功所需投入的心力；交易成功的準備工作太難，交易本身不是免費午餐的捷徑。這些是避開輸家遊戲的聰明人：把錢留在銀行；避開市場最大逆境的情緒海嘯折磨；活在相對沒有痛苦的世界中。如果你是其中之一，恭喜你。你對自己的認識，遠比90%的交易人清楚。

有些讀者會認為我在危言聳聽，目的是把你嚇得不敢進場和我搶糖吃。信不信由你，真的有人這麼認為。我曾接到許多我第一本書的讀者來信，說這類的話。如果你對我也抱持相同的懷疑，沒關係，只是請你把我的書放在觸手可及之處，以備日後參考，因為我後來也收到那些讀者的道歉信。他們終於明白這些通則有道理，只不過是在付出了荷包縮水、自尊受損、心靈受傷，以及人際關係搞砸的慘痛代價之後。

至於堅忍不拔、品德操守出眾、努力追求成功的人，請準備好研究許多功課、承受許多痛苦。你要接納這些通則，相信它們傳達的訊息。你需要這些通則驗證交易方法，避開破產點。在走過殘酷的交易國度之際，你需要它們做為參考點和指南針，以求生存、實現成功。沒有交大交易成功通則，進場交易保證失敗。

六大成功交易通則在本章進入尾聲，下一章要介紹一群我稱之為「市場大師」的成功交易人，他們根據多年的經驗和成功，慷慨給予忠告。

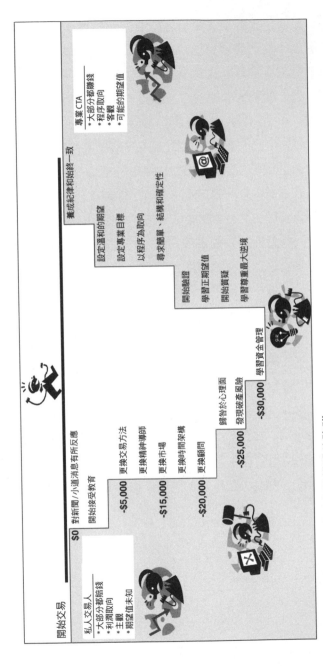

圖11.2　以成功交易通則克服錯誤的陷阱

第 12 章

贏家會客室

本章是一場饗宴，邀請你來享用。到目前為止，你只聽到我一個人的聲音。儘管我認為自己循循善誘、鉅細靡遺，但你可能就快要受不了我了！現在，你終於可以喘一口氣，更重要的是，你可以聽聽一些和交易有關的新聲音。

平衡報導

收錄本章是為了平衡。目前為止，本書內容都只是一家之言，也就是我的個人意見。我希望借助成功交易人的實務智慧，平衡我對通則的討論。

我只讓這些交易人了解本書梗概，就是成功交易通則。我給他們看本書各章章名的草稿，提供概貌，做為他們提出忠告的憑藉。我問他們所有人同樣一個問題：

以你豐富的交易知識和交易經驗，一定曾有許多人向你討教。如果要你給一位抱負不凡的交易人一段忠告，那會是什麼？為什麼？

能夠近身觀察市場大師的機會不是常有，現在你即將聽到他們親自為你回答這個問題，我相信你會樂意洗耳恭聽，一探成功交易人的內心世界。

市場大師

這些市場大師是誰？其中有些你可能耳熟能詳，有些你不太熟悉，還有一些你可能一無所知。但是他們都是成功的交易人，都慷慨提供寶貴忠告。

這群超群絕倫的贏家交易人，有些是當紅炸子雞，有些是積極涉足市場超過四十年的市場傳奇，對技術面分析產生重大衝擊，而且今天活躍於市場一如剛起步時。你會遇見操盤金額最大且最活躍的私人E-Mini SP500交易人之一。此外，除了老前輩和新一輩，你也會見到許多中生代交易人。他們都是市場大師，在全球金融危機之後都存活下來，並願意和你分享他們的經驗。

他們有些是自由裁量型交易人，有些是機械型，有些是混合型；有些使用傳統的技術面分析，有些只遵循單一市場理論，有些是系統交易人；有些是深居簡出的私人交易人，有些是交易人教育界的知名人物，有些是十分多產的交易作者，除了交易成功，還擁有令人艷羨的寫作才華，能與讀者分享想法；有些經營顧問業務，出版成功的新聞信和交易建議；有些是資金經理人，管理個人帳戶和大型基金；有些交易股票，有些交易選擇權，

有些交易指數股票型基金（ETFs），有些交易期貨，有些交易外匯，有些交易商品，有些交易CFDs；有些交易金融商品，有些混合交易各種產品；有些是當日沖銷交易人，有些是短線交易人，有些是中線交易人，有些是長線交易人，有些交易多個時間架構組合；有些贏得交易冠軍賽，有些不曾出現在公眾面前。此外，他們不只專業與方法各異，也散居世界各地。你會遇見來自新加坡、香港、義大利、英國（但目前住在阿拉斯加）、美國和澳大利亞的交易人。

交易成功者的面貌有各式各樣。但他們都是成功的交易人。他們都是我心目中的市場大師，因為他們都活過全球金融危機。

順帶一提，這種多樣化也能證明，市場交易成功方法不只一種。你只需要找到自己的立基，找到對你有意義的一種技術或幾種技術的組合，在你手中有用，能給你優勢，讓你用經過驗證的0%風險去交易。

我個人曾和這些市場大師促膝長談，知道他們各個都能將自己的成功通則融會貫通，舉重若輕，並指出重點。他們不像我這麼幸運，可以用一整本書和你分享想法；但是，他們會和你分享他們覺得最重要的建議。每一位市場大師分享忠告之前，我會簡短介紹他們，以及他們在技術面分析世界中的定位。在他們的忠告之後，我會留一個聯絡網址供你參考。你如果想多聽一點，可以直接洽詢他們。你永遠不知道誰的智慧能助你徹悟。

現在，十五位市場大師即將依英文姓氏字母順序出場。

雷蒙・巴羅斯

雷蒙・巴羅斯（Ramon Barros）可能是我認識最勇敢的交易

人。直到今天，我看到雷蒙在教聽眾標準差的情況，仍然驚嘆不已。雷蒙主張將交易成果的標準差，納入資金管理策略。在我看來，結合統計學和資金管理策略，簡直是艱鉅的挑戰，特別是聽眾經常是市場和交易的新手。我可以想像，大部分聽眾在學校學統計，不是特別美好的回憶！不管是勇敢，還是愚蠢，雷蒙肯定不是避開困難任務的人！

雷蒙不只勇敢，也可能苦於愛交易書籍成癮的過度衝動。雷蒙走進賣交易書的書店，很難不買一本書。我們兩人曾經到印度參加交易展，我親眼目睹。雷蒙和我在孟買一家書店，接受CNBC的現場實況轉播訪問。訪問結束之後，雷蒙忍不住表示，他離開之前必須買一本書。他不但買了，而且一買就是兩本。雷蒙的熱情和收購交易書籍的過度衝動，使他成為可能是世界上閱讀最廣博的交易人之一，也許擁有今天世界上最龐大的交易圖書室之一；由於讀了很多書，以至於必須花錢租倉庫放書！

雷蒙對於交易和交易書籍的熱愛，直到稍後的人生才開花結果。雷蒙是從父親得知市場的存在，但他父親儘管是活躍且成功的交易人，卻不允許兒子涉足交易。他霸道保守的父親壓制他對市場的興趣。他因此被迫往學術領域發展，卻仍然表現出色。和許多人一樣，雷蒙在父親去世後，才能真正追求他在交易上的真正熱情。

因此，雷蒙在1975年開始交易，那時他已經是事業有成的執業律師。剛開始，雷蒙是自由裁量型當日沖銷交易人，憑直覺操作。成功和他擦身而過，雷蒙認為自己需要全時投入交易，才能成功。所以，儘管父親曾三申五令不准他涉足市場，1980年，雷蒙毅然決然離開法律事業，專心致力於後來成為他人生中真正熱愛的領域——交易。遺憾的是，當時成功並沒有來到，他一再

失敗，蒙受巨大的虧損。

雷蒙並沒有因此打退堂鼓，而是埋首分析自己和策略，在更了解自己和發現繪圖分析技術「市場概況」（Market Profile）之後，成功降臨。發展市場概況的彼得・史泰德梅爾（Peter Steidlmayer），後來成了雷蒙最早的導師之一。市場概況讓雷蒙更了解一天之中市場價格的流動狀況，給他在交易上的第一個真正優勢。在熟悉市場概況後沒多久，雷蒙就開始享有利潤不錯的交易生涯。到1986年，雷蒙屢戰屢勝，並在市場概況之外，發展出自己的交易方法。

不久後，他的名聲傳到銀行，銀行請他管理資金，並將交易員送去學習他的交易策略。雷蒙成了世界上首批外包貨幣交易人之一，也是受聘教導機構交易員的極少數外部交易人之一。他從成功教導機構交易員中，發現自己熱愛指導他人。我想這就是為什麼他喜歡逛書店，看到交易書總是迫不及待買兩三本帶回家。

教學成功使得雷蒙成為炙手可熱和當紅的交易導師。直到最近，他還是只收五位學生上二十四個月的指導課程。雷蒙的指導很受歡迎，想當他學生的人，必須等上三年！我相信雷蒙是思慮縝密的人，尤其是在談到心理面對交易人績效的重要性時。他鼓吹採用神經語言程式設計，也深信交易人必須先完全認識和了解本身的心理特質，才可望在市場上取得成功。

今天，雷蒙繼續按照他的BarroMetricTM方法，以自由裁量方式執行交易。他的方法綜合了巴羅斯擺盪（Barros Swings）、雷波（Ray Wave）和市場概況。雖然這個方法高度結構化，也以規則為基礎，但還是有規則可以打破規則。這讓雷蒙的直覺有發揮的餘地。雷蒙主要是使用應用軟體「市場分析師」（Market-Analyst）找到他的BarroMetric格局，以E-Signal和Channelyse支

持週期分析。雷蒙喜歡依據18日擺盪，在一個月的時間架構，交易S&P500、主要貨幣對、黃金和30年期債券。他非常重視保存紀錄，並且記錄他使用Camtasia Studio執行每一筆交易背後的所有理由。利用Camtasia，雷蒙能在他的個人電腦上擷取走勢圖畫面，同時在口述每一筆交易背後理由時錄音。雷蒙接著會重播影片，觀看自己的交易。保存紀錄和播放影片，有助於雷蒙強化自己的良好交易習慣，並找出他在交易中不自覺的不一致。雷蒙用這種方式做自己的導師。聰明的傢伙！

由於雷蒙經常上CNBC，也在他的《趨勢特質》（*The Nature of Trends*）一書分享他對趨勢確定的看法，所以在亞洲是知名的熟面孔。

在交易和教學之外，雷蒙最熱愛的就是閱讀。除了交易書籍，他也閱讀任何主題的書籍，從奇幻到混沌理論都有。雷蒙熱愛閱讀，閱讀也是他放鬆心情的方式，但卻給他太太造成困擾，因為她必須不斷找更多空間放他所有的新書！雷蒙和妻子往返於香港、新加坡和澳大利亞。我們現在就來聽聽雷蒙的忠告。

隱藏的原理

我們都知道，80%到90%的新手交易人都會失敗。

為什麼會是這樣？不是因為缺乏教育。投資和交易的競技場上，研討會的生意蒸蒸日上。在了解如何更有效地學習方面，更是已有長足的進展。儘管如此，交易人和投資人的成功率，和我在1970年代初開始交易時沒有兩樣。

部分原因出在交易本身的特質。這是一場機率遊戲，任何單一交易，新手交易人賺錢的機會和經驗豐富的專業人士一樣。新手交易人往往在一連串的連續獲利之後，誤將自己的

好運當作技術超群——市場很快就會導正他們的誤解，這一來，交易新手就會失去所有賺到的錢，甚至賠掉更多。

另一部分的原因，在於新手看待交易獲得成功的方式。他們抱持錯誤觀念，以為他們需要的只是「超級交易策略」，而展開徒勞無功的聖杯搜尋。他們認為，那種方法能靠小額資本，產生無止盡的財富，並有相對極少的虧損。

身經百戰的專業人士都知道，交易方法其實只是成功方程式的一部分：

贏家心理 × 有效的風險管理 × 書面交易準則（擁有優勢）

布倫特在本書中談到這些傳統的原理。

但是我認為，有個原理經常遭人忽視，而且很少人談到。這個原理源於1934年的飛行安全領域。那一年冬天，美國陸軍航空兵（U.S. Army Air Corps）飛行技巧最好的飛行員似乎都死於墜機。事後來看，很清楚可以知道墜機的主要原因是訓練計畫。訓練計畫包括：

- 準學員坐上飛機，由教練執行一連串的翻滾和旋轉動作。如果學員沒有嚇得臉色發白，就能進地面訓練學校；
- 在地面訓練學校，教練在黑板上教導學員如何飛行，也讓他們親身體驗；
- 幾個星期後，學員逐步掌握控制器。

訓練結果如何？有些學校的死亡率接近25%。

今天航空業驚人的安全記錄，要歸功於發明林克模擬

器（Link Simulator）的愛德華‧林克（Edward Link）。這個模擬器允許駕駛員犯錯，在沒有實際風險下，從錯誤中學習。簡而言之，林克模擬器允許駕駛員深度練習。

「深度練習」（Deep Practice）的概念，是丹尼爾‧柯伊爾（Daniel Coyle）在《天才密碼》（*The Talent Code*）一書中提出的。在我深入探討這種練習之前，且暫停片刻，注意交易人所受的教育和1934年駕駛員接受的教育，兩者間的相似處。

身為交易人，我們通常靠參加二到四天的研討會與閱讀，而學得技能。在那之後，我們的學習是反覆試驗摸索，拿的是我們寶貴的資本去冒險。1934年駕駛員的反覆試驗摸索學習也類似，唯一的差別，在於他們是用自己的生命冒險，而我們是拿自己的財務資本去冒險——有時是我們的財務生命。

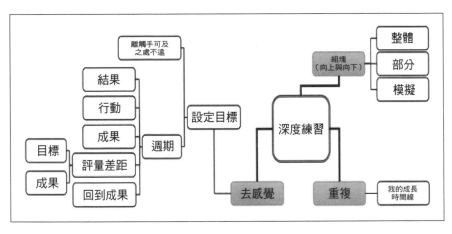

圖12.1　深度練習

資料來源：Daniel Coyle, The Talent Code (Bantam Dell, Random Hose 2009)

圖12.1解釋了深度練習的概念。我認為，這個概念將掀起交易教育的革命。我們會見到研討會和指導課程分成知識內容的傳授，之後是深度練習時間。

「深度練習」的「去感覺」一項，表示柯伊爾相信學習需要動用知性和感性。在任何練習期間，首先把目標設定在舒適圈外不遠處。要知道這些目標是什麼，首先需要設定脈絡（組塊）：找出學習的核心宗旨，將它們化整為零，確定各個組成部分。

目標一旦設定，就可以做模擬交易練習，在對結果有期望下採取行動。練習結束時，比較行動的成果和想要的結果，也就是注意兩者的差距。接著，我們檢討反省，決定要用什麼行動以拉近兩者的差距，並採取行動。我們重複這個循環，直到填平差距為止。

這個「嘗試錯誤學習」急遽縮減學習時間。我認為，柯伊爾的模式如果執行得當，可以提升交易的成功結果。

雷蒙·巴羅斯

我不是說雷蒙博覽群書、深思好學嗎？你可以在此暫停一下，回頭重看雷蒙的想法。雷蒙相信，深度練習如果執行得當，將加快交易人邁向交易成功的腳步。你可以擁有所有最佳的交易知識。你可以擁有明智的資金管理策略。你可以擁有穩健的正期望值交易方法。你甚至能夠緊緊盯住老虎的眼睛。但是，如果不練習、練習、再更多的深度練習，當遇到猛烈的市場最大逆境時，你會覺得自己像個破爛洋娃娃，不堪一擊。你會迷失方向，被丟出既定的交易計畫之外。你會不知道自己應該買進或賣出。但是，持續不斷地妥善練習之後，你會有更萬全的準備，以面對

經常出其不意的最大逆境伏擊。這時，你不會被推出交易計畫之外。你會繼續走在原來的路上，不屈不撓。但是，少了深度練習，你會成為另一個市場統計數字。你會發現遵循TEST程序，以驗證所用的方法，將有助於你的深度練習。因此，謝謝雷蒙為你的彈藥庫添加裝備，而且就我所知，不曾有任何交易書籍提到深度練習。你應該將巴羅斯加進你的耶誕賀卡寄送名單中！

如果巴羅斯的忠告引起你的共鳴，如果你想要了解他對於交易和市場的更多想法，可以透過他的網站和他聯絡：www.tradingsuccess.com。

馬克‧庫克

馬克‧庫克（Mark D. Cook）交易成癮。馬克熱愛市場到無法長時間離開市場。他知道自己上癮了，而且樂於向任何願意傾聽的人承認這件事。他的交易癮頭強烈到儘管事業有成，許多人求他寫書，他也不肯答應。馬克根本找不出時間從市場脫身，長到足以將想法寫下來。所以馬克有時間回應我的請求，我覺得十分幸運。我也希望你同樣珍惜。

像馬克這麼成功的交易人並不多。馬克是E-Mini S&P500最大和最活躍的私人當日沖銷交易人之一。由於E-Mini S&P500是世界上最大的期貨合約之一，馬克因此成了世界上規模最大和最活躍的私人當日沖銷交易人之一！忙碌時，馬克一天可以執行多達四十筆交易。如果你也是傑克‧史華格「金融怪傑」系列的眾多讀者之一，你應該已經對馬克非常熟悉。馬克是《股票市場怪傑》（Stock Market Wizards）中唯一提及的S&P期貨交易人。

馬克的故事非常鼓舞人心。他靠著頑強的毅力和意志力，扭

轉了早期一再的挫敗，其中一次浩劫差點令他破產，但他東山再起，成了世界上最成功的當日沖銷交易人之一。馬克是古諺「永不放棄」活生生的見證，也是母愛力量的證明。母親對馬克的信心激勵著他，使他搖搖欲墜的財務狀況轉危為安，邁向最後的交易成功。

如果你曾經對自己的交易感覺情緒低落，你應該重讀《股票市場怪傑》對馬克的訪談。這會使你正面看待自己的處境，對於成功的可能有所啟發。它也強調，要在市場上成功，保持良好的工作倫理十分重要。馬克可能正是市場上工作最勤奮的當日沖銷交易人之一。那段訪談甚至可能使你靈光乍現，看清自己如果不準備投入那麼多心力，則交易不適合你。請記住，如果你要做當日沖銷交易E-Mini S&P500，你很可能不是和馬克在同一邊，就是和他對向操作。馬克每天早上在市場開盤前，花好幾個小時做準備，如果你想和他站在同一邊操作，而不是對向操作，那麼你也需要投入等量的心力。要是你不打算為當日沖銷交易E-Mini S&P500那麼賣力，也許你最好考慮做別的事。你必須了解，成功的當日沖銷交易沒有捷徑可走。如果你認為有，我要提醒你重讀馬克的訪談內容。

馬克出生於俄亥俄州東斯巴達（East Sparta）一戶農家。他在家裡的農舍中交易，而這座農舍自1870年代以來，就屬於他家。由於交易成功，馬克有能力收購鄰近和當地出售的地產，而擴張他家所持有的土地。馬克生性保守，深信應該將每年不錯的交易成果，轉化為真實的可耕農地。馬克相當幸運，結合了他熱愛的兩件事——交易和務農，並用其一以壯大另一個。

然而，馬克不是一直都這麼幸運。1977年，馬克開始利用印出來的走勢圖，以自由裁量的方式執行交易。早年的交易一再失

敗。1982年，一次小小的成功，加上貪婪作祟，差一點使他一蹶不振，因為他建立的裸買權部位毀了，使得他的交易帳戶短缺35萬美元。為了彌補帳戶中的赤字，馬克被迫向父母和銀行借錢。正如馬克所說的：「借錢存入經紀帳戶，再看著它化為烏有，沒有什麼事情比這更叫人感到無力。」

不過，經驗加上他母親對他回補虧損能力的信心，開啟了馬克生涯的分水嶺。這是個轉捩點。但是直到1986年，他才開始有可觀的獲利，而這時正逢他發展出獨家的庫克累積跳動檔（Cook Cumulative Tick）指標。這個指標會確認買超和賣超的情況。馬克注意到，每當累積跳動檔為很高的負值或和正值，市場往往傾向於拉回。他學到，極端的跳動檔讀數減弱時，會製造可望獲利的交易機會。

他的庫克累積跳動檔指標給了他一直在尋求的優勢。自那時起，它一直是他交易成功的一大助因。馬克的交易繼續令人刮目相看，到了1987年，還清了為回補1982年的選擇權虧損而被迫借進的35萬美元。他的交易繼續保持成功，到了1992年，贏得美國投資冠軍，報酬率達563%。1993年再次奪魁，報酬率為322%。自1986年以來，馬克的交易持續獲利。

今天，馬克仍然是自由裁量型當日沖銷交易人，並且繼續依照他的庫克累積跳動檔指標執行交易。馬克在多個時間架構監控他的指標，而且雖然主要是當日沖銷交易人，卻也在他的指標許可時，下短期的三日短線波段交易和比較長線的交易。馬克會持有比較長線的交易，直到他的庫克累積跳動檔指標成為中性。馬克也是狂熱的紀錄保持者，每天記錄所做的每一筆交易。馬克深信應該研究以前的交易並從中學習。

馬克身為交易人，確實關注高準確率的策略，而且會交易對

他的庫克累積跳動檔指標有敏感反應的任何市場。雖然他以他的E-Mini S&P500交易著稱，卻也在情況許可時，交易選擇權、股票，以及指數股票型證券投資信託基金（ETFs）。

今天，除了操作自己的資金，馬克也管理超過一百萬美元的大型私人帳戶，並管理CMG絕對報酬策略基金（CMG Absolute Return Strategies Fund）的10%。自2000年代初以來，馬克公開邀請任何交易人向他挑戰，進行交易競賽。這是百萬美元的贏家全拿挑戰。令馬克驚訝的是，不曾有一位交易人接下他的戰帖！此外，他也經營每日的諮詢顧問服務，並在時間允許時，在他的農場辦公室舉辦交易講習班，學員不只在那裡學習交易成功之道，也能享用他的合夥人吉爾（Jill）下廚做的家常菜美食！

除了交易，馬克也樂於上台演說，教導別人如何交易。雖然他也熱愛收集古董牽引車，但這件事其實不足以讓他分心太久，忘了對市場的癮頭，以及不斷精益求精的熾烈渴望。即使他一個月有百萬美元的進帳，交易的渴望還是永遠得不到滿足！

現在，但願你準備好，洗耳恭聽馬克的交易忠告。如前文所說，馬克不曾寫過一本交易書籍，而且由於對交易的投入，很少有空閒時間。請銘記，以下這段話出自世界上規模最大、最活躍、最成功的私人交易人和市場怪傑之一！

我會開宗明義告訴他們，成功之路是由虧損鋪成的！

關於交易，我說的話可能只能影響一位讀者。但是，那個人的生活將永遠改變。有不計其數的著述，討論如何在投資的各方面賺錢，卻幾乎沒有一個字談到如何保有賺到的錢。有一句老話說，「賺錢容易守成難」，每個老交易人聽了都心有戚戚焉。

在我講了這些之後，如果你還有興趣讀下去，我覺得你還算有希望。很少人了解交易的「藝術」。重要的不是看圖、基本面分析或技術面分析的能力。很簡單，重要的是有自知之明。我三十三年的交易經驗，告訴我幾項真理。最重要的絕對真理就是你會賠錢，你必須因應這個事實。專業運動員接受他們會受傷的事實。他們的成敗取決於如何因應痛苦。

我在投資世界虧損了數百萬美元之多，但幸運的是，也賺進更多。原因就是我接受虧損是現實的一部分，並且恢復交易生活以求治癒。

我首次涉足交易時，遭遇持續不斷的連續虧損。起初我認為，這種事情不可能發生在我身上！後來我成了成熟的交易人，勇於面對現實：我不是受害者；是我害了自己。經驗不足的交易人沒有建構一套事業交易計畫。經驗豐富的交易人則一絲不苟地遵循他們的事業計畫。專業人士知道他們需要未雨綢繆，為世界末日做好準備以免遭殃。業餘交易人士從來不會想到世界末日，直到為時已晚。以下所說的真理，有必要一讀、記在腦海中，並吸收內化。

以下就是我遵循不悖的「庫克氏真理」：

真理一：我會賠錢。我接受這件事　每當交易賠錢，我會有個關機時間。我深信每個人都會有一個週期。當一個人處於低潮週期，那麼生活上所有的活動都容易受到傷害。我曉得自己可能賠錢的月份，因此設法防範；35% 的賠損實在太多了！

真理二：不聽別人的意見。根據事實交易　我每天都會有個儀式，那就是尋找交易的事實。工作過度使人成就過

度——這有什麼不好？一旦我權衡了所有的事實，別人的意見就沒有插手的空間。如果外頭正在下雨，那就別說艷陽普照。活在現實之中，而不是在虛假的美好歲月裡。

真理三：尋找機會。去交易。不要待太久　在我賠錢的時候，我嚴以待己，因為我知道自己沒有發現賺錢的機會。市場波動不居是個事實；因此，我必須找到、認清並參與潮流，但不能待過久。業餘人士待在交易中的時間太長！專業人士提早出場；猜猜誰賺的錢多？

真理四：滿懷信心。交易是為了賺錢，不是為了避免虧損
信心和真實是結拜兄弟。信心和虧損很快就會分道揚鑣。生活的遊戲有個保持和諧的平衡點。那個平衡必須有守有攻。我們都見過一個人放棄一切之後，身體很快也會跟進。他們不再對人生展開攻勢；他們的生活也是。防守是為了防患於未然，避免陷入逆境，同時曉得它會來到。真正的平衡，是權衡所有情境，為那些情境設想機率、承認這些機率，然後規劃一條要走的路。我們總是有辦法得分！我們有辦法阻止對手得分。兩者都要找出來！

業餘人士找的是聖杯；專業人士則是根據真理交易！

馬克·庫克

看了之後有什麼感想？許多人無疑花了龐大的時間和精力，去尋找解開市場秘密的通用之鑰——也就是人力不可企及的聖杯。你應該尋找真相！你應該學會，交易成功是接受虧損，學習如何保有獲利，甚於賺取利潤。許多人寫的都是如何賺錢，極少專注於如何保有你已經賺到的錢。而箇中關鍵在於接受虧損。如

果早在你的交易生涯之初就知道這件事，你現在的處境會該有多好！此外，馬克的第三個真理，部分有違一般接受的交易說法。馬克從來不會在賺錢的交易上待太久的時間。但是交易人被灌輸「放手讓利潤滾下去」，而不是盡早獲利了結。馬克所做的事完全相反。這件事值得你深思。

但是你也必須記住，馬克是準確率很高的交易人，禁得起賺取許多金額較小的利潤和偶爾較大的虧損。但他所說的話仍然極具價值，因為它們不是來自交易教科書，而是來自毫不留情的S&P500交易競技場的真實世界，而這個世界中，能夠生存下去和成功的交易人非常少。如同我說過的，他的忠告極有價值，如果你考慮展開當日沖銷的交易生涯，就應該謹記馬克的話。交易旅程將是由虧損鋪成的，早知道才能早防備。

你可以透過馬克的網站和他聯絡（www.markdcook.com），以更多了解他對於交易和市場的想法。

交易人的多樣性

正如前面提過的，本章收錄了各式各樣的市場大師，有些高調，有些低調極重隱私，有些曾經贏得交易冠軍。我相信自己非常幸運，能夠找到這麼一群形形色色的成功交易人。我也想說，他們慷慨大方，願意貢獻意見，真的令我受寵若驚。在我繼續談下去之前，我想讓你知道，除了馬克·庫克曾於1992年贏得美國投資冠軍賽（U.S. Investing Championship），接下來還有其他奪標交易人出場，如表12.1中的標示。我很幸運，本書能網羅最近的羅賓斯世界盃期貨交易冠軍賽（Robbins World Cup Championship of Futures Trading®）得主：凱文·戴維、邁克爾·庫克和安德烈·昂格爾。這三個人有一位是美國人，有一

位是英國人，還有一位是義大利交易人。年輕的新秀也在名單之上。除了最近的贏家，我也有這項競賽二十五年歷史中最為成功的贏家——拉里·威廉斯，以及透過他的關係，認識他的女兒米雪兒·威廉斯（Michelle Williams）。米雪兒贏得1997年的競賽

表 12.1 世界盃期貨交易冠軍賽總表現第一名——全部分項

年份與姓名	報酬率
2009: Andrea Unger	115%
2008: Andrea Unger	672%
2007: Michael Cook	250%
2006: Kevin Davey	107%
2005: Ed Twardus	278%
2004: Kurt Sakaeda	929%
2003: Int'l. Capital Mngt.	88%
2002: John Holsinger	608%
2001: David Cash	53%
2000: Kurt Sakaeda	595%
1999: Chuck Hughes	315%
1998: Jason Park	99%
1997: Michelle Williams	1,000%
1996: Reinhart Rentsch	95%
1995: Dennis Minogue	219%
1994: Frank Suler	85%
1993: Richard Hedreen	173%
1992: Mike Lundgren	212%
1991: Thomas Kobara	200%
1990: Mike Lundgren	244%
1989: Mike Lundgren	176%
1988: David Kline	148%
1987: Larry Williams	11,376%
1986: Henry Thayer	231%
1985: Ralph Casazzone	1283%
1984: Ralph Casazzone	264%

資料來源：羅賓斯交易公司（Robbins Trading Company）http://www.robbinstrading.com/worldcup/standings.asp

時僅16歲之齡。

接下來要介紹的市場大師，就是贏得2007年競賽的邁克爾‧庫克（Michael Cook）。

邁克爾‧庫克

邁克爾‧庫克是交易冠軍。他在2007年贏得用真錢比賽的羅賓斯世界盃期貨交易冠軍賽，報酬率為250%。2008年排名第二。邁克爾的野心之一，是連續三次贏得冠軍——當時在這項比賽二十五年的歷史中，還沒有交易人有這樣的成就。

邁克爾在早年的交易中，就經常獲利，這在交易人之間相當罕見。他和大部分大學生專心唸書不一樣，把時間花在申購民營化新股票上。買進這些股票之後，他會在它們掛牌上市的第一天就脫手。雖然他的學業成績可能受到影響，財務卻絕對不然！

邁克爾不只在這方面極為罕見，他利用別人的資金學習如何交易，這種機會在交易人之間也不多見。1997年，他受雇於倫敦的美國銀行，加入他們的新興市場固定收益交易臺，有機會向身經百戰的機構交易員學習市場和交易上的種種知識。

邁克爾在美國銀行的時候，主要是自由裁量型交易員，用他的彭博（Bloomberg）多工終端機操盤。終端機不只提供走勢圖、分析以及新聞，還是很好用的咖啡杯墊！在前後十年的期間，邁克爾從銀行到避險基金，擔任各機構的資深交易員，磨練、培養交易技能。

2007年，邁克爾離開機構交易的安全保障，開始全時為自己操作。邁克爾從機構交易技能轉型到自身個人帳戶的操作，過程十分成功，以至於能以250%的報酬率，贏得世界盃期貨交易

冠軍賽。根據我的經驗，這是難能可貴的表現，因為曾經當過機構交易員的人，鮮少能成功交易本身的個人帳戶。當你用自己的錢交易，在專業面和情感面上，原來交易成功所賴的置身事外態度都會發生轉變。由於每一筆交易的結果都會直接衝擊個人帳戶淨值，所以要在情感上置身事外十分困難。當交易室在你家屋簷底下，就很難把上一筆賠錢的交易留在交易室裡不去理它！因此，邁克爾從機構成功轉型到個人交易，極為罕見。

今天，邁克爾是短線到中線的自由裁量機械型交易人。他的交易可以從兩三天到好幾個月不等。邁克爾的模式發現機會時，他會在任何市場進行交易，不管是外匯、股票、選擇權，還是各種指數、金屬、能源或金融市場的期貨。他的模式使用以統計為基礎的指標，以找出交易機會。那些模式使用一組過濾器，在若干條件滿足時，就如瀑布層層而下般就定位。他偏愛使用簡單的模式進行交易，使得他的螢幕不致那麼雜亂。他的模式不使用擺盪指標或隨機指標等傳統的買超或賣超指標。他說過：「我的方法不是火箭科學；它們只有二十或三十行程式碼。」雖然他主要是機械型交易人，卻在他相信有必要的時候，加進若干自由裁量，因此他是自由裁量機械型交易人。在模式的研究、發展和測試方面，邁克爾綜合使用Genesis和Excel。至於畫圖，他則在e-Signal的FutureSource和Genesis之間轉換。

不交易時，邁克爾會在某個地方出一些莫名其妙的小意外。他沒辦法解釋為什麼，但自他從英格蘭移居阿拉斯加，滑雪時跌倒或使用造雪機、沙灘車故障的次數之多，令他感到莫名其妙！邁克爾和他太太都是英國人，但目前住在美國的阿拉斯加。現在我們就來聽聽邁克爾的忠告。

對於想要有一番作為的交易人來說，有個忠告超越一切：小額交易。

這顯然有例外，但大體而言，新進交易人往往過分高估某一風險資本水準、正確的部位規模和數目。這絕對是規模攸關重大的領域，金額越小越好。

大部分想要有一番作為的交易人，都看過市場怪傑之類的書。這些書由一連串頂尖交易人的訪問內容構成，他們靠交易賺進數千萬或數億美元，有些例子中，更賺進數十億美元。

這些交易人在交易世界中的地位，相當於老虎伍茲（Tiger Woods）之於高爾夫球界，或費德勒（Roger Federer）之於網壇，或「球王」比利（Pele）之於足球等。這類故事值得注意的共同主軸之一，是他們在生涯之初，賠了許多錢或破產。這對於剛投入交易的凡夫俗子來說，應該是有益的教訓。

這些是世界級的優異交易人，卻仍然在交易生涯之初，幾乎失去一切。剛開始交易的人必須理解，這場遊戲十分辛苦，競爭十分辛苦，計分方式就是賺賠。

小額交易比起「一擲千金」沒那麼令人興奮。但有人說，想要找個忠心的人，不如養一條狗。同理，如果你想要快感，不如去跳傘。想要交易的人，必須很早就決定他們想從交易得到什麼，那應該是賺錢，不是尋求刺激。

交易生涯之初的小額交易，不會使交易人賺到大錢（那是非常不可能的事），但那不應該是目標。目標應該是活得夠久，有時間學習其他所有教訓，讓交易能夠隨著時間流逝而獲利。接下來，天空有多高，極限就有多遠。

讀到這段話的許多人會想：「這根本沒什麼新鮮或原創性，這我早就知道了。我聽過類似的忠告不知有幾百遍。我聽過的都是在談風險管理，現在你可以告訴我靠交易致富需要知道的其他事情……」

這樣的回應，讓我想到有個病人去看醫生，想要知道如何減重。醫生解釋說，要減重，就要少吃多運動。病人答道：「是的，是的，我知道，我已經聽過類似的忠告不知幾百遍，現在你可以告訴我減重需要知道的其他事情……」

跳過這一課也沒關係；如此一來，你就不需要更多建議，因為你無法在場內待到需要它們的時候。用較小金額交易，那麼好事至少有機會發生！

邁克爾·庫克

現在，有人看出其中的反諷嗎？這個反諷支撐了邁克爾所提忠告的力度和深度。邁克爾曾經是機構交易員，通常交易數百萬美元，卻建議你小額交易。如果你接受，也據此行動，你會更能在開始交易時確保破產風險為0%。此外，如同邁克爾所說，小額交易能幫你爭取到夠多的時間，學習交易成功需要的所有事項。小額交易不見得會使你賺大錢，但有助於確保你存活得夠長。交易以小額起步能讓你受惠於你的知識。這是曾經榮獲冠軍殊榮的交易人所說的話，他在機構和個人層級上，交易都十分成功。聆聽這些肺腑之言是明智之舉。但願你有把邁克爾的話聽了進去，我當然有。

邁克爾的電郵信箱：mcook@tradingaccount.co.uk。

凱文・戴維

凱文・戴維（Kevin Davey）是高智力、得過冠軍殊榮的交易人。凱文擁有其他大多數交易人所沒有的優勢——聰明絕頂。凱文不只以優異的成績取得航空工程學位（並在美國國家航空太空總署完成實習），也取得企管碩士學位。凱文穩坐智力金字塔的頂尖位置，令我們自覺平庸。

凱文是成功的短線系統交易人，以智慧取得成功。由於表現出色，他2006年贏得羅賓斯世界盃期貨交易冠軍賽，報酬率達107%。而且凱文不只是過去的贏家，更持續不斷獲利，2005年（148%）和2007年（112%）都排名第二。

凱文是我訪談的交易人中相當獨特的一位。就我所知，只有他操作全自動化的機械交易系統，他用個人電腦執行大部分的交易動作——執行進場、停損和出場。他是積極型交易人，卻沒有積極交易。他讓電腦代勞做大部分的交易。這就是我說他聰明的原因！

凱文和大部分交易人一樣，交易生涯之初充滿失望。凱文1991年開始交易，而他初期的交易策略之一，是用移動平均線交叉系統去交易。初期發生虧損之後，他決定最好是和交易訊號反向操作，而且真的反其道而行。令他感到沮喪的是，得到的成果相同，承受更多的虧損。至少他的表現前後一致！在帳戶虧損60%之後，凱文決定結束交易，接下來幾年內盡他所能，飽讀和交易有關的一切知識。由於凱文的努力，他能夠發展出一組贏家機械策略，讓他在交易冠軍賽中表現十分傑出。儘管取得成功，凱文直到最近，也就是2008年，才辭去工作，把全部的時間投入交易。但是他接著發展全自動交易策略，不需要整天坐在螢幕

之前。他選擇離開工作,把更多時間用在享受天倫之樂,並且撥出更多時間研究市場。

今天,凱文側重於簡化他的機械模式。他相信,強調出場策略是模式優勢。他使用TradeStation軟體研究、發展和回測他的策略,也用於自動執行委託單。凱文主要專注於短線機會,交易時採用多重時間架構。他有些模式會交易1分鐘、10分鐘、30分鐘,以及1日的時間架構。有些比較長期,1到5日內出場,而他的價差交易可以長達數週或數個月之久。他主要交易的市場是指數期貨,但有時也交易金屬、農產品、軟性商品和貨幣市場。

凱文在交易之餘閒,喜歡和家人共享天倫,同時關注他喜歡的足球隊賽事,也就是克利夫蘭布朗足球隊(Cleveland Browns)和密西根大學狼獾足球隊(University of Michigan Wolverines)。凱文和他的家人住在美國俄亥俄州。現在就來聽聽凱文的忠告。

在將近二十年的交易中,我學到技術面分析、基本面分析、策略規劃、資金管理,以及交易心理面等方面的許多事情。可是即使在讀過不計其數的交易書籍(有些十分複雜,連我都不懂它們在說什麼)、參加許多研討會、花了不計其數的深夜將交易觀念寫成程式碼,我後來還是發現,在交易上,簡單最好。

這句話是什麼意思?在我看來,成功的交易人用的是奧卡姆剃刀原則(譯注:Occam's Razor,意為簡約法則),最簡單的方法幾乎一定是最好的選擇。所以我在發展策略時,傾向於避開艾略特波浪或甘恩線等複雜的理論,反而偏愛參數很少的簡單系統。事實上,我現在交易時使用的一個策略,只用最近的兩個收盤價,去決定下一筆交易的訊號。非常簡單!

那麼，比起複雜的策略，簡單的策略到底有何妙處，在歷史上可能有比較好的表現？發展一套策略時，「自由度」的數學概念會發揮作用。如果你試著以太多的規則配適資料，你可以得到完美的配適，但你會用完所有的自由度。這並不好，因為這種曲線配適將來不會表現得很好──它只在過去有很好的表現。簡單的策略容允非常少的自由度，因此將來有可能展現優越許多的潛力。

我在交易室的布置上，也運用簡單的概念。我和許多當日沖銷交易人不一樣，我沒有一整牆的顯示器和一堆電腦。一台電腦，兩台顯示器，對我來說剛剛好。而且一天之中大部分時候，我甚至連現在的價格看也不看，因為我正忙於在歷史資料上測試新策略。我的所有系統都是半自動或全自動，在交易日，種種事情都力求簡單。

我不得不承認，有些時候，看到有人根據量子力學最新的進展，寫出一萬行的電腦程式碼，發展出新的進場技術，我會有點忌妒。或者，當我看到交易人的辦公室看起來像NASA的控制室，顯示器上有數十張價格走勢圖和指標，難免眼紅。如此壯觀的場面，當然讓我讚嘆不已。但是，我接著總是會退一步問：「這些比較複雜的安排，成果有比較好嗎？」至少從我發現的答案來看，並沒有。簡單最好，因為簡單才行得通。所以要力求簡單。

凱文・戴維

你覺得如何？夠聰明的人才明白要力求簡單。答案不在於複雜之中，在於簡單。每個人都要聽。這段忠告來自可能是本書中最聰明的一位交易人。如果有任何人能夠發展複雜的交易策略，

非凱文這位火箭科學家莫屬。凱文保持方法簡單，不是因為他沒辦法做別的事。不，那是因為他既聰明又成功，足以洞悉交易的一個小秘密——簡單的效果最好。但願你有把他的話聽進耳裡。我當然有。

你可以透過凱文的網站和他聯絡：www.kjtradingsystems.com，以了解他對於交易和市場的更多想法。

湯姆・狄馬克

湯姆・狄馬克（Tom DeMark）是機構的重量級人物。規模很大的交易人和投資基金若需要幫忙，都會找他。湯姆是他們的智囊、個人救生索。在我訪問過的所有市場大師中，湯姆的交易策略從以前到今天都是用於管理金額非常龐大的資金。1997年起，湯姆是SAC資本的史蒂文・柯恩（Steven Cohen）的特別顧問。億萬富翁柯恩是避險基金投資人，也於1992年創辦SAC資本公司。管理2,500萬美元的資產。本書撰稿時，他管理160億美元的資產，而且自創立以來，他的基金平均每年報酬率達40%。湯姆在和柯恩共事之前，是和已故的查理・戴・弗朗西斯卡（Charlie Di Francesca）共事——後者當時是芝加哥期貨交易所（Chicago Board of Trade）交易金額最大的交易人。湯姆不只是大咖，還是最大的一咖。他和市場上一些最知名的機構或人物共事，包括保羅・都德・鍾斯、喬治・索羅斯（George Soros）、麥可・史坦哈特（Michael Steinhardt）、范・霍伊辛頓（Van Hoisington）、高盛（Goldman Sachs）、IBM、永備（Union Carbide）、摩根（JP Morgan）、花旗銀行（Citibank）、大西洋富田（Atlantic Richfield）、伊利諾州（State of Illinois）、

蒂 施 家 族（Tisch family）、MMM、 里 翁 · 庫 伯 曼（Leon Cooperman），以及其他許多成功的大型投資經理人與基金。

湯姆這樣的機構重量級人物願意提供建議，我覺得非常幸運。這種建議通常需要支付機構級的顧問費用，但你只要用這本書的價格就能擁有！我要再次感謝拉里·威廉斯介紹我認識湯姆。拉里實際上為我做了三件事。他先介紹我認識湯姆。他接著鼓勵湯姆考慮接受我邀請他參與這本書。第三，當本書截稿日將屆，我仍在苦等湯姆的忠告，這時拉里幫忙催促他的夥伴。我在最後截稿日的七天內收到湯姆的忠告！所以再次謝謝拉里。

順帶一提，所有的市場大師都是好人，不然他們就不會如此貢獻忠告。本章能夠寫成，幫助我最力的是戴若·顧比和拉里·威廉斯。他們兩位都是名人，也是大忙人，和我非親非故，只是聽到我的要求，就出手幫忙。我要再次衷心感謝戴若和拉里。現在我們回來談湯姆。

湯姆是我心目中交易世界的巨人。他原創而出色的想法，使他成為市場上最炙手可熱、薪酬最高的市場時機交易人。從前文提到的那些名單，就可以知道，他不只是炙手可熱的顧問，本身也是個成功的交易人。

身為交易高手的頂尖顧問，他大可自成一派。而他的存在和成功，正好打了相對投資派的老古板一巴掌。他們不斷在印刷媒體和電視上說「……重要的是市場的時機，不是去抓市場的時機……」而湯姆是市場時機先生！湯姆花了四十三年的時間，研究、發展、測試、交易和教導機構交易員和投資人他的市場時機交易技術。湯姆花了四十多年的時間，證明重要的不是市場時機，而是抓市場時機！

湯姆1967年開始交易，起初是自由裁量型交易人，使用

傳統的走勢圖型態。那時沒有個人電腦，沒有網際網路，沒有即時資料饋送，也沒有彭博終端機。湯姆是利用維多利亞快送（Victoria Feed）商品走勢圖、艾柏‧柯恩（Abe Cohen）和摩根‧羅傑斯（Morgan Rogers）點數圖，以及懷科夫（Wyckoff）走勢圖，執行交易。

湯姆取得企業管理碩士學位，並念過法學院之後，進入威斯康辛州密爾瓦基（Milwaukee）的投資公司NNIS服務。湯姆必須負責決定啟動和出清投資的正確時機。他很快就發現，在市場到達底部之後，幾乎不可能累積任何有意義的部位，而在市場到達頭部之後，一樣難以軋平大量的投資持有部位。湯姆出於需要，必須在市場預判會形成底部的情況下，逐步逢低買進，並在預判市場會形成頭部時，逐步逢高賣出。由於管理龐大資金的實務需求，湯姆被迫和公認的市場實務反向而行。與其避開抓取頭部和底部，湯姆不得不去預判它們。

1973年，湯姆遇見和他一樣勤學好問的另一位年輕交易人，他也挑戰傳統的交易概念。兩位年輕交易人一見如故，培養出堅強且持久的關係與友誼，並且持續到今天。這兩位年輕交易人當時不知道，但他們在技術面分析方面，有了開創性的發現。其中這方面的一項努力，是以艾略特波浪為中心。湯姆和他的伙伴輕易看出，市場存在艾略特定義的波浪結構。但是，他們不喜歡的是，艾略特波浪在它的彈性波浪計數和波浪中的波浪重新計數方面十分主觀。他們著手研究，是否有可能以機械型和客觀的方式，確認艾略特波浪的反轉點，有別於艾略特的主觀和可以調整的五和三波組合。在兩人的努力下，共同發展出湯姆著名的TD連續（TD Sequential）指標，直到今天，世界各地仍有數以千計的交易人用於所有市場和所有時間架構。即使在這兩人發現這

個以價格為基礎的客觀型態之後三十年，今天市場上還是看得到它。這是這兩位年輕交易人所做真正開創性的貢獻。如你所知，其中之一是湯姆，另一位年輕交易人是拉里。湯姆與拉里1973年的相遇，激勵他把全部的時間投入交易，接下來締造了一連串輝煌的履歷。

湯姆身為市場時機交易者，成了逆勢交易人。他所執行的交易，有95%專注於衡量價格耗竭、預判市場頭部和底部，或者單純的反轉會出現。看得出來，湯姆對市場的看法不一樣。大部分人努力順勢交易，湯姆卻設法預判趨勢結束，湯姆是反趨勢先生。湯姆嚴厲批評一般的技術面分析，相信它太過主觀，所以行不通。雖然湯姆同意他的研究可以被視為技術面分析的一部分，卻不認同自己是技術面分析師，而是如同你知道的，他自認是市場時機交易人。

湯姆相信基本面會驅動比較長期的市場波動，但在比較短期的基礎上，他相信你必須抓準進場和出場時機。而且湯姆相信你能以心理面和市場時機交易工具做到這件事。

湯姆相信簡單、非優化和客觀的機械系統，而且相信它們應該會跨越所有的市場和所有的時間架構，一體適用，也適用於所有的多頭市場和空頭市場狀況。他不認為市場會隨著時間而變動，因為市場只反映人性——恐懼和貪婪，而這永遠不會變。舉例來說，湯姆和拉里合創的TD連續指標1970年代首先應用於貨幣、債券和國庫券期貨，此後大體上沒有變動，而且儘管市場出現所謂的變動，卻繼續適用於所有的市場和所有的時間架構。湯姆說，要說服他相信市場變了，得花很大的工夫。

湯姆製作了許多市場時機模態和指標。他的市場時機工具，也就是湯姆‧狄馬克「TD」指標，主要是以型態為基礎。他的

指標和從價格衍生出來的大部分指標不同。湯姆的指標百分之百反映客觀的價格型態。他們捕捉它的特別型態，而且做為一種指標，他們很容易在螢幕上看到。他的許多指標今天出現在可以使用的大型專業資料服務平臺上，如彭博、湯姆森（Thomson）、CQG和DeMark PRIME。湯姆的指標現在有超過三萬五千名彭博交易人使用！湯姆是重量級人物。湯姆相信簡單的系統。

如你所知，在我讀過關於市場最好的觀察心得，湯姆是其中一則的主人翁。以下這段話，摘錄自亞特‧柯林斯《贏得市場》一書。

> 我在都德的時候，為保羅‧鍾斯製作了四或五套系統。後來為了製作它們，他們引進一些人做出優化模式、人工智慧，也就是利用高階數學，做出可能辦得到的一切東西。歸根究底，在十七名程式設計師和四、五年的測試之後，基本的四、五個系統運作得最好。

湯姆是為鍾斯製作那基本的四、五個系統背後的人物。湯姆發展出的簡單機械策略，十七名程式設計師在四、五年內都無法擊敗，即使他們有鍾斯的資源在背後支撐他們。

除了顧問諮詢業務，湯姆繼續使用他個人以價格為基礎的指標，操作自己的資金。湯姆利用CQG和彭博，偏愛的時間架構是盤中和每日長條。他交易股票和期貨。

湯姆寫了三本書：《技術面分析新科學》（*The New Science of Technical Analysis*）、《新市場時機交易技術》（*New Market Timing Techniques*）和《狄馬克談當日沖銷交易選擇權》（*DeMark on Day Trading Options*）。除了交易，湯姆不是沉浸在研究市場

的時機交易中，就是看球賽，特別是籃球。湯姆和許多成功且努力不懈的人一樣，工作十分賣力，極其專注和沉迷於全球市場，而令家人感到不悅。湯姆和家人住在美國西岸。現在就來聽聽湯姆的交易建議。

大多數新進交易人都在顯而易見的誤解底下操作，認為應該遵循市場的意見，以及大多數交易人的一致看法，認為這才是交易成功之路。這樣的信念比較有可能來自人們和其他人交際應酬所習慣的方式。具體地說，在生活中，和別人取得妥協及與他人站在同一邊，是阻力最小的路，但將類似的方法用在交易上，則往往會買到一張交易災難的門票。

交易人之間長期以來相信，「市場趨勢是交易人的朋友。」我要加上一句話：「……除非趨勢即將結束。」

許多年前我所做的廣泛供需分析研究，證明市場底部的形成，不是因為聰明的買家在他們所認為的低點進場，相反的，低點會出現，用比喻的方式來說，是最後一位賣家賣出的結果。事實上，當過早進場的買盤確實發生在市場的跌勢中，那往往是因為空頭回補的關係，而一旦買盤消逝，跌勢會因為過早買進的行為造成價格真空，而使跌勢恢復得更快。相反的，市場頭部會形成，不是因為精明且消息靈通的賣家造成的，而是因為以比喻的方式來說，最後一位買家已經買進。

以上這些觀察，已經證明對我的整個投資生涯所做的那種交易具有助益。

具體而言，對管理龐大基金的交易人來說，當務之急是研判市場高點會出現，而開始賣出，不是在高點出現且價格開始

下跌才賣。價格疲軟時也要比較謹慎地買進，而不是在低點
出現之後才買。這可以防止以滑價和跳空交易，而且不會像
大部分順勢交易人那樣，被迫以賣價（offer）買進，以及以
買價（bid）賣出。

換句話說，在這些趨勢耗竭和價格反轉點操作，比只是遵循
市場的趨勢和交易人的心理面，可以得到更多的報酬。

下單交易時，和普遍持有的市場期望反向操作很難，但是反
向操作提供優勢，以及賺取交易利潤的機會，而順勢交易人
無法得到這些利潤，尤其是如果交易人運用已經證明可行、
特別用於預判可能的市場趨勢耗竭水準的交易工具。

在市場上賣出，而不是買進時，反趨勢方法已經證明有更高
的報酬。買進是個累積程序。我的意思是說，一個人可能在
市場中建立起始部位，一旦市場上揚，便加碼操作。在此同
時，一個人會比較傾向於尋找正面的發展和建議，一旦他們
找到，可能會融資買進，將部位做得更大。最後，不管一個
人有多迷戀市場，買進的潛力都會耗竭。但是，一旦交易人
對市場持負面看法，通常會將整個部位賣出。

這是市場下跌通常比上漲快三倍的原因。交易人可以對部位
有不同的的偏好程度，並在價格上漲時分批買進，但一旦如
夢初醒，就會將所有賣出。

湯姆·狄馬克

　　如何？湯姆認為，順勢交易可能不像你想的那麼友善，尤
其是在趨勢即將結束時！湯姆和你分享他對市場頭部和底部的重
要觀察。和大部分人所想恰好相反，頭部不是由聰明的賣家造成
的，而是因為缺乏買氣形成的。底部不是聰明的買家造成的，而

是因為賣家耗竭形成的。湯姆因為了解這一點，成為今天的市場時機交易大師。

湯姆給你的忠告是質疑目前的想法，以及避開群眾。避開絕大多數人正在做的事。避開數字給人的安全感。找到趨勢耗竭與價格反轉點，並進場交易。研究調查逆勢或短線波段交易。這麼做，他和他的客戶賺了很多錢，你也辦得到。而且，從湯姆的經驗，逆勢或反趨勢交易在市場頭部的報酬高於在市場底部，因為市場的跌勢比它們的漲勢快三倍。

在鼓吹順勢交易的技術面分析世界中，湯姆鶴立雞群。他像個什麼都不怕的反叛者，獨自一人站在技術面分析高速公路的正中央，毫無畏懼或者偏愛地面對傳統和絕大多數人的觀點！他能做這件事，是因為他顯然做得非常成功。湯姆極為少見且強而有力的忠告是離開群眾看法給人的舒適區，並且研究調查如何預判市場頭部和底部即將形成的策略。這是強而有力的忠告，理由有二。第一，他和絕大多數人的想法相反，因此使他產生爭議。這是非常大膽的突出觀點。第二，這是柯恩、鍾斯和索羅斯之類的投資和交易重量級人物花錢請湯姆做的事——找出市場反轉之前，進場和出場的正確時間與價格，而且用機構的規模去做。湯姆的建議是專注於逆勢或短線波段交易方法。但願你聽了進去；我曉得我有。

你可以透過網站和湯姆聯絡，以了解他對於交易和市場的更多想法：www.demark.com；www.marketstudies.net。

李・葛提斯

李・葛提斯（Lee Gettess）是世界一流的機械系統設計者和

交易人。值得注目的是，李發展出一套經得起時間考驗的機械型交易策略，在首次設計之後二十一年仍然繼續運作。能夠這麼說的成功交易人並不多。在系統發展的競技場上，李當然有資格吹噓自己是系統大師！但如果你認識李，那麼你會知道他為人十分謙遜，不是喜歡自吹自擂的人。自豪？有。自大？沒有。

李成功做到這件事是1988年的事，當時他發展出Volpat交易策略。除了它繼續獲利之外，本書撰稿時，監控超過五百個交易系統的獨立出版品《期貨真相》（*Futures Truth*）更評選李的Volpat策略為前十大系統。而且它不只名列最近十二個月的「前十大」，更排名第三位！二十一年前發展的策略在超過五百套交易策略中名列第三，這成就真是叫人刮目相看。

且讓我解釋一下李的成就。他根據自己的市場行為理論，發展出以準則為基礎的客觀交易策略。遵循他的策略去交易的任何人，過去二十一年都有獲利，所賺足以彌補不可避免的虧損仍有餘，並且留下許多利潤。當然，有些年頭會有虧損。但是，它能即時顯現穩定逐步上升的淨值曲線。備受推崇的交易理論（更別說是交易策略）能夠聲稱獲得相同成功水準的並不多。

能發展出如此持久的交易策略、成就能和李相提並論的交易人少之又少。理查·唐契安1960年代發展出他的四週（20根長條）通路突破系統，在理查·丹尼斯和比爾·艾克哈特1980年代的海龜實驗之後，取得「名家」身分。1980年代中期，也有根據約翰·波林傑（John Bollinger）的波林傑波帶（Bollinger Bands）發展出來的另一套順勢交易系統。那套策略直到今天繼續獲利。市面上還有其他持久的策略，但是禁得起超過二十一年時間考驗的，有如鳳毛麟角。

李並非一直都是交易人。他剛踏入職場時，在通用汽車公

司（General Motors）拖地板，之後轉型寫電腦程式。1985年，他接到一通經紀商的電話，說可以輕鬆賺錢，於是對交易產生興趣。但後來李的帳戶發生巨額虧損，於是他盡其所能研究技術面分析的每一件事，並利用他的電腦背景，開始評估各種市場假設，測試各種觀念。那時他並不像今天的交易人那樣，有先進的交易軟體可用，只能自己在最早的一種個人電腦，也就是88XT電腦上，以GWBASIC寫自己的程式！儘管缺少Pentium晶片，李還是成功發展出以型態為基礎的波動性突破策略，而這套贏家策略，也給了李第一個優勢。

李的交易表現出色，1987年，就在10月的股市崩盤前不久，他決定把全部的時間投入交易。時間真是選得再壞不過了！雖然在市場崩盤那一天，他賠了錢，幸好賠得不多，而且相對毫髮無損活了下來。事後回顧，李承認這其實對他是個好經驗，「當S&P崩跌，我見到我的一生在眼前閃過。事後來看，這對我是件非常好的事，因為在那之前，我一直以為交易很容易。這次當頭棒喝，迫使我真正用心去學習如何交易」。

1988年，李發展出他的Volpat策略，後來在1993年以超過67.5萬美元，賣給一群專業交易人，其中包括兩個大型公共基金，以及北美最大的銀行之一。

到目前為止，李全時交易超過二十五年。他經營一個成功的諮詢顧問服務事業，親自交易他所推薦的每一個訊號。許多專業交易人使用李的諮詢顧問服務，以分散他們本身的交易風險。今天，他仍然專注於短線。李會做當日沖銷交易和執行短線交易，持有部位二到四天。他繼續交易E-Mini SP500和美國30年期公債期貨。李仍然以具有型態辨識功能的波動性突破系統執行交易，但現在結合帶有動量的策略。不過，在這三個成分中，李比較依

賴型態辨識。李使用Genesis軟體於研究發展和委託單的產生。雖然他的模式屬於系統型，卻是在自由裁量的基礎上交易它們，根據他對市場狀況的解讀，選擇要交易那些訊號。

交易螢幕外，李喜歡健身和打高爾夫，以鬆懈身心。給家人的一點小困擾是：李凡事喜歡往正面看，不管情況有多淒慘。李說：「我仍然寧可笑而不哭。此外，沒有人能活著離開世界，為什麼不好好享樂？」李和他的家人住在美國亞利桑那州。現在就來聽聽李的一段忠告是什麼。

> 我認為一個好交易人也必須是個悲觀主義者，至少在每一筆交易上應該如此。太過正面的思維會變成一廂情願，這對交易人不是好事。我個人專注於風險，我相信這也是每位交易人必須專注的事。
>
> 我是個非常正面的人。我投入市場交易，是為了賺錢，我敢說，幾乎每一位交易人也都是。交易是為了賠錢，豈不非常不合理？我期待隨著時間的流逝而賺錢，而且我對長期的成果非常樂觀。交易時企圖賺錢是必然的。我們都知道……我全部的注意焦點都放在我能夠賠多少上面。為什麼？因為相信自己能夠控制交易其他任何層面的人，都只是自欺欺人。我們都花了無數個小時，研究和分析價格走勢圖，企圖找到應該買進什麼市場，應該賣出什麼市場。但是在你做完所有的分析，也進入市場實際交易之後，對於利潤，你能做任何事情嗎？你會期待市場往對你有利的方向走。你會用自己選擇的語言大喊和詛咒，你會質疑市場是否善盡保護之責，好像市場是個活人。你甚至經常祈禱。但是你絕對無法讓市場往對你有利的方向發展，即使是有利一點點都不可能。你只

能希望你做對了研究，選到合適的方向，但即使如此，你必須接受你是在和機率打交道，並不是在做絕對有把握的事。即使你做對了每一件事，你還是會出差錯，而且有時必須認賠。一旦你花錢投入交易，能賺多少錢，完全在控制之外。另一方面，我們在控制自己賠多少方面，確實擁用有一點點能力。執行交易有執行成本、滑價、隔夜跳空，甚至可能有飛機撞進大樓，造成的虧損大於我們的預期，但是論理，我們確實有能力控制虧損的多寡。不管你決定限制自己承受多少風險總量，絕大部分的時間內，你都能遵循不悖，由於風險是你真正能夠控制的唯一交易層面，所以在我看來，風險是優良的交易人應該注重的事情。這樣才合理。我是這麼做的。我也建議你這麼做。

我希望機率對我有利，也希望風險能夠量化和可控制。少了任何一個因素，我寧可不要交易。

李·葛提斯

如何？一位成功的交易人不談賺取利潤，而是請你專注於風險，成為每一筆交易的悲觀者，專注於你能賠掉多少錢、專注於你能控制的事情；不要念茲在茲於市場的贈與，而是要注意市場的詛咒、風險。交易要可長可久，首重管理每一筆個別交易的風險。忽視風險，交易生涯會很短暫。

李的聯絡網站：www.leegettess.com。

戴若·顧比

戴若·顧比（Daryl Guppy）很可能是中國金融市場最知名的

白種人之一。以中國人口之龐大，他因此可能是世界上最為人熟知的交易人之一。戴若出名有幾個原因。第一，戴若在中國廣為人知且深受歡迎，因為他寫的許多交易書籍被翻譯成中文，他經常在CNBC亞洲臺（CNBC Asia）的財經論談（Squawk Box）發表走勢圖分析；第二，中國人喜歡交易；最後，戴若努力學習中文。澳大利亞不只有個會說中文的首相陸克文（Kevin Rudd），也有個會說中文的交易人顧比！戴若留一撮鬍子，這個標誌在中國很容易認出，而且亞洲交易人稱他為圖形人。

雖然戴若確實有許多交易書籍印行，使得他成為當今世界上最知名的交易人教育者之一，但他不認為自己只是個教育者。戴若首先視自己為交易人，發表著作只是供他抒發對寫作的熱愛。如果你有幸讀到他的私人日記，你會了解他樂在這門技藝。此外，戴若下筆如行雲流水，看起來不可能而奇特的事情，在他筆下都變得可能，而且條理分明，頭頭是道，這對有志交易的讀者是一大福音。

但是，戴若也有沒沒無聞的時候。1989年，他開始根據巴菲特的價值哲學投資股票，只買認識而了解的公司。但他不喜歡財務命運受到公司擺布的感覺，於是轉而發展交易觀念，藉此收回對財務命運的控制權。戴若每天都會做一張觀察名單，列出展現多重系統交易機會的股票。接著加上自由裁量選擇標準，以確定觀察名單上的哪些股票可以移動到他的交易清單上。他的格局主要圍繞著高機率的走勢圖型態。戴若偏好的時間架構，是使用Computrac畫圖軟體所呈現的日長條圖。成功沒有立即來到，但是到了1993年，戴若滿懷信心走入全時交易，且大獲成功。

戴若成功的消息很快就傳了開來，人們開始請他協助。這方面的興趣，導致戴若寫出他的第一本交易書籍《股票交

易》（*Share Trading*）。這本書兩個星期內就賣光。這本經典之作出版距今十四年，已經十二刷！戴若結合了他熱愛的兩件事，也就是交易和寫作，人生可謂到了涅槃之境。在那之後，戴若總共出版了十五本交易書籍，包括翻譯的版本，其中一些更為中國市場而改寫。

今天，戴若繼續像當年開始享有成功那樣交易——結合多重系統交易機會的自由裁量選擇標準。他積極交易股票和相關的衍生性商品市場，包括差價合約、認購權證、指數股票型證券投資信託基金（ETFs），以及澳大利亞、新加坡和香港市場的指數。此外，他密切監控中國市場，因為中國在世界市場上的影響力與日俱增。他繼續主要專注於高機率的走勢圖型態，有時做短線交易時，會讀報價行情。戴若十分相信要讓市場的狀況指引他喜愛的交易時間架構。情況許可時，他可以輕而易舉下短則五分鐘、長則兩三個星期的交易。他讓市場告訴他最佳的時間架構是多長。為了協助他找到機會，戴若使用一套畫圖軟體，包括Guppy Traders Essentials、Metastock、NextView Adviser，以及為中國市場使用的Gousen。

戴若對交易的貢獻不限於出書。這麼多年來，他發展出幾個領先技術指標，包括在MetaStock、OmniTrader、Guppy Traders Essentials，以及其他的畫圖程式之中。他發展出非常成功的交易人教育和訓練業務，辦公室設在達爾文、新加坡和北京。戴若為澳大利亞、新加坡和馬來西亞市場製作非常受歡迎的教育新聞信。他經常貢獻文章和專欄給越來越多的中國財經出版品。他在亞太地區、中國、歐洲和北美，是炙手可熱的演說者。

戴若在交易或教育之餘，通常在世界某個地方，用筆記型電腦，把想法錄製在磁碟上。雖然他喜歡寫作，但寫作相當耗費時

間與精神，他太太寧可他多做點家事！

　　我不太願意說戴若和他家人住在澳大利亞達爾文，即使他們確實如此。這是因為我每次和戴若聯絡，他不是在北京、上海、新加坡、吉隆坡，就是在其他某個地方，絕對不會在家裡！現在，趁著戴若在交易、趕飛機、寫作的空檔，我們來請教他的交易建議。

　　這似乎是個簡單的問題，但答起來很難。要在市場上成功，需要許多不同的技能。我記得我讀過的所有那些書，以及在市場上交易的許多年頭。2009年的市場行為，和我在1999年，或者1989年在市場上交易時，非常不一樣。但是，一定有一些共同的特色沒改變。

　　我剛開始交易時，是向其他的高手交易人研究和學習。接下來，隨著我的技能與日俱長，我發展出自己的想法和自己的方法。我在自己寫的書中分享這些，讓別人也能學習。接著我變得太過自信，而市場提醒我，我的技能永遠需要更新，才能在不斷發展中的市場存活。我給新進交易人和有經驗的交易人的一段忠告，就只兩個字：謙卑。

　　謙卑意味著你了解和承認市場中的其他人懂得遠比你多。他們了解某家公司業務上發生了什麼事。有些人了解經濟中、政府裡面發生了什麼事。有些人的分析技能比你好很多，或者掌握的資訊比你好很多。你個人不可能發展出這些知識。你不可能比市場或市場中的人聰明。

　　謙卑意味著你讚賞他們的知識，而且學習遵循他們在市場中做成的結論。他們所有的資訊和分析技能，都顯示在價格活動的走勢圖中。每一天，聰明人會在市場中買進和賣出。你

可以觀察價格活動，衡量他們的意見。這個行為發展出三個重要的基本關係。

第一個基本關係是穩定的支撐和阻力。我們在走勢圖上用水平線畫出來。第二個基本關係是動態或發展中的支撐和阻力水準。我們在走勢圖中以傾斜的趨勢線畫出來。第三個基本關係是在交易人和投資人之間。我們使用顧比多重移動平均數（Guppy Multiple Moving Average）去了解和分析這個關係。這些是我了解市場的基礎，因為它們告訴我其他人是怎麼想的。

謙卑意味著我接受走勢圖和價格行為型態所產生的訊息。有些時候，我認為市場錯了。它不應該下跌。我已經學會，如果我的意見與市場價格行為相左，就要忽視自己的意見。謙卑意味著我會傾聽走勢圖說的話。當你傾聽，就能聽到錢在講話。所以我的一段簡單忠告就是這樣。在市場中保持謙卑，市場就會獎賞你。

戴若‧顧比

謙卑。如此簡單，如此微妙，力量卻那麼強大。這是個很棒的忠告，因為謙卑通常是交易人最後才學到的情緒，而這時已經付出慘重的代價。人們到市場中交易時，通常滿懷信心、精力、熱情，以及因為年輕而不經意的傲慢。然後，透過市場的最大逆境，我們付出荷包、心靈、驕傲和自負的代價，學會我們在全知且不斷變化的高超市場腳下，永遠不會是受人尊重的學生。即使一個人擁有豐富的交易知識且十分成功，一旦停止傾聽市場，一切都會化為烏有。保持謙卑，會確保你敞開心胸，接受市場給你的訊息，而且如同戴若所說，它會獎賞你做為回報。如果不然，

你就會搭上高速列車，邁向失望的終點！

戴若的網站：www.Guppytraders.com。

理查‧麥基

理查‧麥基（Richard Melki）是個成功的自由裁量型交易人，經營自己的絕對報酬基金。身為自由裁量型交易人，理查的風格被稱為全球宏觀（Global Macro）。這表示理查的交易任務沒有界限。他是個無拘無束的交易人，能夠基於任何理由，在任何時間進出任何市場。如果理查相信某個交易格局正在發展，他就會去交易——不管工具、市場、地理位置為何。

理查可能是最優秀的自由裁量型交易人之一。2008年的全球金融危機期間，獨立的研究機構澳大利亞基金監控（Australian Fund Monitors）將理查排在他所屬策略類別的第二名。

理查的出色表現是意料中事，因為他的整個生涯都在市場、交易和投資打滾。理查曾經是機構自營交易員，當時大部分時間為澳大利亞的商業銀行交易，信孚銀行（Bankers Trust）是其中之一。當時信孚令所有的市場參與者艷羨。

身為自由裁量型交易人，理查很少使用技術面分析和技巧以支持他的交易。理查依賴本身對全球宏觀經濟事件的解讀和對市場流動的知識，支持他的交易決策。

此外，理查也是我交情最久的摯友之一。我們1983年認識，當時都在大學主修財務。1983年12月我放棄榮譽學士學位課程，到美國銀行工作，理查則取得榮譽學士學位，1986年進入澳大利亞工業發展公司（Australian Industry Development Corporation）服務。這是官股占一半的商業銀行。

理查身為純自由裁量型交易人，不偏愛任何特定的技術面技巧。我個人認為他是特立獨行的交易人，依賴自己的「頭腦」和直覺去交易。他是難得一見之的天之驕子，擁有罕見的天分和能力，能在監控多個市場時，吸收消化許多經濟變數，然後抽絲剝繭，做成是否進場交易的清晰二元決策。他接著使用技術面，抓取進場時機。他是我所認識最優秀的經濟分析師。如果你認識理查，你會對媒體上侃侃而談的經濟學家置若罔聞。

　　話說從頭。1986年，理查進入AIDC當實習自營員。理查從一開始就一直是自由裁量型交易人，設法正確解讀基本面經濟的地貌，並且運用技術面工具，抓取進場時機。二十三年來，理查真的沒有改變——除了越做越好之外。那時候，理查透過路透（Reuters）和Telerate接收經濟新聞與走勢圖。1988年，理查在AIDC主管衍生性產品，並且成為它的自營員。他的成功很快就為市場所知，沒多久被挖角到信孚銀行。1995年，理查離開信孚，自己交易，追求個人的投資利益。

　　2000年，他創立自己的絕對報酬管理事業，管理外部基金。理查現在交易超過二十四年。他能不費吹灰之力，毅然決然放棄特定的市場看法、停損出場、一百八十度反轉建立部位，讓我驚異不已。理查做錯時，他心知肚明，而且不會因為對特定狀況的分析出錯，浪費任何失去的自尊。我們大部分人對於虧損，總是沮喪不已，並且責怪自己分析錯誤，可是這對理查來說是家常便飯。他將虧損拋諸腦後，繼續尋找下一個機會。

　　理查另一件有趣的事，是身為自由裁量型交易人的他，非常尊重系統型或機械型交易人。自由裁量型交易人通常對系統型交易人嗤之以鼻，相信市場絕對不會那麼簡單，不管是指標或量化表達式，都不可能使用數學演算式，賺取可靠的利潤。他們相信

弱式效率市場假說（efficient market hypothesis），也就是無法用過去的價格走勢，預測未來的價格走勢。所以理查十分敬重系統型交易人，是十分罕見的事。

理查在信孚的鼎盛時期加入成為自營交易員，親眼觀察機械型交易的運作。信孚在極盛時期，自營交易員是在同一張辦公桌工作的，理查是其中之一。不過，並不是所有的自營交易員都相同。有個人要求兩個年輕的畢業生不斷監控市場，一個上白天班，另一個上晚班。他們的工作是執行這位自營交易員所下的每一張委託單。理查在信孚的時候，這位自營交易員年年都是最優秀的。他用一台個人電腦跑系統性交易程式，全年無休，監控全球市場，產生買進和賣出委託單，然後交給年輕的畢業生去執行。理查在信孚時，利用機械型交易程式操盤的自營交易員表現最為突出，理查因此很敬重機械型交易。

順帶一提，其他的自營交易員沒人知道這套程式在做什麼。這是信孚內部嚴密保守的秘密。但是每個人都知道這是國際西洋棋冠軍理查‧法利（Richard Farleigh）設計的。他在信孚內部備受尊崇。法利在信孚表現非常出色，後來被挖角去百慕達操作一支避險基金，並在34歲那年退休，後來遷居蒙地卡羅。你可以在法利所寫的《馴服雄獅》（*Taming the Lion*）一書讀到更多他的故事。

身為自由裁量型交易人，理查樂於在多個時間架構執行交易，從當日沖銷交易到短中線都有。理查極少抱牢長線部位。雖然理查不受限制，可以愛交易什麼就交易什麼，但在本書撰稿時，他偏愛交易股票指數、利率、商品和貨幣市場。他偏愛的交易工具是期貨和選擇權。如果看到好機會，他也交易澳大利亞股票。理查會閱讀所有的經濟報告。至於技術面，他會綜合簡單的

趨勢線突破、簡單的型態辨識、背離和動量變化。

在交易之外的時間，理查樂於埋首閱讀傳記，渾然忘我，惹得妻子佩塔（Peta）不悅。理查有強烈的宗教信仰，在教會中很活躍，是澳大利亞、紐西蘭和菲律賓安設辰東正教大主教管區（Antiochian Orthodox Archdiocese）的理事。理查和家人住在澳大利亞雪梨。現在就來聽聽理查的忠告。

我叫理查‧麥基，是RTM絕對報酬基金（RTM Absolute Return Fund）的執行長。

自1986年以來，我就在主要的資產類別十分活躍，而且每一年的交易都賺錢。這段期間，我經歷（也活過）了市場驚天動地的混亂時期，如1987年的股市崩盤、1997年的亞洲危機、1998年長期資本管理公司（Long Term Capital Management）的崩解、九一一恐怖份子的攻擊，以及現在的全球金融危機。此外，我建立起二十幾年連續不斷的交易生涯，沒有在交易幾年之後就灰飛煙滅。

布倫特的問題直截了當。但我交易成功的關鍵，是根據我的資本管理系統和交易計畫，不單單只有一件事。身為自由裁量型全球宏觀交易人，我面對排山倒海而來的資訊、市場觀察和技術面分析。這些變數取得一致，攸關我的交易決策，而決策的執行，有賴於我的資本管理系統。在這段簡短的說明中，我會試著概述我所用的策略，而不是單單一個忠告。

不管我是從短線或長線的觀點交易，還是交易股票、固定利率或者貨幣市場，最重要的事，是保有務實的期望、穩健的資本管理系統，以及適用於所用時間架構的交易計畫──不要試圖在頭兩三個月內就達成你的目標，因為這只會提高炸

毀的機率，你應該把每一個月看成是邁向目標的踏腳石。

我的交易計畫相當簡單，而且這些年來，我發現最成功的交易人使用的交易計畫沒有那麼複雜。身為自由裁量型交易人，我每天被不計其數的經濟資料轟炸。我的交易方法有賴於前瞻的經濟資料和模式，結合技術面和市場觀察。市場統計數字和時機也在我的交易風格中扮演關鍵角色。舉例來說，零售業銷售額是我追蹤的一個重要經濟變數，但對我來說同等重要的是存貨相對於銷貨的比率和庫存水準。製造業ISM指數是另一個重要的經濟變數，但指數中的生產和新接訂單等細類同樣重要。我的交易方法也納入市場技術面、統計和時機觀察，以及市場人氣。這是市場告訴我的事。所有這些變數取得一致，是我所用交易方法的關鍵。

我的資本管理系統貫穿所有的交易決策。這可以確保保本、生存和資本高效率配置。資本管理系統有一部分很重要，那就是不斷提醒自己：不是每一筆交易都會獲利。事實上，大部分交易都會賠錢，所以關鍵在於管理虧損和獲利交易出場的方式，確保整體期望報酬總為正值。在一筆交易進場和出場時，為了將滑價降到最低，我只在流動性高、不受政治操弄的市場（有些貨幣可能發生這種事）交易。

心理面的韌性對交易人很重要，因為虧損是這場遊戲的一部分。邁開步子往前走，切勿過分執著於虧損或回補虧損。幾乎每一天都會有機會現身。但願我提出的小小意見，對讀者有幫助。

理查·麥基

哇，理查的話絕對超過我的預期！如果你偏愛以自由裁量的

方式交易，那麼理查已經給你寶貴的機會，管窺他的經濟劇本，也就是他注意的基本面統計數字。理查非常慷慨，和你分享他的交易計畫，而這套交易計畫，在過去二十四年，讓他每一年的交易都賺錢。理查覺得他沒辦法單單提供一個忠告，所以簡單扼要彙總了他所做的事。對他來說，重要的是見到他的前瞻經濟變數和市場的價格走勢取得一致。理查總是試著掌握獲利的勝算在他那一邊。他強力主張採用資本（資金）管理，並且學習如何忽視可能令交易人分心的市場日常雜訊。

這些智慧之語，出自一位成功的交易人；他有連續二十四年獲利的紀錄，十分罕見且令人艷羨。

遺憾的是，我沒辦法給你他的聯絡網站。如果他的想法引起你的共鳴，我建議你把他的話影印下來，放在顯示器上方，時時提醒自己，一位自由裁量型交易人如何在市場取得成功。

傑夫‧摩根

傑夫‧摩根（Geoff Morgan）是我的好朋友和導師。他把我推上交易成功的正途。傑夫教我以不動感情、百分之百客觀、冷靜、超然物外和合乎邏輯的方式觀察市場，因而引我入門，認識使統計勝算對自己有利的重要性。

當時，我是艾略特波浪的信徒，交易SPI。傑夫是和我往來的那家經紀公司的顧問。那些年，我打電話給我的顧問時，曾經多次和傑夫講過話。雖然我們經常談話，卻沒有真正聊到市場。

有一天，我因為成交一筆交易再度發生虧損，對自己的交易又覺得沮喪，而打電話過去。在我看來，我似乎缺乏勝招。我的顧問剛好外出吃午餐，所以是傑夫接的電話。我問傑夫委託單

的撮合狀況，並首次請教他的意見，問他認為SPI會往哪裡走。傑夫冷靜地表示，SPI已經連續三天收高。他接著根據他對SPI統計價格波動的了解，指出由於SPI已經到達它的中位數，往上走，根據連續收盤的狀況，如果是他，會不太想買。相反的，他會尋求放空的機會。接下來幾天，SPI遲滯不前，而且價格越走越低。這時，我彷若當頭棒喝，靈光乍現！從那一刻開始，我開始從自由裁量型的預測者，轉型為機械型務實主義者；從依賴自己對艾略特波浪的主觀解讀，轉為依賴觀察百分之百客觀的重複價格型態。所以我要說，謝謝傑夫指引我看到那道光。

　　大部分人沒聽過傑夫的大名，因為他極其低調。他是私人交易人，只為自己和家人交易。他不教導別人，不寫書，不在交易展覽會上發表演說，也不開講習班。

　　我個人何其有幸，認識了傑夫，得到他的指導。我也何其有幸，他同意參與這本書。請不要因為沒聽過傑夫這個人，或者他像我只是個私人交易人而感到失望。傑夫和本書中的許多市場大師一樣，是個原創性的市場思想家，而且很講邏輯。談到市場，傑夫在邏輯、意識、和智識上十分嚴謹。他不只聰明，而且有一種獨特的天賦，能以簡單和合乎邏輯的方式解釋各種觀念。他就像你會希望所有學科都被他教到的老師。他非常擅長於教導別人，我給他取的暱稱之一是「教授」，另一個暱稱是「TG」，即「交易人傑夫」（Trader Geoff）。

　　我經常和傑夫及其他三位全時交易人共進晚餐。傑夫和我都是私人交易人。其他人則經營他們自己的絕對報酬基金，各自管理數億美元的機構和私人資金。其中一人是你已經見過的理查·麥基。另外兩個人是兄弟，我也邀請他們參與本書，因為他們的故事和成功真的激勵人心。但是，雖然對於受邀一事受寵若

驚，他們卻拒絕參與，因為他們的重心放在機構市場，不是可能讀這本書的私人交易人。

總之，我們經常一起吃飯，並且閒聊市場。最常促使我們動腦思考，並且給我們較多「啊哈」時刻的人，就是傑夫。他就是擁有驚人的洞見，以及出乎意料之外的市場觀點，而且他的解釋聽起來總是那麼合乎邏輯、簡單且明顯。關於市場，他有時會讓你自覺不足，不過是以盡可能溫和的方式。

所以，雖然傑夫沒沒無聞，請了解他是個成功的私人交易人，擁有令人艷羨的交易紀錄，而且他有機構般的市場智識。

現在你比較了解傑夫是什麼樣的人，且讓我談談他的背景。傑夫從很小就對風險評估感興趣。大約14歲那年，他經常到賽馬場，學習如何計算概率，好贏過賭馬莊家。1970年代，他攻讀土木工程，兼差當見習土木工程師。在他念書的時候，傑夫繼續賭博。單靠計算概率，他就能貼補收入，整體而言贏過賭馬莊家。他贏的錢助他完成大學學業。

因此，傑夫從二十出頭起就了解市場——不管是賽馬賠率，還是交易。他知道，箇中竅門都只是找到統計上的優勢，以及掌握利用它。他能夠做到這一點，是因為他擁有一顆非常重視邏輯和懂數學的頭腦，他攻讀土木工程時，靠的也是這個。我也見過他寫了一本沒出版的書，談如何靠計算和玩弄概率，贏得西洋雙陸棋！寫這本書的動機，來自他看了一位世界西洋雙陸棋冠軍寫的一本書。他在書中見到一種策略似乎相當矛盾，可是傑夫很快就知道那是基於機率的一種優勢。我不是說過傑夫很聰明嗎？

赴海外旅行之後，他沒有重回工程本業，而是改變方向，錄取了電腦分析和程式設計課程。他很快就在保險業找到分析師／程式設計師的工作。

1985年，傑夫開創自己的事業，專門替保險業發展風險評估軟體。這項事業經營得非常成功，1989年，傑夫將它賣掉，還清抵押貸款，然後再次改弦易轍。他唸完財務顧問的課程，成為有執照的財務顧問。這也給了他在市場上追求興趣的資本。

傑夫和許多市場新人不一樣，一開始並不是以自由裁量的方式交易，而是建立機率模式，給他進出市場的一個機械型程序。初步取得若干成功之後，傑夫很快就了解，市場遠比他懂得的，有更多的東西要學習。因此，傑夫決定從內而外把它摸個透徹。所以他開始和一家老字號經紀公司建立關係，後來更以領有執照的期貨經紀員的身分，和一位顧問共事。傑夫並沒有把他的角色視為工作，而是從內部學習真正的市場知識和交易專門知識，並觀察、傾聽、向經紀員和顧客學習的機會。結合這個實務經驗和他知性上對數字的熱愛，傑夫因此能夠利用他的程式設計長才，調查和研究各種交易策略。沒多久，傑夫就成功發展出波動性突破策略，造福自己和他的客戶。

1995年，傑夫離開經紀業，專心全時交易。今天，傑夫繼續交易，一如在1995年那時，只是現在以更為自由裁量的方式執行交易。傑夫會往中期趨勢的方向，以型態為基礎的波動性突破去交易。傑夫會當日沖銷期貨，也會短線交易股票，持有交易三到十天。至於期貨交易，傑夫喜歡交易歐元／美元和澳元／美元的貨幣對和SPI。股票交易方面，本書撰稿時，傑夫正交易在澳大利亞證券交易所掛牌上市的財產信託和黃金股票。

傑夫沒有交易的時候，通常會找些事做。他最不喜歡呆呆坐著，什麼事都不做，因此在他旁邊，很難放鬆身心。傑夫喜歡翻修房屋——是的，你可以要傑夫離開土木工程業，但抽不走他身上的工科本性。他爭強好勝，喜歡跑步，經常參加8.7哩的「雪

梨城市到浪灘馬拉松大賽」（City to Surf）。他喜歡解難解的填字遊戲、數獨，也愛旅行。傑夫還寫了一套解答數獨的邏輯程式。令他太太溫蒂（Wendy）氣惱的是，傑夫太講邏輯、太爭強好勝，有時太專心致志，很難和他共同生活！傑夫和他家人住在澳大利亞雪梨。現在我就來請教傑夫的一段忠告。

> 我自 1989 年起開始交易。
>
> 這段期間，我只賠過一年。
>
> 布倫特第一次開口要我參與本書時，我受寵若驚。
>
> 但是，我想得越多，就越發現一個哲學上的問題——我是交易人，不是教育家。期貨交易是「淨零遊戲」（zero net game），也就是說，如果我賺錢，就會有人賠錢。為什麼我要別人停止賠錢？
>
> 傑夫‧摩根

我必須說，這不是我要的那種回應。我在外出度假時收到傑夫的回覆。我起初對傑夫講的話感到失望。我覺得這不慷慨，也不認為這些話反映了傑夫慷慨的本性。但是後來我想想，我們相識二十年，可能我誤將他對我的慷慨，以為他對任何人都那麼大器。總之，我對傑夫道謝，說等我回國和他聯絡。雖然我感到失望，卻也看出他的論點不無道理。他為什麼要幫助你，降低他獲利的前景？雖然我覺得他的話有點薄弱和小家子氣，卻也不是沒有道理。雖然他表現得很強硬，但也相當誠實而合理。如同傑夫所說，他不是教育家，而是交易人。

總之，我度假回國後，打了電話給傑夫。我們談了很久。傑夫正等著我大發脾氣，因為他曉得自己寫的東西不是我真正想要

的。我同意傑夫的看法，我承認說我相當失望，但接著表示我能理解他的說法。不過，我不想讓傑夫這麼輕易脫身，我想要他說更多，因為我知道他很特別，而且我知道交易人需要認識他和他的想法。

你曉得，不是所有的成功交易人都有很高的知名度。不是所有成功的交易人都曾經贏過交易冠軍賽。有些最優秀的交易人，就像傑夫那樣，是私人交易人，不在公共競技場上亮相。他們不管理機構的資金。他們是私人交易人，想要保持隱密。既然我認識傑夫，所以我有機會將他從隱藏的地方拉出來，好讓你知道不是所有成功的交易人都在公開的領域有很高的知名度。我決心將他拖進鎂光燈底下，讓你知道有成功的私人交易人這回事。

所以我堅持自己的論點，說我並不是要求他當教育家，而是要他以交易人的身分，對有志於此的交易人提供一段忠告。我們你來我往，唇槍舌劍，各說各話，直到傑夫退讓。當傑夫重新提起一段往事時，我打斷他說，有抱負的交易人需要知道他剛剛說的。那是一個有力的故事，和他當經紀員的時候有關。那是來自「內部」的故事，蘊涵有力的真理，我希望傑夫能和讀者分享。以下就是傑夫的分享。

起初，我要說的就是前面那些，但在和布倫特長談之後，他說服我應該多說幾句話。

從1991到1995年的五年期間，我是期貨經紀員。在我發展出自己的市場知識和交易技能之後，交易和經紀之間的衝突，交易勝出。但是這五年，我對交易、交易人和自己學到最多。

我們那家小型經紀公司，往來的都是零售賭客（講得好聽一

點，是客戶），大部分都只交易一口。這五年內，我見過幾百個賭客來來去去，卻只有一個賺錢。這給了我一個強烈的訊息：在你能夠開始獲利之前，你必須停止賠錢。

這個簡單的概念，形成我的交易哲學基礎。

大部分交易人，尤其是順勢交易人，一心一意只想極大化獲利。他們需要這麼做，以回補長期的連續虧損。但一個人要有過人之處，才能在連續虧損十筆交易和淨值下跌50%之後，做出理性的決策。我則採取不同的方法，專注於極小化虧損，以避免這種心理面困境。

我唯一發生虧損的一年，是一筆交易造成的。這件事我還記憶鮮明。那是1994年6月。我交易銀行匯票利差非常成功，而變得有點自大，將本來的五口交易增為四十口。後來我跟家人到豪勳爵島（Lord Howe Island）度假，和市場失去連繫十天。利差通常波動得非常緩慢，而且你其實無法使用停損點。在我離開的時候，利率急劇波動，我被逮個正著。最後，匯票利率在六個月內從4.5%上升到8.5%。我因此學到教訓：我過度交易，而且沒有將注意焦點放在極小化自己的潛在虧損上。

我的臨別贈言：出色的防守贏得比賽。

傑夫‧摩根

這才是我所說的傑夫。傑夫當經紀員，以取得市場知識和交易技能的個人經驗，親眼見到數百名零售客戶來了又去，進出他的大門。而在1991到1995年間，他只見到一位交易人賺錢！這是一位經紀員誠實的觀察，據我所知，很可能是在一本交易書公開分享的第一人。

順帶一提，我是那家經紀公司沒有賺到錢的許多客戶中的一個！請不要將傑夫的觀察斷章取義，說期貨風險很高。依我的看法，傑夫的說法適用於所有的積極型交易人——不管他們積極交易期貨、股票、選擇權、認購權證、貨幣，或者任何東西。

現在我們回到傑夫對小額私人交易人的真實觀察——他們沒辦法控制和極小化虧損。在大多數交易人專注於極大化獲利之際，傑夫相信如果你專注於極小化虧損，對成功會有幫助。請記住，期望值是兩部分的價值。如果你能降低和極小化平均虧損，你就會提高你的期望值。也請記住，你交易的理由不是為了賺錢，不是為了準確率，而是為了有機會賺取期望值。

傑夫的忠告來自他在五年期間對數百名私人交易人的觀察。那些交易人來來去去，只有一個賺錢。賺錢的那一個，是因為專注於極小化潛在虧損。傑夫要告訴你的，是集中心力成為最優秀的輸家！正如傑夫對你的臨別贈言——出色的防守贏得比賽。

遺憾的是，我沒辦法給你聯絡傑夫的網址。但願你能夠深切體會他補充的忠告，因為他是曾在市場兩邊都有經驗的交易人，也是非常成功的私人交易人。他在過去二十一年只有一年賠錢。此外，他也受到許多規模大得多、管理數億美元機構和私人基金的交易人讚美推崇。

格雷格利・莫里斯

格雷格利・莫里斯（Gregory L. Morris）是如假包換的捍衛戰士！湯姆克魯斯（Tom Cruise）靠邊站——格雷格利來了，因為他是加州米拉馬海軍陸戰隊航空基地（NAS Miramar）壯志凌雲海軍戰鬥機武器學校（Top Gun Navy Fighter Weapons School）

正宗的畢業生。對格雷格利來說，那裡不是以假亂真的電影工作室，因為他在1970年代，有七年的時間在美國獨立號航空母艦（USS Independence）上當海軍F-4戰鬥機的駕駛員。

海軍生涯過後，格雷格利對市場產生興趣，最後取代他對飛行的熱愛。格雷格利展現他對飛行相同的專注和投入水準，很快就成為市場技術專家和成功的交易人。

今天，格雷格利因為他的暢銷書《蠟燭圖精解》（Candlestick Charting Explained）而知名。這本書在1995年初版，現在是第三版。它可能是談蠟燭圖分析迄今最暢銷的書之一。格雷格利在日本時，親自研究蠟燭圖分析的藝術。他也著有《市場廣度指標完全指南》（The Complete Guide to Market Breadth Indicators），以百科全書的格式，呈現市場內部指標的豐富歷史。

格雷格利和技術面分析的傳奇人物約翰‧墨菲（John Murphy）聯手創設墨菲莫里斯公司（MurphyMorris Inc.），並將它經營成知名頂尖的網路市場分析工具與評論供應者。2002年，他們將自己的事業賣給股票走勢圖網路公司（StockCharts.com, Inc.）。

賣出公司後的若干年裡，他繼續向墨菲莫里斯資金管理（MurphyMorris Money Management）的墨菲莫里斯指數股票型證券投資信託基金（MurphyMorris ETF Fund）提供諮詢顧問服務，之後當上史塔迪昂資金管理公司（Stadion Money Management, Inc.；前身為PMFM, Inc.）的首席技術面分析師。史塔迪昂是一家大型資金管理公司，管理超過二十億美元的基金。格雷格利設計和發展以技術準則為基礎的模式，被用於監督這些基金的管理。

由於知名度高，事業有成，格雷格利是炙手可熱的演說者，

曾向北美和南美、歐洲，以及中國的交易人發表演說。《商業週刊》（*Business Week*）也曾特別報導他。如果你住在美國，你會經常在福斯財經新聞網（Fox Business）、CNBC和彭博電視臺（Bloomberg TV）上面看到他接受訪問，發表他對市場的觀點。格雷格利和他太太蘿拉（Laura）住在美國喬治亞州北部的山區。以下是他給交易人的忠告。

這類問題，其實我可以只用兩個字來回答——紀律。過去三十五年，我發展出技術面分析軟體、寫過文章、出版兩本談技術面分析的書、製作技術指標和交易系統，而現在使用以技術準則為基礎的模式，管理接近二十億美元的資產。根據穩健的技術原則，發展良好的技術模式，加上穩健的買進、賣出、交換操作的一組準則，只是持續不斷達成良好資金管理目標的一部分。如果使用者缺乏紀律，沒有嚴格遵循，上面所說，無一能夠運作。

一旦你有了良好的技術面模式，接著你會需要一組準則，根據來自所用模式的各種讀數，在資產投入水準上有所依循（可用資產的百分率）。舉例來說，當你的模式起初要你投資，但限制你的曝險水準，直到你得到更多的證據，證實趨勢就要實現，因此可以交易，可能是明智之舉。隨著模式改善，買進準則會允許你投入更多的資產。在每個階段，你也必須確切知道要在哪個價格停損——然後確實遵循，好像你的生活非仰賴它不可。千萬不要事後才來揣測停損水準應該設在哪裡。

長大成人後，大部分時間我都在節食。幾個月前，內人和我開車前往鄉間，半路停下來給車子加油。那是一座老式的加

油站，所以我必須進到裡面，支付汽油費。我順便買了一大塊糖，回到車上時還在吃。內人知道我不應該吃糖果，說：「你一點紀律都沒有。」我回道：「不能這麼說，妳不曉得我希望吃多少糖果。」重點在於：紀律不是你能夠調整或部分使用的東西；遵循紀律，有就是有，沒有就是沒有。

幾乎任何技術面分析方法。都會提供成功所需的紀律，而且它會發掘和組織關於市場的細節，幫助你建立一套穩健的交易準則。這套模式會協助控制缺乏耐性，而更重要的是，它會在模式多樣化存在期間，阻止你偏離到另一個方法。一個人必須嚴守紀律，遵循模式的要求，而這在使用合乎邏輯的技術面量數去設計模式，而不是使用者不完全了解的東西時，會比較容易。紀律將協助跨越分析和行動之間的缺口，而這是許多人的絆腳石。良好的紀律有助於克服恐懼、貪婪和希望這些可怕的人類情緒。

紀律、紀律、紀律。

格雷格利‧莫里斯

格雷格利認為最重要的，除了就紀律，還是紀律。這番話來自學識淵博的技術面分析高手之口。他所著的談蠟燭圖分析的一本書，可能是有史以來最好的。他和技術面分析的宗師墨菲密切合作，但他的建議不帶一絲技術面分析的成分。他給你的訊息簡單有力。你可以擁有如何接觸市場的所有知識、所有觀念，但如果你缺乏遵循計畫的紀律，那麼你將一無所有。但願你已銘記格雷格利的建議。

你可以透過史塔迪昂的網站和格雷格利聯絡：www.stadionmoney.com。

尼克‧萊吉

　　尼克‧萊吉（Nick Radge）可能是我認識的人當中，資歷最完整的交易人。任何市場、工具、工作或是和市場有關的職業，尼克可能都曾分析、交易或者做過。沒有什麼是尼克沒有經歷過的。他曾是交易者，也做過經紀員、基金經理人、交易教育工作者、交易作者，也曾代管論壇網站，出版諮詢服務刊物。我所認識的交易人，沒有一個人的資歷像尼克那麼完整。

　　尼克自1985年開始交易，從雪梨期貨交易所（Sydney Futures Exchange）的交易大廳，到澳大利亞全球投資銀行的國際交易櫃臺，都有他的踪跡。尼克交易大部分全球期貨市場、澳大利亞、美國、英國和馬來西亞的股票。他經營自己的避險基金，而且曾經是澳大利亞投資銀行巨頭麥格理銀行（Macquarie Bank）的副總監。他是澳大利亞技術面分析協會（Australian Technical Analysis Association）的副主席，著有《日常交易人》（*Every-day Traders*）和《適應性分析》（*Adaptive Analysis*）兩本書。

　　尼克的專長在於自由裁量型技術面分析（綜和艾略特波浪和傳統的走勢圖型態與成交量分析）、交易系統設計與機械型交易。尼克也對交易心理面對交易人的成敗產生的衝擊很感興趣。

　　但是，和人部分人一樣，尼克並不是一夕成功。雖然尼克自己不自覺，但他剛進入市場時是機械型交易人。1985年，尼克偶然間走過一名顧問的桌子，看他在方格紙上畫紅線和藍線。那位顧問非常熱心地告訴尼克說，當藍線往上交叉，高於紅線，他會買進，而當藍線往下交叉，落到紅線之下，則會賣出。尼克一聽，當下就覺得自己找到了交易聖杯。見過那名顧問後幾分鐘，他就到街報攤買彩色筆和方格紙。幾天之內，他就開始交易指數

期貨！但令他失望的是，他的移動平均交叉系統，不是他所想的那種聖杯！

尼克的交易持續不斷獲利，是大約十年後的事。他和許多人一樣，轉了許多次彎，之後才確定順勢交易是他喜愛的方法。尼克樂在順勢交易。雖然他能執行若干自由裁量型短線波段交易，但核心仍是追隨趨勢。如同他所說的，這是「從市場擷取低壓力利潤的最好方式」。

今天，尼克是多重時間架構的趨勢追隨者。尼克以三種不同的機械型策略，交易三種不同的時間架構。他的較短期策略，改良自海龜交易策略，可能持有交易達一個月。他的第二套策略可能持有部位達十二個月，而他的第三套策略，可能持有交易長達兩三年。尼克最早於1990年代末，發展兩套比較長期的策略，用於交易商品期貨，然後在2001年改良以交易股票。尼克喜歡根據每天結束時的資料，交易股票和差價合約，但大家都知道，當吸引人的格局出現，他也會交易貨幣和期貨。尼克在研究和發展交易策略時，使用的是TradeStation和Amibroker。尼克被視為TradeStation的專家。

除了個人交易，尼克也經營成功的諮詢顧問服務。他在澳大利亞是熟面孔，因為經常上CNBC和天空新聞臺（Sky News），也經常接受《澳大利亞金融評論》（*Australian Financial Review*）訪問，談他的市場見解。

尼克不交易的時候，經常可以看到他一竿在手，在努薩（Noosa）附近的釣魚場所出現。尼克喜歡釣魚。他將這項活動視為遠離市場，鬆懈身心的出口，可說已經上癮！他愛上釣魚，一週能出門幾次就出門幾次。他太太可能因此鬆了一口氣，因為尼克是個完美主義者，不太能容忍蠢事，所以有時顯得嚴肅

緊張。但他表示，他已經越來越好，這無疑要感謝澳大利亞受到折磨的可憐魚兒！尼克和他家人住在澳大利亞努薩。現在就來聽聽尼克的忠告。

堅忍：在交易的旅程上，儘管會遇到各種困難、障礙和挫折，務必不屈不撓，持之以恆。

在今天的社會中，一切都要求當下：最新的玩意兒、工作升遷、汽車、連在餐廳點餐也是一樣。

一切都不嫌快。對交易成功也是一樣。

為什麼有那麼多人交易失敗？他們根本缺乏堅忍精神或耐性，好讓市場有機會能夠獎賞他們。你可能有最傑出的策略、最優秀的交易計畫，以及傳奇的資金管理策略。但如果你不讓這些工具按自己的時間展現魔法，它們便一無是處。這是一個簡單的概念，但在絕大多數人，實踐卻極其困難，因為每個人都想要立刻獲利。

投資圈奉行一句老話：「重要的是時間，不是抓時機。」這通常是指買進抱牢策略。但是對交易人來說，這也是邁向成功極其重要的元素，而且可能是最重要的一個。不管你運用什麼樣的交易策略，市場在做好準備時，都會獎賞你。這不像雇主每週五準時發薪給員工。市場準備好的時候就會付錢。你要做的，就是在它掏錢時站在那裡。

打個比方。你買房子會著眼於三個月或六個月的時限嗎？在絕大多數人，答案是斬釘截鐵的「不」。你會採取更長期的觀點。你知道在那段期間內，房屋價值會起起落落，在若干年中完全不動，甚至不漲反跌。但是你並不擔心，因為你明白，從較長期的觀點來看，價值會上揚。

交易也相仿，特別是追隨趨勢，而這依我的看法，是從市場中擷取低壓力利潤的最好方式。我現在是趨勢追隨者，特別是從多頭面交易股票。我的平均持有期間約十個月。我運用的策略非常簡單，即盡速認賠賣出和讓利潤自行累增。當市場趨勢上揚，我希望身在其中。當市場趨勢下挫，我希望坐擁現金。此外，根本不需要更複雜的方法。

為什麼不是每個人都能這樣做呢？因為他們認為每一個月都應該獲利。真的，他們要求每一年都要獲利。但我們面對的現實是，股價不是每一年的趨勢都走高。是的，它們在絕大多數的年頭中趨勢上揚，但不是每一年都如此。2008 年當然不是，而我很快樂地坐擁現金，等待時機降臨。但是業餘交易人不想擁有現金，而是想要賺錢，想要介入市場，想要現在就獲利。

接下來是 2009 年，出現過去十年來股價最強勁的漲勢之一。專業交易人擁有現金。專業交易人有信心。專業交易人不屈不撓。專業交易人用經過證明的策略做好準備，並且介入市場。2009 年，專業交易人大賺一筆。但是業餘交易人六個月前就放棄了追隨趨勢的概念，試著改用其他幾種策略，卻都徒勞無功。他們比較有可能賠錢。他們當然備感挫折。他們多次改弦易轍，試圖矯正問題，卻一直在繞圈圈。

他們帶著遺憾的心情回顧 2009 年。他們當初若能堅忍、對市場利潤抱持長期觀點，那就好了。

尼克・萊吉

堅忍。講得太真切了。我想，許多交易人都能認同尼克的忠告，回顧他們因為表現不好而捨去的各種策略，之後才因為見到

它們最近升抵淨值的新高，而重新拾回那些策略。這就像在結帳排隊時，換到可能最快的那一條，才發現排得最久！正如尼克的忠告所說的，你可能擁有一切——穩健的策略和明智的資金管理策略，但除非你有時間、耐性和堅忍，否則你將一無所有，滿目盡是遭人捨棄的策略，以及越升越高的挫折感！你必須忽視想要立即成功、立即獲利，以及立即獲得滿足的交易心理；交易很少速成。請將堅忍加進你的交易計畫。

尼克的聯絡網站：www.thechartist.com.au。

布萊恩·沙德

布萊恩·沙德（Brian Schad）曾經是美國海豹部隊（SEAL）隊員，也是成功的交易人。布萊恩和大部分人一樣，不是一開始就是交易人。在踏進市場之前十二年，布萊恩為美國政府工作，擔任美國海豹部隊的戴盔潛水員。他的一些經驗令人不寒而慄。他在修補美國戰艦愛荷華號（USS Iowa）時，因為被困在海下而缺氧。這次的瀕死經驗，使得布萊恩脊椎有氮氣泡沫、手臂癱瘓，在高壓氧艙待了八個小時。誰說交易風險高！

你能讓一個人離開海軍，但是沒辦法抽離他的海軍經驗。在和布萊恩討論這段的編寫時，他的談話經常出現「明白」、「請查收」、「收到」等字眼，我就像在和美國海軍打交道！我必須說，布萊恩是回覆電子郵件和問題速度最快的交易人之一。我想，這反映出他在海軍服役，學會在高度壓力下嚴守紀律，以高度效率應付急迫的任務。布萊恩當然能拿海軍生活類比交易，因為兩者都會隨機經歷緊急狀況，需要明快做出決定。

布萊恩1992年開始對市場產生興趣，以交易利潤補貼海軍

的收入。他主要是自由裁量型交易人，使用傳統的技術面分析，在股票選擇權尋找交易格局。

今天我們都很容易透過網際網路，輕易取得資料，但是當年和現在不同，布萊恩在取得即時的資料方面遭遇困難。那時，他透過放在公寓一個空房間中非常大型的衛星碟形天線，接收延遲十分鐘送達的資料。唯一的問題是，有一株垂死的櫻桃樹正巧長在窗戶外邊。這棵樹干擾了他的資料饋送。幸運地，有個晚上，就像大師變魔術般，這棵枯乾的櫻桃樹瞬間消失，布萊恩就此悠遊交易場！

但布萊恩的交易並沒有立即成功，所以他埋首閱讀和研究能夠到手的一切東西。他讀了一本拉里·威廉斯的書。1994年，布萊恩向他請益。拉里非常慷慨地同意和布萊恩喝杯咖啡。接下來的事，大家都知道了。布萊恩將成功歸功於拉里的教導和指導。1996年，布萊恩辭去海軍講師的工作，全時投入市場交易。

布萊恩結合拉里的教導和他自己的市場觀察，成功發展出他自己獨特的進場和出場準則。2002到2005年之間，布萊恩協助拉里發表《威廉斯商品時機交易》(*Williams Commodity Timing*)新聞信，直到今天，仍然是持續出版時間第二久的商品新聞信。

今天，布萊恩稱自己是無聊的主管級交易人，督導他自己的交易員；這些交易員會執行他下的委託單。除了他本身的交易，布萊恩還經營一個成功的諮詢顧問業務。布萊恩寧可不談他的交易方法，但他確實稱它為「自由裁量型策略法」。布萊恩使用Genesis軟體跑他的策略，尋找持續二到四天的短線交易。但是大家也知道，在他認為合適的時候，會持有長達三個星期的交易。布萊恩主要交易期貨，但會選擇性地交易包含金屬、能源、穀物、利率、貨幣和指數市場在內的大型多樣化組合。

布萊恩在交易之餘暇，會快樂地開車載家人到鄉下旅行和觀光。雖然他妻子有時會因出遊突如其來而感到不知所措。布萊恩說：「內人小時候從沒和父親一起打包東西，塞進汽車，來個週日午後鄉間漫遊。孩子們見到車子裡母親一臉勉強，父親快樂地握著方向盤，真不知道該怎麼想！」布萊恩和他家人住在美國愛達荷州。以下是布萊恩的交易建議。

我想要直截了當地說：每一位新進交易人都有交易卓越的潛力。他們如何和何時達成目標，資本是否足夠，則完全是另一回事。他們選擇成為基本面或技術面為基礎的交易人，操作自由裁量型或機械型訊號，為達成目標的所有研究發展和交易與評估，都是在實現交易卓越之前，需要投入時間和金錢的步驟。

我信奉的思想學派，相信投入時間和第一次就做對，會防止犯相同的錯誤兩次。但是一個人要如何做到這件事？

如果我只能給想要出人頭地的新進交易人一段忠告，那會是：在你的交易生涯之初，越早越好，努力做到你能在一個先進的交易軟體平臺，定義你的交易觀念，並且回測你的市場信念。

世界各地的其他交易同儕，一定會告訴你，耐性、自律、準時下委託單等很重要，但在交易生涯之初，能夠盡早驗證他們對市場的強烈信念，測試對市場型態和潛在進出訊號的想法，將有助於他們比別人更早到達他們想去的地方。就像旅行者用衛星定位系統（GPS），而不是停下來問路。

對我來說，這類先進的交易技術，自我1994年購買「系統寫手」（System Writer）軟體以來，肯定變得越來越

好（越簡單）。我（自2000年以來）使用頂級的交易軟體GenesisFT®，而且這一陣子，如果沒辦法回測我的市場觀念和信念、確切知道我所交易市場的歷史、知道我在任何時間的勝算，那麼我不會在市場上做任何事。

十年前，我會建議新進交易人盡可能做紙上模擬操作，直到絕對相信自己所做的事感覺是正確的。雖然這是發自肺腑之言的建議，但紙上模擬操作的唯一問題，通常伴隨市場出現下面三件事之一時：

- 趨勢來時：用真正的錢去交易，不會有錯誤和虧損（……然後出現第二點的意外）
- 接近趨勢結束時：紙上模擬操作起伏不定，導致你放棄可能是不錯的交易方法
- 橫盤市場或新趨勢開始：結論同第二點

走到這一步，更常出現的情況是真正交易後不久，新進交易人很快就掉進90%的賠錢組，很快地離開市場，因為他們不想花錢填無底洞，或者在養成壞習慣後繼續強迫交易。紙上模擬操作等於是站在一個不知終點線在哪裡的起點，只能任憑命運擺布。

回測紙上模擬操作賦予新進交易人真實的能力，能夠回溯檢查過去可能執行的每一筆交易，觀察它們在上升、下跌或橫盤趨勢市場中會有什麼樣的表現。等於是在起點線就能看清楚前頭的交易路上每個轉彎之處的情況，也知道自己的表現會如何。一旦懷有信心，而且對所做事情相當放心，他們就應該繼續去做（重複獲得成功），而且每隔兩三年左右，將

方法「往上微調」。

這絕對是我給本書讀者最好的忠告。交易要變容易，或者變困難，全在乎自己的選擇。衷心祝福本書讀者交易成功。

布萊恩‧沙德

　　但願你已經把布萊恩的忠告聽進耳裡。不要盲目一頭栽進交易之中。傾聽布萊恩的簡單訊息——設法了解你的方法能做什麼，而且在交易生涯之初，越早做越好。大部分交易人都是比較晚才做，等市場告訴他們應該早就知道的事：他們的策略並不具有真正的優勢。所以布萊恩建議你投入金錢到市場之前，測試和設法徹底了解你的交易方法。他鼓勵你利用今天市場上買得到的交易軟體去做測試工作。越早做越好。布萊恩言下之意，如果你還沒有購買適當的軟體，那麼你應該現在就去找，不要吝惜投資。你應該騰出心力，盡快去學習系統的發展模塊。

　　喜歡自由裁量型交易的讀者可能會說這段忠告不適用於你，因為以自由裁量為基礎的事難以量化。我要說的是，電腦能辦到的事，會令你驚訝不已。

　　我的基本信念是：如果你能想到某個觀念，那麼就能將它寫下來。如果你能將某個觀念寫下來，那麼通常能將那個觀念寫成程式。如果不能，那通常是因為觀念的描述還不夠清楚。

　　請不要用「我太老了，學不來如何將觀念寫成程式」當藉口！想在市場上成功，就必須認真以對，在金錢、時間和心力上做必要的投資。不要偷懶，不要對方法在市場中的期望值無知。

　　布萊恩的聯絡網站：www.schadcommodity.com。

安德烈・昂格爾

　　安德烈・昂格爾（Andrea Unger）是得過冠軍的當日沖銷交易人。他擁有工科背景，具備設計機械型交易策略的專長。2005年，贏得歐洲頂尖交易人盃（European Top Trader Cup）比賽。接著在2008年，以十二個月內達成672%的報酬率，而贏得以真實金錢交易的羅賓斯世界盃期貨交易冠軍賽！2009年，他再度榮獲冠軍，報酬率達115%！這時，安德烈已是這項比賽二十五年歷史以來，連續兩年贏得冠軍的第三位交易人。和邁克爾・庫克一樣，安德烈的雄心之一，是連續三年摘冠。2010年，他能不能在這項冠軍賽締造三冠王的創新紀錄呢？時間會告訴我們。（編注：昂格爾贏得2010年的冠軍，成績為240%。）

　　我說過，安德烈是成功的當日沖銷交易人，但是和大部分專業交易人一樣，他的生涯並不是從電腦螢幕、鍵盤和交易帳戶開始。身為機械工程師，安德烈在十年內的大部分時間，待在義大利一家大公司的中間管理階層。直到1997年，安德烈才對市場發生興趣。頭幾年的交易，安德烈主要是自由裁量型交易人，根據他在當天螢幕所見，憑直覺建立部位。

　　2001年2月，安德烈發現市場創造者（market makers）的認購權證訂價缺乏效率。他是機械工程師，數學很強，很快就知道他能從這種無效率中謀利。他的能力也很強，兩個月內就退休，開始全時交易！

　　但是他並沒有一帆風順。安德烈曉得，他所利用的這種無效率，不會永遠存在，所以他著手發展一套機械型交易系統，向知名的義大利成功交易人多梅尼科・福提（Domenico Foti）請益，而且很快就成為頂尖的門徒。不久，他成功發展出五分鐘長條當

日沖銷機械型策略。在那之後，安德烈和多梅尼科成了親密的朋友，每天共同合作發展交易觀念與系統。

2006年，安德烈為交易人寫了第一本談資金管理的義大利文書籍，書名為《資金管理：方法與應用》（*Money Management: Methods and Applications*）。

今天，安德烈繼續以五分鐘長條走勢圖執行交易。他在幾個不同的市場以幾個機械型系統交易，而且使用不同的方法。安德烈喜歡盡可能分散，綜合使用他的各種策略，在他的模式中結合順勢和逆勢方法。他使用Genesis和TradeStation，除了產生委託單，也用於研究、發展和測試各種交易策略。他交易混合型投資組合，包含指數、貨幣和債券。他喜歡的交易工具是期貨。安德烈為想要像他那樣做的人，經營一個成功的諮詢顧問服務事業。

安德烈的休閒活動是在街頭慢跑，為半程馬拉松進行訓練。他熱愛旅行，而且和所有的義大利人一樣，十分喜愛義大利國家足球隊。安德烈和家人住在義大利阿斯科里（Ascoli）。現在就來聽聽安德烈的交易忠告。

> 交易人有好幾類，但大多有個共同點：他們都想做對。要成為成功的交易人，需要接受自己的錯誤，要了解自己的信念不見得總是對的。你需要規劃交易，堅持遵循計畫，你的計畫也必須面對失敗的可能，並且據以採取行動。
>
> 交易方法有許多種；選適合你的個性的，規劃你的成功之路。你可以用自由裁量型方法，也可以遵循交易系統，只不過一旦決定，就邁開步往前走，不要改變心意，直到計畫告訴你該停止了。
>
> 試著選擇適合你的方法。發展交易系統務必考慮個性。在面

對許多一連串虧損交易時，你能夠保持平靜，但卻對巨大虧損感覺很糟嗎？你需要一套限制停損的系統，能夠抓取大波動。如果是這樣，那麼追隨趨勢的系統可能最適合你的需求，例如可以考慮使用停損點訂得很好的簡單突破策略。相反的，如果你總是想要做對，不能忍受連續虧損，那麼內建相當大的停損，這樣的系統或許能夠滿足你。這時，擁有型態辨識能力的短線波段交易系統，可能是最佳的選擇。你將有很高的獲利百分率（如果系統設計得很好的話），偶爾發生的巨大虧損，不會過於違逆你的個性。

不要試圖改變市場以配合你的信念。你將必須研判市場走勢、測試觀念，並且檢討成果。如果成果不合期望，那就改弦易轍，考慮改用新方法。與其把時間放在試著讓不良觀念運作，不如用在發展更為成功的新方法上。

時時保持好奇心，思考市場的變動，而且日復一日了解它們如何表現，以及你應該做什麼事，才能繼續擁有正確的優勢。不要找藉口逃避非做不可的任務；在你擬訂計畫時，不要停止在愚蠢的障礙之前。想要成為交易人，就必須奮勇向前。

最後，但絕非因此就不重要的是，千萬不要高估市場的潛力。觀察過去的走勢圖，你會忍不住想，「如果我在這裡買進，如果我在那裡賣出……」，似乎十分容易賺到可觀的利潤。但這是一廂情願的想法。現實不一樣。如果你碰巧買到低點和賣到高點，那比較有可能是因為運氣不錯，而不是你交易得好。那只是一筆非常幸運的交易。你不必設法抓到頭部和底部才能成功。

安德烈‧昂格爾

這段可圈可點的忠告，來自連續兩年（編注：現為三年）的冠軍得主交易人。安德烈堅信並且建議你設法發展適合你個性的交易策略。找到和你合得來的一種策略，然後遵循不悖。你對市場如何運作的信念應該保持彈性。接受市場會與時俱變的事實，並且注意適當的訊號給你的線索。準備在必要時調整你的方法。保持好奇之心，開放心胸接納關於市場的新觀念。不要固步自封。市場不是靜態的，所以你也不應該一成不變。保持好奇、適應改變，加上活力十足，你就會成功。這是來自一位非常穩健且非常成功的金牌得主交易人給的穩健忠告。

安德烈的聯絡網站：www.oneyeartarget.de。

拉里・威廉斯

本章已接近尾聲，現在我要介紹一位空前的市場大師。據我所知，沒有一個交易人像拉里・威廉斯（Larry Williams）那樣舉足輕重。拉里1962年開始追蹤市場，1965年開始積極交易，1966年之後全時交易。這是一段很長的時間。要是拉里決定不再分享他的觀念，我不知道誰能取代他的地位。就我所知，追隨他的人沒有人能超越他。當拉里離開這座舞台，他將留下沒有人可以填補的真空。

我這麼說是因為在我心裡，拉里貢獻的原創性和有效的交易觀念可能多於其他任何人。在我心裡，接受他指導而踏進成功資金管理生涯的交易人，也多於其他任何交易人。我很樂意有人來糾正我，但是根據我的個人經驗與對專業資金管理人的認識，沒有任何交易人的觀念為其他許多交易人運用得如此成功。當然，拉里分享的東西，並不是樣樣都能持續無限期運作。但是，他提

出的許多觀念，在首次公開分享後，至今仍然有用，我認為在未來很長一段時間，也能繼續運作。

如同我說過的，拉里交易了一段很長的時間。若一個人在19歲那年開始留意市場，22歲那年，在人類登陸月球之前，成為積極型交易人，你可以想像，他一路走來，吸取了多少寶貴的市場知識和交易觀念。沒錯，這就是拉里的寫照。拉里在交易市場待了大半世紀，本書當然無法以幾頁篇幅就給他公正的評價。但姑且讓我試試。

1960年代初，拉里和所有的新進交易人一樣，絞盡腦汁尋找他的優勢。那個時候，拉里主要是股票交易人，利用市場新聞和觀點在交易。而即使沒有新聞或觀點，他還是在市場交易，用盡各種方法還是賠錢！為了保住僅餘的老本，拉里下定決心充實自己。但是當時和今天不一樣的是，市場上只有五、六本談交易的書。拉里花很多時間在美國西岸各處圖書館，尋找有如鳳毛麟角的交易書籍。

拉里不只苦於缺乏交易書籍，也不像我們今天那樣，有許多聰明的畫圖程式可以使用，只好自己動手畫點數圖。那時候，拉里專注於根據傳統的走勢圖型態進出交易股票，希望盡速獲利。直到1967年，他遇見曾是芝加哥期貨交易所會員的比爾‧米恩（Bill Meehan），他的交易才真正起飛。比爾向拉里解釋，大錢是靠小部位的大波動賺進來的。比爾教拉里了解基本面的重要性，以及如何判斷市場何時準備大幅向上或向下波動。拉里學到如何在大波動中賺大錢。一旦他學會這個，接下來就是抓準進場、下停損點，以及管理出場的時機問題。拉里花了將近十年的時間，才終於根據良好的基本面格局，以良好的技術面時機進場點，精通比較長期的交易。拉里一精通比較長期的交易，就開始

發展比較短期的短線波段交易技術。

拉里的交易生涯裡最諷刺的是，他收穫最多是在交易書籍匱乏和沒有個人電腦可用的時期。1960年代，拉里出於需要，必須自行思考，找出在市場上的優勢。拉里沒辦法參考最新的交易書籍，從這裡和那裡得到新觀念。他沒辦法將一個觀念寫成程式，看它在走勢圖上呈現什麼樣子。雖然米恩給了他概觀，拉里仍然必須自行發展實戰指令。那時候沒有那麼多免費網路資源可以參考。沒有亞馬遜網站可以搜尋最新出版的交易書籍。沒有Google提供快捷的答案。拉里和我們今天擁有的相比，可以說是在黑暗中交易！不妨想像，今天的你如果手頭上沒有交易書籍；如果沒有個人電腦和畫圖套裝軟體；如果不能上網；如果沒有Excel；如果不能存取歷史資料或存取電子資料，你要怎麼辦？一無所有？脆弱無助？焦慮？盲目？無知？飄泊無依？感覺在黑暗中？這就是拉里那時的感受。今天的我們，有多少人能在那個電子石器時代，做到拉里所做的事？我想，沒有太多人。但拉里因匱乏而用功而壯大。他必須學習如何見機而作、調查和驗證觀念。他被迫成了李・葛提斯後來所說的「孜孜不倦的研究者」。他被迫在1960年代發展的那些技能，有助於他成為過去半個世紀最為原創性的市場思考者和成功的交易人。

而且，開始投入市場交易約五十年後的今天，他繼續在做研究。誰曾經想過1960年代缺乏交易材料和服務，反而是福不是禍？拉里出於需要，透過他的好奇心和努力，這些年來學會以別人不曾想過、深具原創性和創意的方式，觀察市場。

1960年代是拉里全部的起點。1965年，他推出《威廉斯商品時機交易》新聞信。雖然在2008年停止出版，直到今天，它仍是這個行業中，壽命第二長的連續出版的大宗新聞信。1966年，他

推出「威廉斯%R指標」（Williams percent R indicator），直到問世後四十多年的今天，仍然是大部分暢銷畫圖套裝軟體的標準要件。同一年，拉里在1969年出版的《選股決定盈虧》（*The Secret of Selecting Stocks*），率先談到樞軸點（pivot point）。今天，樞軸點在新聞信服務和交易人之間非常受歡迎。但是樞軸點不是拉里發明的；他從交易人歐文·泰勒（Owen Taylor）那裡得知這個觀念。泰勒在1920年代和1930年代首次寫到它們。

1970年，拉里率先寫到交易人部位（commitments of traders；COT）報告，因而被視為COT的鼻祖。在那之後，一整個產業冒出頭來，投入描繪和解讀COT資料。時至今日，在拉里第一次寫到COT報告之後約四十年，他繼續在分析它，尋找基本面資訊，協助他做交易。1974年，拉里率先寫到商品的季節性，之後也衍生出一整個產業。1983年，拉里率先確認開盤價為重要的參考點，而且有功於發展波動性突破技術。拉里率先寫到交易的週中日（day of the week）和交易的月中日（day of the month）。拉里率先將資金管理技術引進到私人商品交易上，而且他在進貨（accumulation）和出貨（distribution）方面，製作出許多量數。我可以繼續講下去，但由於篇幅限制，無法提及應歸功於拉里的每一個觀念。

拉里最為人所知的，可能是他是羅賓斯世界盃期貨交易冠軍賽空前絕後的大贏家。1987年，拉里在十二個月內，將1萬美元的帳戶，交易成超過110萬美元，榮獲冠軍。這項成就沒有人能望其項背。拉里愉快地承認，他一度將帳戶經營到超過200萬美元，1987年股市崩盤後掉到75萬美元。他接著藉由交易，使得帳戶在年底之前回升到超過110萬美元。如同我說過的，直到今天，還沒人能夠超越他的成就。十年後的1997年，拉里年僅16

歲的女兒，依循拉里的教導，以1000%的交易報酬率贏得相同的比賽。她將1萬美元的帳戶，在年底之前，交易成10萬美元。不，拉里並沒有替她找格局和下交易，女兒是根據拉里教她的準則，獨力做每一件事情！

拉里教過世界各地數千名交易人。1982年，他率先在講習班中執行現場交易。在那之後，現場交易成了高等講習班的常見做法。據我所知，拉里是在一連串連續的講習班中，現場交易賺進超過100萬美元的唯一交易人，這在今日仍屬罕見。我曾經參加拉里的兩場百萬美元挑戰講習班（Million Dollar Challenge Workshops），親眼目睹他現場交易，兩次研討會都賺到錢（我和其他的參與者分享他所賺利潤的20%）。表12.2彙總了他的講習班現場交易成果。太神奇了。

我的好友兼導師傑夫・摩根介紹我認識簡單的價格型態，但拉里開啟我的雙眼，看到型態的廣大世界。我仍能記得第一次百萬美元挑戰講習班中見到拉里的樣子，他看著走勢圖，然後將最近的每日長條圖順序輸入他的TradeStation系統寫手程式，將每日高價、低價和收盤價相對順序程式化。他接著透過走勢圖的歷史資料庫跑程式，尋找類似的型態是否發生。他想要觀察目前的

表12.2 現場交易成果

1999/10	$250,000	2000/11	$46,481	2001/10	$48,225	2003/4	$12,046	2004/9	$26,023
2000/3	$302,000	2001/3	−$9,640	2002/5	$32,850	2003/5	−$750	2004/10	$92,075
2000/5	$35,000	2001/4	$149,000	2002/10	$79,825	2003/10	$34,600	2005/6	$6,000
2000/10	$22,637	2001/5	$23,300	2003/3	$35,034	2004/6	$34,000	2005/11	$34,000
								2006/6	$3,800
									$1,256,506

資料來源：拉里・威廉斯

價格走勢是否為可以交易的重複性型態。就在那一刻，我決定寫自己的程式，因為這可以讓我尋找和確認機率高的重複性型態。這套程式直到今天仍然是我所交易短線型態組合的守護者。

如同我說過的，我不知道有其他的交易人曾有拉里在市場上的成就。身為交易人，拉里主要專注於交易期貨。他以日長條圖交易。根據他的基本面分析，任何市場只要呈格局趨勢上揚，他都會去交易。他偏愛進擊即將出現大幅波動的市場。因此，他可能不會交易特定的市場很長的時間，但是，拉里對個別市場不是很感興趣，寧可尋找基本面格局良好的市場。

雖然拉里不是機械型交易人，他在如何接觸市場上，卻非常系統性。他尋找的市場，是在他大部分基本面格局標準都到位的。而我必須說，當拉里談到基本面，他不是指資產負債表或經濟分析。他是指市場的基本面結構，懂得參與者正在做什麼，以及他們可能擁有的影響力會對將來的價格走勢產生什麼樣的衝擊。拉里的基本面分析來源之一是COT報告。一旦他找到基本面格局即將大幅上漲或下跌的市場，他接著會自由裁量要交易哪個市場。一旦決定好，拉里會使用他的技術面工具決定進場時機、下停損點，以及管理出場。

拉里也深信交易的藝術。他不相信交易應該是「依數字著色、照本宜科的事業」。他不認為交易人應該採用機械型系統，而且就此永遠以此交易。他並不是說機械型交易賺不到錢；他只是相信交易人結合交易的藝術和系統化的方法，可以做得更好。拉里使用Genesis軟體，以尋找他的基本面格局和確認他的技術性進場、停損和出場水準。拉里十分喜歡Genesis，很想擁有這套軟體的所有權！

今天，拉里仍在學習。他猜自己會一直學下去，因為市場持

續不斷在變動。他現在所交易的東西，不同於他在1960年代、1970年代、1980年代或1990年代交易的東西。今天，有不同的工具和市場可以交易，而電子市場的問市，使得它和過去完全不同。沒有事是一成不變的。

這麼多年來，拉里寫了九本書，其中許多翻譯成十種不同的語言。四十多年來，拉里一直捐出書的版稅，支持美國俄勒岡大學的獎學金計畫。

拉里沒有埋首在市場中時，不是在研讀考古學，收藏美國本土的藝術品，就是在釣魚或者跑馬拉松（他跑了七十六場）。但是，儘管有這些興趣，拉里還是覺得沒有任何東西比得上市場那麼引人入勝，令他太太又氣又好笑。順道一提，如果有機會，你應該讀讀他1990年寫的《摩西的山：發現西奈山》(*The Mountain of Moses: The Discovery of Mount Sinai*)，你會大開眼界。拉里・威廉斯竟然有印地安納・瓊斯 (Indiana Jones) 之風！拉里和路薏絲 (Louise) 住在美國加州賀亞 (La Jolla)。

你即將讀到的東西非常特別。它來自積極交易市場的時間遠遠超過其他大部分市場參與者的成功交易人。請注意聆聽，拉里的忠告來自多年的經驗，有錢也買不到。

> 如果我只能告訴新手交易人一件事，那我要說的就是：交易是極具簡單卻也複雜的事業。我沒辦法只談一件事。
> 但是如果要我只能講一句話，那會是：要成功，你必須掌握控制權。
> 控制權比你所交易的系統，或者使用的資金管理方法重要。
> 有些人將專注和控制混為一談；兩者是有差別的。專注是指你注意特定的事情，而控制則超越於此。控制意味著不只處

於高度注意的狀態，也持續採取特定行動。

控制需要包括這個交易事業的許多層面。不管你選擇使用什麼形式的資金管理，你都需要擁有完全的控制權。換句話說，單單擁有資金管理策略或交易方法是不夠的。這有點像是你擁有雪地防滑輪胎，卻沒有在冬天裝到車子上，你的車子還是會在冰上打滑，你完全無法控制。這是很好的比喻。遠勝於我覺得我能想出來的！

擁有資金管理方法，曉得自己該做什麼，指的是專注，但是沒有控制以掌握程序的運用，是交易人偏離正軌的真正原因，就像汽車在冰上打滑，撞得稀巴爛。

只要你使用的資金管理策略合理且不過度投機，我甚至不敢說策略是否會造成什麼差異。能幫助你的不是資金管理方法，或者了解資金管理，而是應用——你的控制權。

交易策略或個人的交易心理，道理也相同。父母的告誡都有道理，如好好吃飯、運動、別交壞朋友等，但不是每個人都做到。

講一場勝仗遠比打一場勝仗容易。請相信我，交易事業正是一場戰鬥。這場戰鬥主要是先確定像樣而可行的方法，能使交易真正賺到錢，然後是持續不斷應用那個方法、那個方法的資金管理，以及你個人堅持遵循那個方法，並且持續努力改善那個特殊策略的戰鬥。

但新手尋求的是簡單的答案……其實每個人都在尋找這樣的答案。簡單的答案不是沒有，但真相是：別人的答案不如你為了解決自己的困難所問的問題。

問題，而不是答案，才能成就更好的交易人。

我從事交易約五十年，還沒有洞見可立即用於操作或執行一

筆交易；並沒有一道白色光束指引我走哪條路；甚至沒有人給我完整的答案。如果你認為有這樣的答案，那麼你就踏出了錯誤的一步。

交易這項事業結合了藝術和科學、結合數學和情緒。對一個人行得通的事，不見得適合另一個人。

答案不是能讓你在餘生中賺錢的某個指標或某條數學公式。

答案是：這個行業充滿問題，你需要為自己找答案。

沒有風險，就沒有報酬；少了努力，就沒有報酬；沒有執著和堅持，也沒有報酬。

我也但願自己能說我有答案、有道光和真相，但我的交易經驗並不是這樣。我真的但願我有答案可以幫助你找到並一直走在獲利交易的路上，但這條路充滿問題，而其中大部分似乎沒有絕對的答案。但是，這並沒有成為我的阻礙，我仍然不斷問問題，並在過程中學習，一天進步一點，朝成功的專業交易人邁進。

拉里‧威廉斯

　　如何？沒有簡單的答案，只有問題，而你我卻在這裡找解答！此外，如同拉里所說，尋找問題的答案，卻沒有掌握控制權，也難以成功。你不只要問許多問題，也要自己尋找和體驗答案。交易人只有透過個人體驗，才能學習和取得交易成功所需的必要控制權。每個人都必須走過自身的個人旅程，只要一路上問夠多的問題，就可能達到一直在尋求的目的地，即永續和成功的交易生涯。

　　以上的智慧之語，來自攀爬交易之山最久的交易人。他從少數交易人可及的高度分享他的觀點。他就像位名師，揭示交易的

複雜世界沒有簡單的答案。交易世界只有好奇心驅使下的問題，需要個人去找答案。一旦你發現答案，就需要掌握個人的控制權，以確保你能持續運用你發現對你有用的那些答案。

拉里的聯絡網站：www.ireallytrade.com。

黃達

黃達（Dar Wong）是在新加坡深具魅力的外匯交易人。如果黃達在某個展覽會上發表演說，我一定找得到他。因為在換場時間，他身邊簇擁的人群一定最多。只要放眼展覽大廳，看到哪邊人潮洶湧，往往就是黃達對著一大群聚精會神的交易人在講話。黃達帶著友善的笑容和自信的風采，正是典型的成功外匯交易人的縮影——自信，隨和，友善。

黃達和我（雪梨）、邁克爾‧庫克（倫敦）都在1989年進入新加坡的美國銀行服務，開始交易。黃達在期貨部門。他在新加坡國際金融交易所（Singapore International Monetary Exchange；SIMEX）交易大廳工作，執行顧客的委託單。

1996年，黃達離開他那時的雇主花旗集團（Citigroup Inc.），成為期貨交易所的個人會員，以自營場內交易員（local trader）的身分操作自己的帳戶。

身為自營場內交易員，黃達專注於當日沖銷交易日經225種股價指數（Nikkei 225）期貨合約。他起初是用30分鐘的長條走勢圖交易傳統的圖形型態。早年的時候，黃達使用Metastock，但是不久就棄而不用，因為他發現，它的連續合約（continuous contract）資料不一致。1998年，黃達放棄所有的畫圖套裝軟體，只依賴路透和彭博即時饋送實時資料。

2001年，由於預期新加坡交易所將關閉交易大廳，走向完全電子化（2006年完成這項作業），黃達離開交易大廳，專心在螢幕上交易。黃達就像許多以前的自營場內交易員，離開交易大廳，改為螢幕交易之初，很難找到自己的優勢。在那之前，他能見到委託單在交易大廳之內流動而受益，到了新的交易辦公室，卻覺得疏離，與外界脫節。在交易大廳交易和在螢幕上交易，是完全不同的體驗。黃達花了約兩年的時間，發展出他的新螢幕基礎當日沖銷PowerWave TradingTM（PowerWave）方法。

今天，黃達繼續使用多重時間架構執行當日沖銷交易。黃達使用30分鐘長條圖進場、下停損點和管理出場，只在他的PowerWave格局出現同步，並與4小時和日長條圖一致時才交易。當他的格局同步且所有三個時間架構一致，他接著會尋求1:3的風險－獎酬機會去執行交易。他的PowerWave方法主要是以價格和型態為基礎。他尋求交易逆勢和趨勢持續型態。在逆勢型態方面，他尋找極端的價格延伸之後，迅速反轉的機會。至於趨勢持續型態，他在價格呈現密集之後尋找突破機會。他基本上是不用指標的交易人，但大家也知道他偶爾會使用慢隨機指標（slow stochastic）衡量反轉的強度。

黃達採用外匯服務供應商提供的簡單蠟燭圖，以改善他的PowerWave方法，除此之外，不使用任何特殊的軟體。黃達使用的交易螢幕不雜亂。黃達交易外匯，主要是只將幾個指數丟進去。他喜歡交易歐元／美元和美元／日圓貨幣對。於指數，他會交易日經和道瓊指數期貨。

在交易之外，黃達埋首鑽研強身健體之道。許多人在得知他對於維持良好的健康和食補，知識深厚且滿懷興趣之後，通常驚訝不已。怪不得他那麼深具魅力——原來他身上都是正確的維他

命！黃達和家人住在新加坡。現在我們就來聽聽他的一段忠告是什麼。

對於痛苦的輸家來說，交易一直是個謎團。已經發現證明可行策略的贏家，則只是在每一次辨識出某些技術型態時，分別重複使用選定的交易計畫而已！

我個人覺得，在你可以終身追求這個生涯之前，交易概念必須正確。這個基本的理解，一般是用於強調承受低風險的行業。除了交易概念，技術策略也會變化，而且會因為多年來基本面和市場人氣的變動，參數會跟著變得多樣化。

經驗豐富的交易人在展開市場活動之前，會確實充分了解想要操作工具的槓桿因素，接著了解他的帳戶所允許的交易上限。一般來說，建立起始交易部位時，只用到交易上限的一部分或三分之一。如果要進一步使用交易上限，那是為了建立利潤金字塔，而這通常需要是短期持有的部位。初始要控制賠錢交易在少數幾筆的水準極為不可能，這時可以根據交易預估，採用良好的風險報酬比率，以獲利機率較高的交易，最終彌補所發生的虧損。

配合精心策劃的交易保證金分布狀態，你必須開始尋找一組高度證明可行的策略，以了解市場的行為。整體而言，各種不同的市場行為，會導致不同的走勢圖型態和技術週期出現，這時便需要靠你去「診斷」，然後開立正確的處方！

經驗豐富的交易人在抓取進場點時，會堅持讓風險報酬比率低於1:2，這點絕不妥協。理想的起始部位應該能夠預見潛在獲利和能夠忍受的後端虧損相比，為三倍或更多。

談到下停損點的風險容量，雖然各個派別的看法分歧，但這

主要取決於個人相對於預估出場區間的交易忍受度，而這會轉變到市場技術面型態的辨識！

我個人認為，交易人必須先確認自己是當日沖銷交易人，還是趨勢（部位）交易人。確認交易目標，有助於在整個職涯的每個目標期間，達成交易目標（金錢獎賞）。在達成持續獲利之前，沒有所謂正確的定義或錯誤的定義。

交易是機率遊戲。在做對之前，怎麼玩並沒有固定準則。總結而言，獲勝的概念是基於高效率的風險管理，而不是預測的趨勢後來真的實現。交易老手總是會在市場將形成的極端區域，或者在已經形成的高點和低點間區域裡的快速反轉，選取進場點，以賺取短線利潤。

總言之，你能搶在別人之前預見的，才會成為你的利潤；現在出現在你眼前的，利潤已經落入別人的口袋。是的，預見是交易成功的第一關鍵！

黃達

黃達深信，如果不先了解交易成功的關鍵概念，就沒辦法取得成功。黃達指的是找到低風險的交易格局。對每個交易人來說，這個概念應該恆久不變。黃達認為，技術交易策略是可以變動的，能夠、也會隨著市場狀況的變化而變動。但是低曝險的概念永遠不能變。對於有志於交易生涯的人，黃達建議找到能夠提供1:3風險獎酬報償的低曝險交易，並決定自己是偏好當日沖銷交易，還是部位交易。黃達堅信交易是機率的遊戲，在做對之前，沒有固定的遊戲準則！但是，交易人必須了解成功的首要根基是確認低風險的交易格局，否則很難成功。對黃達來說，一切都要回歸低風險的定義和接受低風險。黃達給你的忠告是：首先

專注於交易格局風險，而且只執行低風險和伴隨著提供3:1報償潛在報酬的交易。這是很棒的忠告。

黃達的聯絡網站：www.pwforex.com。

交易智慧寶庫

圖12.2彙總了以上十五位市場大師的忠告。

你應該花點時間彙總這張表，將他們的忠告加進你的交易計畫。這是十分寶貴的忠告，只有真正日復一日即時在真正的市場真正打仗的交易人才說的出來。這些忠告來自一堆深沉的體驗、重大的挫折、真實的虧損、難以忍受的痛苦，以及在毫不留情的交易世界中難得一見的勝利。這些忠告，你在當地街角的商店買不到。請花時間將它們寫下來，貼在交易螢幕附近。每天讀，直到他們的話語在你心底生根。

現在，除了他們個別的忠告，我也希望強調兩個要點。

第一，身為交易人，他們普遍都不相同，交易不同的市場，使用不同的時間架構、不同的工具，以及不同的技術。我希望這能向你說明，交易有許多不同的方式——但是，請不要相信贏家策略不計其數，因為贏家策略沒那麼多，但數量足夠給你一些選擇的空間；你只需要找到它們。

第二，他們給你的個別建議，都觸及本書成功交易通則的要素。這些交易通則在所有成功的交易人中十分常見，儘管他們的市場、時間架構、工具和技術不同。這就是成功交易通則的要點所在：儘管交易人接觸市場的方式和原因各異，但交易時都會遵循這些關鍵通則——相對小額交易、專注於風險、簡單的交易、和賠錢的大多數人反向交易、以優勢去交易、接受虧損是交易

```
資金管理
小額交易                          邁克爾·庫克
專注於風險                        李·葛提斯

交易方法
選適合你個性的方法                安德烈·昂格爾
發展簡單的方法                    凱文·戴維
避開大多數人,學習研判反轉        湯姆·狄馬克
尋求格局取得一致                  理查·學基
防守得好,贏得比賽                傑夫·摩根
確認低風險的格局                  黃達
使用軟體認識你的方法              布萊恩·沙德

交易心理
交易之前深度練習                  雷蒙·巴羅斯
預期會發生虧損,交易是為了獲利    馬克·庫克
嚴守紀律                          格雷格利·莫里斯
保持耐性                          尼克·萊吉
保持謙卑                          戴若·顧比
掌握控制權                        拉里·威廉斯
```

圖12.2　市場大師的忠告

事業的一部分、保持紀律、保持耐性、保持謙卑,以及掌握控制權。他們的建議強調了成功交易通則的重要性。

以上沒有一段建議觸及進場技術或進場觀念。雖然狄馬克確實鼓勵你研判市場的反轉走勢,他也鼓勵你挑戰一般看法,獨立思考。此外,湯姆是指市場結構,沒有提到使用特殊的技術去研判反轉走勢。

這些都凸顯了一個要點。業餘交易人花大把時間尋找完美的

進場技術，等不及要進入市場，開始交易；他們沒有花時間去學習、了解和執行成功交易通則。難怪會有那麼多人交易失敗。

為了證明我的看法，我使用腦海中想到的交易字詞，在Google上迅速完成搜尋。表12.3彙總了每個字詞的Google搜尋結果。我這麼做並沒有依據什麼科學，我只是輸入我能想到的字詞。但是請看看點擊次數第二高的搜尋字詞——「交易進場」（trading entry）。如果你認同Google合理反映人們對網際網路的興趣，那麼你也會認同，交易人確實花了許多時間，試圖尋找零風險、百分之百準確完美的進場技術。如果你是其中之一，我勸你不要再白費心思。世界上沒有完美的進場技術。更重要的是，時間應該花在遠比這更有效益的地方，我建議你從成功交易通則做起。

順帶一提，市場大師的忠告有一點相當耐人尋味。他們的忠告可以用實務交易的三大支柱做分類：資金管理、交易方法和交易心理。如你所知，我個人將資金管理放在交易方法之前，交易方法又在交易心理之前。但圖12.2的分布情形和我的見解相左。

十五個交易人中，只有兩位建議你專注於資金管理的元素。七位建議你專注於交易方法，而六位建議你專注於交易心理。

儘管十五位交易人的樣本在統計上不具顯著性；但是，由於很難聚集這麼多經驗豐富且成功的交易人於一堂，所以我樂於觀察一致性的觀點。根據市場大師的意見，交易方法排在交易心理之前，交易心理又高於我認為最重要的資金管理！

交易心理拿到那麼高分，我不驚訝，因為我知道我對心理面的想法和大多數人相反。但是，我對於資金管理排名較低感到驚訝。但這正是我邀請他們提供建言的理由。我希望你傾聽他們強調的重點。我已經把我的想法告訴你，而他們也告訴你他們的想

表12.3 Google **搜尋結果**

Google 搜尋字詞		Google 搜尋結果
Technical analysis	（技術面分析）	76,900,000
Trading entry	（交易進場）	48,000,000
Trading markets	（交易市場）	39,600,000
Day trading	（當日沖銷交易）	37,900,000
Trading software	（交易軟體）	35,600,000
Trading money management	（交易資金管理）	31,600,000
Trading market profile	（交易市場概況）	30,600,000
Trading exit	（交易出場）	8,050,000
Pattern trading	（型態交易）	8,020,000
Trend trading	（順勢交易）	7,910,000
Trading indicators	（交易指標）	6,780,000
Trading seasonals	（交易季節性）	4,530,000
Commitment of Traders report	（交易人部位報告）	4,160,000
Trading astrology	（交易占星術）	1,960,000
Trading stop loss	（交易停損）	1,920,000
Trading Gann	（交易甘恩）	1,850,000
Trading risk of ruin	（交易破產風險）	1,540,000
Swing trading	（短線波段交易）	1,080,000
Trading psychology	（交易心理面）	1,050,000
Elliott wave	（艾略特波浪）	956,000
Trading geometry	（交易幾何）	833,000
Trading Fibonacci	（交易費波納奇）	658,000
Chart patterns	（走勢圖型態）	614,000
Trading candle sticks	（交易蠟燭線）	567,000
Trading multiple time frames	（交易多重時間架構）	420,000
Turtle trading	（海龜交易）	251,000
Trading triangles	（交易三角）	205,000

法，以平衡我的意見。所以我希望我已經成功地以這些極其成功交易人的忠告，讓我的通則更平衡且圓滿。

本書在此已接近尾聲，但在真正結束之前，我在下一章還有最後幾句話要說。

第13章

結語

　　我們來到了本書的尾聲。其實我已經沒有什麼要說。希望你喜歡我的成功交易通則，希望你樂於傾聽市場大師的忠告。希望你能吸收到我和市場大師的一些（如果不是全部）心得。

　　我相信這些通則是一個起跳點。此外，當交易人身處如颶風般瞬息萬變的市場，面對琳瑯滿目的交易服務和產品，這些通則也能提供一個安全避難所。

　　現在是私人交易人最好的時代，也是最壞的時代。現在是最好的時代，相對於私人交易人，機構不再擁有任何競爭優勢。進場沒有障礙，只要按個鍵，就有各式各樣的選擇。今天的交易人也不缺選擇，市場上有無數平價經紀商、電子交易平臺、自動交易程式、便宜的即時資料、畫圖程式、指標、市場、時間架構、工具、基本面和技術面交易理論、交易新聞信、交易教育工作者、交易教練和講習班。

　　這也是最壞的時代。今天，超過90％的積極型交易人持續賠

錢。這很糟糕。自我1983年在美國銀行開始交易以來，一直都是如此。

交易的矛盾就在此：這是最好的時代，也是最壞的時代！

但願我的成功交易通則助你逃過最壞的時代。交易技術、交易服務以及交易教育的進步，製造了如此多的激情，使交易人分心，沒有先將注意力放在了解交易通則上。行銷炒作、金錢魅力以及輕鬆致富，並沒有讓交易人停下腳步，花夠多時間思考、研究交易成功的關鍵基本要素，反而把他們一頭推進交易。廣泛的選擇不只激勵和推促交易人投入市場，也製造太多的選擇和太高的複雜性，導致太多的混淆、太多的挫折，以及太多的失敗。

正因為如此，我相信它也是最糟的時代。交易人因為可用的選擇之多而感到應付不來，因為行銷炒作和輕易致富的承諾而分心，以至於忽視了有用的基本要素——成功交易通則。但願本書能藉由適當的現實，助幻想天馬行空的交易人腳踏實地。我希望成功交易通則能讓今天成為你最好的時代。

正如你現在已經知道的，市場基本上是隨機的，而最大逆境會確保極度的不確定性。但我確知，遵循這些通則，就會成功。只要結合明智的資金管理策略和簡單、客觀、獨立、經TEST程序驗證的正期望值方法，會開始以0％破產風險執行交易。除此之外，開始交易沒有更好的起點。

如果你能建立專業目標和溫和期望，情緒上會傾向於確實遵循交易計畫。如果你承認市場的最大逆境存在，並且在它面前保持謙卑之心，你就能做好準備，以忍耐和堅持，度過它在路上朝你丟過來的痛苦。

交易沒有輕鬆好走的路

你現在知道交易並非靈丹妙藥。你知道交易不是五星級假期。我希望你現在明白，交易要做的功課多於你的想像。交易的一個小小諷刺就是，人們等不及離開正職工作，開始為自己全時交易，但是大部分成功的交易人都比以前忙，比以往更賣力工作，以求持續不斷改善。

我現在希望你已經了解，要在比較長的時間內持續不斷交易成功，依賴良好的痛苦管理，勝於良好的交易。你會發現，交易的部分很容易執行。管理經常不斷的痛苦，才是真正的挑戰。你會發現這是一場毫不留情的戰鬥，必須因應：

- 虧損的痛苦
- 克制軋平以獲利入袋的強烈傾向的痛苦
- 想到沒有落袋為安的獲利的痛苦
- 沒有在市場待到下一段大波動的痛苦
- 賠損的痛苦
- 不知道獲利交易何時會到的痛苦
- 相信其他人都做得比你好的痛苦
- 相信其他人都做得比你容易的痛苦
- 失去耐性的痛苦
- 現在就樣樣都想要的痛苦
- 持續不斷研發卻很少有效創造獲利的痛苦
- 勞累的痛苦
- 永遠不夠的痛苦
- 相信別人的策略都比你好的痛苦

· 對自己的方法永不滿意的痛苦

· 持續不斷追求改善優勢的痛苦

如果你能管理這些痛苦，就能享受成功的長期交易生涯。否則註定掃地出門。

如果你發現自己在交易上正在做某些容易的事，務必提高警覺。請記住，通常是困難的選擇，才會導致交易成功。研究、學習和執行本書提到的觀念很難。研究走勢圖尋找可以交易的重複型態很難。閱讀和研究市場理論很難。學習軟體程式以回測策略很難。將策略寫成程式以回測很難。以TEST程序驗證方法很難。計算個人的破產風險很難。迅速認賠很難。慢點才將獲利落袋很難。小額交易在交易上難以引起激情，所以很難。買進更高的高點很難。在更低的低點賣出很難。永遠都要提防簡單的選擇，因為那通常是錯誤的選擇。

就像一篇好故事，交易生涯的情節也有起點、中段和終點。剛開始時，你會熱衷於賺錢；在中段，你會著手展開許多冒險，取得交易成功；到了終點，你會因為失敗的經驗而感到失望。但是，對於極少數的天之驕子來說，他們的終點會是財務獨立、為自己交易，以及不必向任何人報告。成功交易通則也有起點、中段和終點，我希望它有助於你加入交易成功的極少數天之驕子的行列。

請記住，你不必搶著開始交易。依循交易通則，按部就班。它們會促使你回歸基本要素，回到交易成功基本面的核心真理。進場交易搶第一，沒有人會給你金牌。只要民主制度和資本主義還在，一定有某個市場、在某個地方、有許多可以進場交易的格局在等你。

所以要保持耐性，發展一個簡單、客觀和獨立的方法，以TEST程序驗證期望值，將它與反馬丁格爾資金管理策略結合，當所有的條件都過關，破產風險為0％之後，才應該考慮下單交易，而不是不分青紅皂白一頭栽進去！

　　等到你真的開始交易，請專心當個優秀的輸家和優秀的贏家。迅速認賠，緩緩將獲利落袋。請記住，交易唯一真正的秘密就是：最優秀的輸家是長期的贏家。

　　祝你輸得漂亮。

布倫特‧潘富

於澳洲雪梨

附錄 A

破產風險模擬器：觀念

下述的破產風險模擬器產生的破產風險模擬結果，收錄於附錄C，並且彙總於第4章。

在好友兼交易人傑夫・摩根的協助之下，我根據我們對如瑙澤・鮑爾紹拉（Nauzer Balsara）所寫《期貨交易人的資金管理策略》（*Money Management Strategies for Futures Traders*）邏輯的解讀，寫下一個模式如後。

如果我們對鮑爾紹拉的邏輯解讀有任何錯誤，那是我的錯。此外，請注意這個模擬器只是一個假設的模擬器。它只是讓你概略了解，平均獲利大於平均虧損的交易方法有何好處，並不具絕對的確定性。

這個模擬器是以用於Excel的Visual Basic for Applications（VBA）寫成。如果你熟悉VBA和Excel，你可能會想自己寫一個類似的模式。即使你不熟悉程式設計，可能還是看得懂這個模擬器的腳本邏輯（如附錄B），因為我試著用白話英文寫成。

如果你的電腦有安裝Excel，非常歡迎索取我的破產風險模擬器複本。請透過我的網站（www.IndexTrader.com.au）和我聯絡，註明這本書和模擬器，我就會把複本寄給你。

模擬器變數

這個模擬器需要你定義所用方法的兩個關鍵特性，即準確率與平均獲利相對於平均虧損的報償比率。第4章和附錄C中，我使用50%的準確率，並從1:1的報償比率開始模擬。

雖然這個模擬器會自動計算期望值，但不見得要模擬破產風險。你也需要定義交易帳戶金額。我是輸入100美元。請注意你的帳戶金額無關緊要，因為破產機率受準確率、平均獲利相對於平均虧損報償比率，以及資金管理策略影響。

這個模擬器必須從兩個資金管理策略中選一個——固定百分率或固定風險。取決於你所選的資金管理策略，你將需要定義每一筆交易你要拿去冒險的帳戶百分率，或者你要將帳戶分成多少個資金單位。第4章和附錄C中，我選擇固定金額風險資金管理策略和20個資金單位，而這表示我每筆交易冒險金額是5美元。任何懂得程式設計的人，都可以改變模擬器，以納入其他的資金管理策略。

這個模擬器也要你定義財務破產，設定帳戶賠損的百分率。第4章和附錄C中，我定義財務破產為帳戶賠損50%。定義了這些變數之後，接著觀察模式的邏輯。

模式邏輯

模擬器的邏輯很簡單。它根據你的資金管理策略和交易方法，去模擬交易。我使用一個亂數產生器，以決定一筆交易是獲利或虧損。如果你的方法有很高的準確率，模擬器產生的獲利交易會多於虧損交易；但是亂數產生器會決定獲利和虧損的順序。在一筆交易之後，模式會建構一條連續的淨值曲線，衡量任何賠損的深度。一旦從新近的淨值高點下滑的賠損到達你定義的賠損破產水準（例如50%），這個模式會停止，並且使用下列公式計算破產風險：

$$破產風險 = \frac{自上次淨值高點以來的虧損交易筆數}{自上次淨值高點以來的總交易筆數}$$

請注意，這個模擬器會忽視最近一次淨值高點之前的所有交易。這是因為這個模擬器只對淨值高點和賠損破產水準之間的交易感興趣。這個模擬器想要知道在淨值高點之後，需要多長的時間，才會到達破產賠損水準，因為這將決定破產風險。

為了避免這個模式陷入無限的循環，如果淨值曲線達到2億美元，或者交易筆數達到1萬筆時，若還沒有達到預定的破產賠損水準，模擬器就會停止。模擬器假設，兩種情況之一都足以顯示，交易人已經避開財務破產的惡運。

模擬器

圖A.1顯示，一旦達到50%的賠損，模擬器就會停止，並計

算出破產風險為59%，這是非常高的破產風險，你不應該用於交易，因為你一定會破產。

自製模擬器

對於勇者交易人，我已經將我的模擬器為Excel寫的VBA程式設計碼收在附錄B，讀者不妨參考一下。

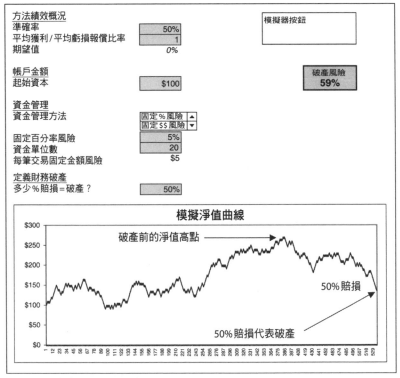

圖A.1　破產風險模擬器

破產風險模擬器：程式

下列的 Excel 用 VBA 腳本，是附錄 A 破產風險模擬器的程式設計碼。

如果你不熟悉 VBA，不要嘗試製作自己的風險模擬器。如同我在附錄 A 中所說的，如果你對交易有興趣，歡迎索取我的模擬器複本。如果你想要製作自己的模擬器，以下是寫 VBA 程式碼之前的準備。

在開始討論之前，提醒你。我不會定義你複製我的模擬器時，必須採取的每一步驟。我會提供足夠的資訊，協助那些熟悉 VBA 的人製作自己的模擬器，但不適用於對程式設計陌生的人，因為 VBA 的入門課程超過本書的範疇。

自製VBA破產風險模擬器

· 打開Excel工作簿，重新命名第一張工作表為
「RiskOfRuin」。

· 在「RiskOfRuin」試算表，定義以下的範圍：

範圍名稱	位置
Accuracy（準確率）	C4
Payoff（報償）	C5
Start_Capital（初始資本）	C9
FixedPercentage（固定百分率）	C14
Unit_of_Money（資金單位）	C15
Fixed_Dollar_Risk（固定金額風險）	C16
Ruin（破產）	C19
Money_Mgt_Approach（資金管理方法）	Y1
Probability（機率）	G9

· 在儲存格「C12」上方放一個列表框，定義它的輸入範圍
為「Z1:Z2」，並且定義連結儲存格為「Y1」。

· 在儲存格「Z1」輸入「Fixed % Risk」。

· 在儲存格「Z2」輸入「Fixed $$ Risk」。

· 到「AA1」，並在「AA1:AA10」輸入亂數，以產生第一
條假設性的淨值曲線。

· 製作一張簡單的線圖，定義輸入範圍為在「AA1:AA10」
輸入的亂數。並把第一張工作表（「RiskOfRuin」）的圖
表物件放在儲存格「A20」上面。調整簡單線圖的大小和
格式化，直到你認為合適為止。

· 儲存工作簿為「0_Risk_of_Ruin_Simulator.xls」。

· 打開VBA編輯器（Alt F11），並且產生一個新程序，稱

作：「Simulate_Risk_of_Ruin」。

‧ 在新的程序中編寫如下的程式碼。

破產風險模擬器VBA程式碼

編寫如下：

定義變數

```
Const NoRecords = 10001
Dim TradeResult(NoRecords) As Long
Dim EquityCurve(NoRecords) As Long
Dim Accuracy As Variant
Dim PayOff_Ratio As Variant
Dim Money_Mgt_Approach As String
Dim Fixed_Percent_Risked As Variant
Dim Ruin_Point_Drawdown As Variant
Dim Account_Start As Variant
Dim Account_Balance As Variant
Dim Account_New_High As Variant
Dim Account_DrawDown As Variant
Dim Account_DrawDown_Percent As Variant
Dim Win_or_Loss As Variant
Dim Probility_Of_Ruin As Variant
Dim RowNumber As Variant
Dim Unit_Of_Money As Integer
Dim Fixed_Dollar_Risk As Variant
Dim Number_Of_Trades As Long
Dim Number_of_Losses_Before_Ruin As Long
Dim Number_of_Trades_Since_Account_High As Long
Dim i As Long
Dim j As Long
Dim x As Long
```

凍結螢幕

```
Application.DisplayAlerts = False
Application.ScreenUpdating = False
```

從試算表載入變數

```
Load Accuracy Rate
  Sheets("RiskOfRuin").Select
  Range("Accuracy").Select
  Accuracy = Selection

Load the Average Win to Average Loss Payoff Ratio
  Range("Payoff").Select
  PayOff_Ratio = Selection

Load Money Management Approach
  Range("Money_Mgt_Approach").Select
  If ActiveCell = 1 Then
    Money_Mgt_Approach = "Fixed Percentage Risk Money Mgt"
  Else
    Money_Mgt_Approach = "Fixed Dollar Risk Money Mgt"
  End If

Load Starting Account Size
  Range("Start_Capital").Select
  Account_Start = Selection

Load Fixed Percentage Rate of account balance risked on each trade
  Range("FixedPercentage").Select
  Fixed_Percent_Risked = Selection

Load the percentage DrawDown rate we define ruin as
  Range("Ruin").Select
  Ruin_Point_Drawdown = Selection

Load the number of units of money we have in our account
  Range("Unit_Of_Money").Select
  Unit_Of_Money = Selection
```

清空欄列

```
For i = 1 To NoRecords
  TradeResult(i) = Empty
  EquityCurve(i) = 0
Next i
```

開始模擬破產機率

```
Number_Of_Trades = 1
Account_Balance = Account_Start
Account_New_High = Account_Start
Account_DrawDown_Percent = 0
Number_of_Losses_Before_Ruin = 0
Fixed_Dollar_Risk = Account_Start / Unit_Of_Money

i = 1
j = 1
x = 0

Do Until Account_DrawDown_Percent >= Ruin_Point_Drawdow:
(i - 1) > 200000000 Or x >= 10000
  Check For New Equity High and reset number of losing tra

    If Account_Balance > Account_New_High Then
        Account_New_High = Account_Balance
        Number_of_Losses_Before_Ruin = 0
        Number_of_Trades_Since_Account_High = 0
    End If

Generate random number to see whether a trade wins or los
    Win_or_Loss = Rnd

Check for a Win
    If Win_or_Loss >= (1 - Accuracy) Then
    We have a WIN!
      Calculate the profit
      If Money_Mgt_Approach = "Fixed Percentage Risk Mon
          TradeResult(j) = ((Fixed_Percent_Risked * Acco
                         * PayOff_Ratio)
      End If

    If Money_Mgt_Approach = "Fixed Dollar Risk Money Mgt
        TradeResult(j) = Fixed_Dollar_Risk * PayOff_Rati
    End If
```

```
    Add to the equity curve
    If i = 1 Then
        EquityCurve(i) = Account_Start
        i = i + 1
        EquityCurve(i) = EquityCurve(i - 1) + TradeResult
    Else
        EquityCurve(i) = EquityCurve(i - 1) + TradeResult
    End If

    Add to our account balance
        Account_Balance = Account_Balance + TradeResult(
    Else

We have a LOSS!
    Calculate the loss
    If Money_Mgt_Approach = "Fixed Percentage Risk Mon
        TradeResult(j) = -(Fixed_Percent_Risked * Accor
    End If

    If Money_Mgt_Approach = "Fixed Dollar Risk Money Mgt" Then
        TradeResult(j) = -Fixed_Dollar_Risk
    End If

    Add to the equity curve
        If i = 1 Then
            EquityCurve(i) = Account_Start
            i = i + 1
            EquityCurve(i) = EquityCurve(i - 1) + TradeResult(j)
        Else
            EquityCurve(i) = EquityCurve(i - 1) + TradeResult(j)
        End If

    Add to our account balance
        Account_Balance = Account_Balance + TradeResult(j)

Calculate current drawdown and percentage drawdown
    Account_DrawDown = Account_New_High - Account_Balance
    Account_DrawDown_Percent = Account_DrawDown / Account_New_High

    Calculate the number of losses before ruin
    Number_of_Losses_Before_Ruin = Number_of_Losses_Before_Ruin + 1

    End If
    Calculate number of trades
        Number_Of_Trades = Number_Of_Trades + 1
        Number_of_Trades_Since_Account_High
        =Number_of_Trades_Since_Account_High+1
```

```
   Increase counters
x = x + 1
j = j + 1
i = i + 1
Loop
```

計算破產機率

```
Probility_Of_Ruin=Number_of_Losses_Before_Ruin/Number_of_Trades_
Since_Account_High
If the Equity Curve is above $200m or we have simulated 10,000 trades then
we will
      assume ruin has been avoided.
        If EquityCurve(i - 1) > 200000000 Or x >= 10000 Then
            Probility_Of_Ruin = 0
        End If
      Enter Probability of Ruin in Spreadsheet
            Sheets("RiskOfRuin").Select
            Range("Probability").Select
            ActiveCell = Probility_Of_Ruin
            Selection.Style = "Percent"
```

列印淨值曲線

```
Clear Previous Equity Curve
      Columns("AA:AA").Select
      Selection.Clear

Print Equity Curve in Spreadsheet - Column AA
    i = 1
Do Until i >= Number_Of_Trades + 1
    Sheets(1).Cells(i, 27).Value = EquityCurve(i)
    i = i + 1
Loop
Change Chart Range
      Range("AA1").Select
      Selection.End(xlDown).Select
      RowNumber = ActiveCell.Row
      ActiveSheet.ChartObjects("Chart 1").Activate
      ActiveChart.PlotArea.Select
```

```
ActiveChart.SeriesCollection(1).Values =
        "=RiskOfRuin!R1C27:R" & RowNumber & "C27"
ActiveWindow.Visible = False
Windows("0_Risk_of_Ruin_Simulator.xls").Activate
```

```
Move cursor to the Probability of Ruin calculation
    Range("B22").Select
```

刷新螢幕

```
    Application.DisplayAlerts = True
    Application.ScreenUpdating = True
End of Simulator
End Sub
```

回到Excel工作簿

- 回到「RiskOfRuin」試算表，並在儲存格「F3」上方加一個大按鈕，並指定這個按鈕為「Simulate_Risk_of_Ruin」。把按鈕標示為「Simulate Risk of Ruin」。
- 儲存檔案。
- 輸入投入值到試算表，點擊「Simulate Risk of Ruin」巨集按鈕，並且開始除錯！

如果你有任何問題，請透過我的網站和我聯絡：www.IndexTrader.com.au。

記住，你的目標是結合適當的資金管理策略和經過驗證的方法，產生0%的破產風險。高於0%的任何破產風險都會致命。祝你一路順風。

附錄C
破產風險模擬結果

　　下一頁的表格彙總了各種平均獲利相對於平均虧損報償比例的三十次破產風險模擬結果。這些模擬顯示，提高一種方法的平均獲利相對於平均虧損報償比率，以降低財務破產風險的效果。請參考附錄A，了解用於產生這些模擬所用的模式。

	平均獲利相對於平均虧損報償比例					
	1.0	1.1	1.2	1.3	1.4	1.5
第1次模擬	66%	0%	0%	0%	0%	0%
第2次模擬	63%	0%	0%	0%	71%	0%
第3次模擬	66%	0%	0%	77%	0%	0%
第4次模擬	56%	79%	0%	68%	0%	0%
第5次模擬	54%	80%	73%	82%	0%	0%
第6次模擬	65%	0%	0%	60%	0%	0%
第7次模擬	62%	0%	63%	0%	73%	0%
第8次模擬	60%	77%	66%	0%	0%	0%
第9次模擬	68%	0%	0%	0%	0%	0%
第10次模擬	81%	0%	0%	0%	0%	0%
第11次模擬	61%	0%	82%	0%	0%	0%
第12次模擬	71%	0%	68%	0%	0%	0%
第13次模擬	70%	0%	0%	0%	0%	0%
第14次模擬	62%	0%	0%	65%	0%	0%
第15次模擬	57%	73%	0%	0%	0%	0%
第16次模擬	65%	0%	0%	0%	0%	0%
第17次模擬	85%	0%	68%	0%	0%	0%
第18次模擬	66%	0%	64%	0%	0%	0%
第19次模擬	58%	0%	58%	0%	0%	0%
第20次模擬	65%	0%	78%	59%	0%	0%
第21次模擬	63%	0%	0%	69%	0%	0%
第22次模擬	65%	64%	0%	62%	0%	0%
第23次模擬	60%	69%	70%	0%	0%	0%
第24次模擬	68%	0%	0%	0%	0%	0%
第25次模擬	57%	0%	67%	0%	0%	0%
第26次模擬	61%	0%	74%	0%	0%	0%
第27次模擬	53%	0%	58%	0%	0%	0%
第28次模擬	69%	87%	61%	0%	0%	0%
第29次模擬	52%	0%	0%	0%	0%	0%
第30次模擬	60%	66%	0%	78%	0%	0%
平均破產風險	64%	20%	32%	21%	5%	0%

圖C.1 破產風險模擬結果

交易聖經

六大交易致勝通則，建立持續獲利的贏家模式

The Universal Principles of Successful Trading

Essential Knowledge for All Traders in All Markets

作　　者	布倫特‧潘富（Brent Penfold）
譯　　者	羅耀宗
主　　編	郭峰吾

總 編 輯	陳旭華（ymal@ms14.hinet.net）
副總編輯	李映慧

社　　長	郭重興
發行人兼出版總監	曾大福
出　　版	大牌出版 / 遠足文化事業股份有限公司
發　　行	遠足文化事業股份有限公司
地　　址	23141 新北市新店區民權路108-2號9樓
電　　話	+886- 2- 2218 1417
傳　　真	+886- 2- 8667 1851

印務經理	黃禮賢
封面設計	萬勝安
排　　版	極翔企業有限公司
印　　刷	成陽印刷股份有限公司
法律顧問	華洋法律事務所　蘇文生律師

定　　價	550元
初　　版	2016年11月
二　　版	2019年 5 月

國家圖書館出版品預行編目資料

交易聖經：六大交易致勝通則，建立持續獲利的贏家模式 / 布倫特．潘富
(Brent Penfold) 著；羅耀宗譯 . -- 二版 . -- 新北市：大牌出版：遠足文化發行
, 2019.5
　　面；　公分

譯自：The universal principles of successful trading : essential knowledge for all
traders in all markets

ISBN 978-986-7645-74-6（平裝）

1. 投資分析　2. 投資技術

563.5　　　　　　　　　　　　　　　　　　　　　　　108004976